JAMES W. VON BRUNN

"UCCIDERE I MIGLIORI GENTILI!"

"Tob Shebbe Goyim Harog!".

(LA TALMUD: Sanhedrin 59)

"UCCIDERE I MIGLIORI GENTILI!"

o

"Tob Shebbe Goyim Harog!"

(LA TALMUD: Sanhedrin 59)

LA GUIDA RAZZISTA ALLA CONSERVAZIONE
E MANTENIMENTO DEL PATRIMONIO GENETICO BIANCO

da

JAMES W. VON BRUNN

Copyright © 2024 - Omnia Veritas Ltd

Kill the best Gentiles!

TRADOTTO E PUBBLICATO DA
OMNIA VERITAS LTD

www.omnia-veritas.com

Tutti i diritti riservati. Nessuna parte di questa pubblicazione può essere riprodotta con qualsiasi mezzo senza la previa autorizzazione dell'editore. Il Codice della proprietà intellettuale vieta le copie o le riproduzioni per uso collettivo. Qualsiasi rappresentazione o riproduzione totale o parziale, con qualsiasi procedimento, senza il consenso dell'editore, dell'autore o dei loro aventi diritto è illegale e costituisce una violazione punibile ai sensi degli articoli del Codice della proprietà intellettuale.

Dedicazione

In memoria di :

CONTRAMMIRAGLIO JOHN G. CROMMELIN, USN.

"C'è un uomo!"

+ + +

John Geraerd Crommelin Jr, contrammiraglio della USN, ha prestato servizio nel Teatro del Pacifico durante la Seconda Guerra Mondiale come Ufficiale Esecutivo e Ufficiale Aereo a bordo della USS *Enterprise*, CV-6 (la nave più decorata nella storia della Marina). Crommelin era riconosciuto dall'equipaggio come "il cuore e l'anima della Big-E". Successivamente insignito della Legion of Merit con una stella d'oro, una "V" di combattimento, una Presidential Unit Citation, una Letter of Commendation e una Purple Heart, gli fu affidato il comando della portaerei più avanzata del mondo, la USS *Saipan* (CVL-48).

Nel 1949, l'Ammiraglio Crommelin ha avviato un'indagine del Congresso che ha impedito che la potente influenza comunista all'interno del governo degli Stati Uniti paralizzasse la Marina statunitense e facesse pendere la bilancia del potere militare a favore dell'Unione Sovietica. Nel 1987, il contrammiraglio Crommelin è stato eletto nella Carrier Hall of Fame, situata a bordo della nave conservata USS *Yorktown* (CV-10), a Patriot's Point, Charleston, S.C. La sua targa, accanto a quella del Segretario della Marina James Forrestal, recita: "Il contrammiraglio Crommelin è stato eletto nella Carrier Hall of Fame:

Nel 1949, sacrificò la sua carriera navale provocando la "rivolta degli ammiragli", che salvò l'aviazione navale.

Una nazione può sopravvivere ai suoi sciocchi e persino ai suoi ambiziosi. Ma non può sopravvivere al tradimento dall'interno. Un nemico alle porte è meno temibile, perché è conosciuto e porta i suoi vessilli apertamente. Ma il traditore si muove liberamente tra coloro che si trovano all'interno delle porte, i suoi sussurri sornioni si insinuano in ogni vicolo, si sentono nelle sale del governo stesso... perché il traditore non ha l'aspetto di un traditore: parla con accenti familiari alle sue vittime, indossa i loro volti e i loro abiti, fa appello alla bassezza che giace nel profondo dell'anima di tutti gli uomini. Fa marcire l'anima di una nazione; lavora segretamente per minare i pilastri della città; infetta il corpo politico in modo che non possa più resistere. L'assassino è meno da temere.

- Cicerone

PREFAZIONE

Lo scopo di questo libro è presentare ai GIOVANI BIANCHI le informazioni fattuali che vengono convenzionalmente soppresse o distorte dai media e negate da scuole e università, che sono obbligate a promulgare la linea marxista pena la perdita dei sussidi governativi.

Il testo è costellato di citazioni di autorità mondiali, i cui riferimenti sono riportati nella bibliografia. Leggendo TOB SHEBBE GOYIM HAROG (UCCIDERE I MIGLIORI GENTILI!), ci si rende conto che - nonostante le forti proteste di chi lo nega - esiste un'antica cospirazione per distruggere la civiltà occidentale. In questo momento, siamo impegnati in una guerra mortale con il NEMICO STORICO per determinare se la nostra nazione durerà o meno. Stiamo perdendo questa guerra perché è calata una cortina di ferro di censura, abrogando il Primo Emendamento della Costituzione degli Stati Uniti. Senza libertà di parola, il nostro sistema di governo non può funzionare.

Questo è un momento grave. Voi e la vostra famiglia siete in grave pericolo. Vi diremo i FATTI, poi discuteremo le azioni da intraprendere.

Auguri,

James W. von Brunn
Easton, Maryland 21601

8 giugno 1999 (*Ricordate la U.S.S. Liberty*).

INDICE DEI CONTENUTI

PREFAZIONE	9
INTRODUZIONE	14
PREMESSA	15
I	*16*
II	*21*
III	*27*
CAPITOLO 1	**29**
LA COSPIRAZIONE	29
LA TORAH	*29*
LE TALMUD	*32*
I PROTOCOLLI DEI SAGGI DI SION	*39*
CAPITOLO 2	**47**
I KHAZARI INVENTANO IL GIUDAISMO	47
CAPITOLO 3	**52**
LES ILLUMINATI	52
LA GUERRA CIVILE	*61*
CITAZIONI DIRETTE DALLA RELAZIONE ANNUALE DEL CFR 1980 :	*74*
LIBRETTO DI DOMANDE E RISPOSTE	*77*
GLI STATI UNITI SOSTENGONO IL COMUNISMO :	*80*
CAPITOLO 4	**86**
ARGENTO	86
LA FED: ATTIVITÀ ILLEGALE E TRADIMENTO - IL DENARO DELL'AMERICA PRESO IN PRESTITO PER ESISTERE	*95*
TRUFFA DEL SISTEMA DI RISERVA FEDERALE	*95*
Sistema a riserva frazionaria - Il treno dei banchieri	*97*
REGISTRO DEL CONGRESSO (estratto)	*99*
DOSSIER DEL CONGRESSO COMMISSIONE D'INCHIESTA DELLA CAMERA	*101*
FILE DEL CONGRESSO Camera dei Rappresentanti	*103*
ASSEMBLEA DELLO STATO DI NEW YORK	*104*
CAPITOLO 5	**108**
SPIROCHETE DELLA SIFILIDE GIOVANILE	108
MARXISMO	*109*
FREUD	*114*

Hollywood trova materiale per le sitcom	*116*
LAVORAZIONE DEL LEGNO	*117*

CAPITOLO 6 — **122**

LA BUFALA DELL'OLOCAUSTO — *122*

CAPITOLO 7 — **146**

MENDELISMO — *146*
- *MUTAZIONI* — *148*
- *NASCITE* — *149*
- *SALUTE MENTALE* — *149*
- *GENETICA E RAZZA* — *153*

CAPITOLO 8 — **165**

LE NEGRO — *165*

CAPITOLO 9 — **178**

FORZA ARYAN — *178*

CAPITOLO 10 — **190**

PARASSITISMO U.S.A. — *190*
- *TRADIMENTO E SEDIZIONE* — *190*
- *STRATAGEMMI DI SCONFITTA E GUERRE NON VINCENTI* — *201*
- *I MEDIA DI MASSA* — *207*
- *ARGENTO* — *212*
- *INFLUENZA EBRAICA?* — *214*
- *INVASIONI CULTURALI* — *216*
- *SPAZIO* — *217*

CAPITOLO 11 — **222**

PATOLOGIA E SINTESI — *222*
- *PATOLOGIA* — *222*
- *SOMMARIO* — *236*
- *LA SINTESI OCCIDENTALE CONTINUA :* — *250*

CAPITOLO 12 — **252**

SINTESI — *252*
- *LA SOLUZIONE FINALE* — *257*
- *L'IMPERATIVO CATEGORICO* — *267*

GLOSSARIO — **270**

BIBLIOGRAFIA — **275**

America — *275*

Il revisionismo storico	*276*
La genesi della guerra	*276*
Il revisionismo dell'Olocausto	*276*
Razza e cultura	*277*
I GIUDEI	*279*
Il Terzo Reich	*279*
ALCUNI SITI WEB CON LINK AD ALTRI SITI INTERESSANTI	*280*
MOSTRE	**283**
FUOCO	*283*
LETTERA A JAMES HENRY WEBB	*284*
Lettera di Crommelin a Erik von Brunn	*292*
BOICOTTAGGIO ANDERSON	*296*
LETTERA A ROBERT HIGGINS	*298*
EDITORIALI DELLO STAR-DEMOCRAT	*300*
MAI CEDERE LA SOVRANITÀ	*302*
CICERONE	*302*

INTRODUZIONE

Questo libro è innanzitutto una raccolta di dati di ricerca, idee e scritti di uomini e donne che ammiro, le cui parole mi hanno ispirato e che ho generosamente preso in prestito. Ho cercato di riconoscere e attribuire le mie fonti in tutto il libro. Un riconoscimento speciale va a Oswald Spengler, Francis Parker Yockey, Wilmot Robertson, Revilo Oliver e William Gayley Simpson.

Tuttavia, non devono essere ritenuti responsabili delle conclusioni a cui sono giunto in questo libro, che in questo senso è la mia unica responsabilità.

- JvB

PREMESSA

Perché voi siete un popolo santo per il Signore vostro Dio. Il Signore vi ha scelti per essere il suo popolo speciale, al di sopra di tutte le nazioni della terra.

La Sacra Bibbia (Torah): Deuteronomio 14,2.

Tutte le proprietà delle altre nazioni appartengono alla nazione ebraica, che di conseguenza ha il diritto di appropriarsene senza scrupoli... Un ebreo può agire contro la morale se ciò è vantaggioso per se stesso o per gli ebrei in generale.

TALMUD: Schulchan Bruch, Choszen Hamiszpat 348.

Abbiamo ingannato, disorientato e corrotto i giovani goyim educandoli a principi e teorie che sappiamo essere falsi, anche se siamo stati noi a inculcarli.

PROTOCOLLI DEI SAGGI DI SION: Protocollo 9,10.

Non avete ancora iniziato ad apprezzare la vera profondità della nostra colpa. Siamo intrusi. Siamo dei piantagrane. Siamo sovversivi. Ci siamo impadroniti del vostro mondo naturale, dei vostri ideali, del vostro destino, e li abbiamo devastati. Siamo stati all'origine non solo della vostra ultima grande guerra, ma di quasi tutte le vostre guerre; non solo della Rivoluzione russa, ma di ogni altra rivoluzione della vostra storia. Abbiamo seminato discordia, confusione e frustrazione nella vostra vita pubblica. Continuiamo a farlo. Chissà quale grande e glorioso destino avreste potuto avere se vi avessimo lasciato in pace?

MARCUS ELI RAVAGE, *Rivista* JEIF *Century*, Gennaio 1928.

Lasciatemi emettere e controllare il denaro di una nazione e non mi interessa chi ne fa le leggi.

AMSCHEL MEYER ROTHSCHILD, EBREO (1743-1812).[1]

---

[1] In tutto il libro, ho inserito parole nel mio testo e in testi citati da altri per identificare gli individui come ebrei, in modo che il lettore non debba affidarsi al contesto o alla memoria per fare l'identificazione appropriata. - JvB

I

Oggi, sulla scena mondiale, stiamo assistendo a una tragedia di proporzioni gigantesche: la distruzione calcolata della razza bianca e dell'incomparabile cultura che rappresenta. L'Europa, l'antica fortezza dell'Occidente, è ora invasa da orde di non bianchi e di persone di razza mista. Lo stesso vale per l'Australia e il Canada. Le civiltà bianche, un tempo produttive, della Rhodesia e del Sudafrica, estorte dall'ILLUMINATI e dal suo strumento di esecuzione, gli Stati Uniti, sono state costrette ad adottare governi DEMOCRATICI, lasciando le loro famiglie bianche alla mercé di negri numericamente superiori e mentalmente inferiori, i cui antenati erano incapaci di inventare anche solo la ruota. Gli attacchi più concentrati alla razza bianca, tuttavia, si verificano negli Stati Uniti d'America.

La rivista TIME (4-9-90) riporta che nella prima metà del XXI secolo (statistiche dell'Ufficio del Censimento degli Stati Uniti), la popolazione bianca degli Stati Uniti diventerà una minoranza nel suo stesso Paese! L'"imbruttimento dell'America" cambierà ogni aspetto della società, dalla politica all'istruzione, dall'industria ai valori e alla cultura... il nuovo mondo è arrivato. Ed è *irreversibilmente* l'America che verrà". TIME prosegue: "La vecchia maggioranza imparerà, come parte normale della vita quotidiana, il significato dello slogan latino inciso sulle nostre monete - *E pluribus unum,* uno formato da molti".

Ben Wattenberg, ebreo e portavoce dell'American Enterprise Institute di Washington, commentando il ristagno del tasso di natalità bianca, l'aborto e l'ondata di immigrazione non bianca, dichiara con entusiasmo: "C'è una buona probabilità che il mito americano faccia un altro passo, negli anni '90 e oltre, verso l'idea che siamo la NAZIONE UNIVERSALE. Questa è la campana a morto del destino manifesto! Siamo un popolo con una missione e uno scopo, e crediamo di avere qualcosa da offrire al mondo!".

Il "mito americano" (creato dagli ebrei) secondo cui i nostri padri fondatori volevano che tutte le razze, dai pigmei agli Ainu, fossero invitate sulle nostre coste, si basa sulle parole di Thomas Jefferson nella Dichiarazione di Indipendenza: "... tutti gli uomini sono creati uguali". Il significato di questa affermazione spesso citata è stato distorto dagli ILLUMINATI che riscrivono soggettivamente la storia e brandiscono il cosiddetto "OLOCAUSTO" come un'ascia di guerra sulla testa di coloro che proclamano certezze genetiche: gli uomini e le razze NON sono creati uguali.

L'affermazione di Jefferson può essere compresa solo nel contesto del suo tempo. I nostri padri fondatori erano ariani, uomini ben allevati che comprendevano, empiricamente, le grandi differenze tra i ceppi di cavalli, i ceppi di bestiame, le razze di uomini e tra gli individui: conoscenze oggi confermate dalle scienze naturali della genetica, dell'eugenetica e dell'antropologia. Hitler, come i sempliciotti americani stanno cominciando a imparare, non aveva del tutto torto.

I redattori della nostra Costituzione, che rappresentavano tredici colonie proprietarie di schiavi, speravano di costruire in America un bastione della cultura occidentale *per la loro progenie bianca*. Jefferson, proprietario di molti schiavi, NON sosteneva l'uguaglianza razziale. L'idea non gli sarebbe mai venuta in mente (disse anche "... le due razze ugualmente libere non possono vivere insieme sotto lo stesso governo"). Jefferson si riferiva all'*uguaglianza di fronte alla legge*, in relazione alla questione più scottante del momento: "nessuna tassazione senza rappresentanza".

I fondatori volevano anche un governo in cui il potere supremo spettasse al popolo. Sapevano però che, in questo mondo imperfetto, gli *intelligenti e i capaci sono sempre più numerosi dei non intelligenti e degli incapaci*. Di conseguenza, il voto della maggioranza annulla il voto dell'intelligenza. I fondatori sapevano anche che le masse sono facilmente controllabili da uomini ambiziosi e senza scrupoli. Per questo motivo, nella loro saggezza, hanno creato una Repubblica con un solido sistema di pesi e contrappesi - non una Democrazia - sapendo che la Democrazia è destinata a distruggere le stesse libertà che dovrebbe proteggere. *Di conseguenza, il diritto di voto era così prezioso da essere limitato* ai soli maschi bianchi ritenuti in grado di esercitare il proprio diritto di voto in modo responsabile. I redattori della Costituzione furono influenzati dai discorsi di Platone sulla "regola della maggioranza" e dalla storia di quella straordinaria città-stato, Atene, durante l'età dell'oro di Pericle (430 a.C. circa). La popolazione totale di Atene, 130.000 abitanti, era composta da 50.000 cittadini (greci, strettamente consanguinei), 25.000 meticci (stranieri residenti) e 55.000 schiavi. In questa acclamata "democrazia", che ha prodotto in modo sproporzionato molti dei più grandi uomini della storia, le donne, i meticci e gli schiavi non potevano votare e i cittadini non potevano sposare gli schiavi.

Alexis de Tocqueville osservava: per stabilire una base di potere in una DEMOCRAZIA, basta professare una fede nell'egualitarismo. È proprio questo lo stratagemma utilizzato dagli ILLUMINATI nell'ultima metà del XIX secolo in America. Ingrassati dai profitti della Guerra Civile, gli ebrei erano come vermi che attaccano un campo di grano maturo. La loro strategia, secondo i PROTOCOLLI, era: 1) trasformare la Repubblica americana in una DEMOCRAZIA; 2) creare una banca centrale Rothschild; 3) prendere il controllo dei media; 4) istituire un'imposta sul reddito personale; 5) distruggere la nazione bianca; 6) sfruttare le incredibili risorse, la forza e l'energia creativa dell'America per le aspirazioni dei giudei, che includevano la distruzione della Germania, nemico dichiarato del LIBERALISMO/MARXISMO/GIUDAISMO e patria della razza bianca. Emma Lazarus, ebrea (1849-1887), segnalò le intenzioni della sua tribù nei confronti della nostra Repubblica in una poesia ("Il nuovo colosso") incisa sulla base della Statua della Libertà, invitando i "miseri rifiuti" del mondo a raggiungere le coste dorate dell'America - la discarica di Yahweh. Gli ebrei tendono a distruggere ciò che invidiano di più.

LIBERALISMO/GIUNISMO/MARXISMO: questa fu la formula usata da Woodrow Wilson e Franklin D. Roosevelt, entrambi democratici, per tradire la loro nazione. Il primo era un ingenuo sofista dal cuore vile, ricattato dai sionisti americani per una relazione extraconiugale; il secondo era uno spietato egoista con un profondo malanimo nei confronti della sua stessa razza ("Alcuni dei miei migliori amici sono comunisti"). Sotto Wilson, la DEMOCRAZIA sostituì la nostra Repubblica, il sistema monetario americano fu messo nelle mani degli ILLUMINATI e i GIECI ricevettero la Dichiarazione Balfour (che garantiva una "patria" ebraica), in *cambio* dell'ingresso dell'America nella Prima Guerra Mondiale. Sotto Roosevelt, il LIBERALISMO/MARXISMO/GIUDAISMO trionfò sulla civiltà occidentale. Agli ebrei fu garantito lo Stato di ISRAELE, *in cambio* dell'ingresso dell'America nella guerra contro la Germania (Seconda guerra mondiale). "Il cervo più coraggioso può essere messo in ginocchio se gli si mettono alla gola abbastanza cani". (William G. Simpson)

Il "popolo con una missione" di cui parla Ben Wattenberg, Ebreo, è

il POPOLO SCELTO DA DIO la cui missione messianica, come chiariscono abbondantemente l'Antico Testamento, il Talmud e i Protocolli, è la distruzione di tutte le nazioni pagane attraverso l'accoppiamento e la guerra. La "mandria di proletari marroni" che ne risulterà sarà conosciuta eufemisticamente come NAZIONE UNIVERSALE.

Dalla Seconda Guerra Mondiale, il GOVERNO ZIONISTA OCCUPATO DEGLI STATI UNITI (ZOG) ha accolto un gran numero di fertili immigrati non bianchi, sulla base dell'ideologia che la diversità è meglio. Paradossalmente, l'establishment liberale è impegnato in una campagna controculturale per eliminare la diversità attraverso la miscegenazione razziale. Questi concetti incoerenti condividono un unico obiettivo ILLUMINATI: la distruzione della razza bianca ariana.

L'approvazione del matrimonio interrazziale si basa sull'idiota dogma cristiano secondo cui i figli di Dio devono amare i loro nemici (un concetto che gli ebrei rifiutano totalmente) e sulla propaganda liberale, marxista ed ebraica secondo cui tutti gli uomini e le razze sono creati uguali. Queste ideologie genocide, predicate dai pulpiti americani, insegnate nelle scuole americane, legiferate nelle aule del Congresso (a conferma della convinzione talmudica che i goyim sono stupide pecore), dovrebbero produrre una popolazione "americana" unica, superintelligente, bella e non bianca. Razzismo, disuguaglianza, bigottismo e guerra scompariranno per sempre. Come tutte le ideologie liberali, la miscegenazione è totalmente incompatibile con la legge naturale: le specie vengono migliorate dalla riproduzione, dalla selezione naturale e dalla mutazione. Solo i più forti sopravvivono. L'incrocio tra i bianchi e le specie che si trovano più in basso nella scala evolutiva diminuisce il patrimonio genetico dei bianchi e aumenta il numero di meticci fisiologicamente, psicologicamente e comportamentalmente deprivati. Nel corso della storia, i bianchi miopi si sono mescolati. Il concetto di "fratellanza" non è nuovo (come sostengono i LIBERALI) e i risultati - inevitabilmente disastrosi per la razza bianca - sono evidenti oggi, ad esempio, nelle popolazioni meticce di Cuba, Messico, Egitto, India e nei centri urbani dell'America contemporanea.

Come fanno i TALMUDISTI a proteggere il *loro* patrimonio genetico in modo diverso! Gli ebrei non hanno alcuna intenzione di far parte della NAZIONE UNIVERSALE che stanno creando per gli stupidi *goyim*. Il rappresentante delle Nazioni Unite, il conte Folke Bernadotte, prima di essere assassinato dall'Irgun, propose che Palestinesi ed Ebrei vivessero insieme sotto un governo DEMOCRATICO. I palestinesi accettarono. Gli ebrei rifiutarono violentemente, chiedendo uno Stato esclusivamente per gli ebrei. La DIVERSITÀ DEMOCRATICA va bene solo per i *goyim*! Gli Ebrei - che hanno fatto dell'antisemitismo un business redditizio, che bombardano le loro stesse sinagoghe, scarabocchiano graffiti sulle loro stesse tombe, raccontano bugie sull'Olocausto - si dimostrano oggi i più virulenti antisemiti del mondo: uccidono gli Arabi ad ogni occasione e chiedono aiuto agli Stati Uniti quando i "terroristi" diseredati reagiscono.

La sopravvivenza della nazione ebraica dipende dal mantenimento del suo status di popolo eletto da Dio. Per questo motivo la TALMUD considera un crimine per un ebreo sposare un non ebreo. Ma non sempre. I maschi ebrei, cercando di rinvigorire i geni tribali malati, possono ricevere la dispensa rabbinica per accoppiarsi con mogli trofeo pagane. I figli bastardi di questi matrimoni misti sono considerati non ebrei; tuttavia, i figli di questi matrimoni possono riscattare il lignaggio ebraico sposando dei GIUVI, la cui prole è ancora considerata ebrea. In questo modo, il TRIBU si appropria di geni pagani sani! In una società patriarcale, come quella ebraica, la dispensa descritta sopra è una necessità biologica. Dopo le guerre, i ricchi ebrei erano soliti setacciare le rovine dell'Europa alla ricerca di vedove e orfani ariani affamati da riportare in America.

Steven Spielberg, regista ebreo e pusillanime di Hollywood, ha pagato a Kate Capshaw, un'intraprendente prostituta bianca, 22 milioni di dollari prima di entrare nel letto matrimoniale (*Vanity Fair*, ottobre 1997). La donna ha poi dato doverosamente alla luce due futuri candidati per la fiorente industria americana delle protesi nasali. Questa è la vita di un uccello in una gabbia dorata. Non si sa quale compenso abbia ricevuto il vicepresidente Al Gore, *quid pro quo*, per aver organizzato il matrimonio della sua bionda figlia con il rampollo della ricca tribù degli Schiff (Kuhn Loeb & Co., JUIFS), una cabala bancaria nota per aver finanziato la rivoluzione bolscevica durante la quale milioni di musulmani e cristiani disarmati sono stati uccisi nello stesso modo in cui gli allevatori texani radunano e massacrano le lepri con le racchette da neve.

Nel 1933, in occasione di elezioni democratiche, i tedeschi optarono per uno Stato tedesco esclusivamente per i tedeschi (ariani), offrendo al contempo di aiutare i sionisti a colonizzare la Palestina con gli ebrei. L'ebraismo mondiale andò su tutte le furie e dichiarò unilateralmente guerra (1933) alla Germania. Per gli Ebrei è inconcepibile che una razza diversa da quella scelta da DIO abbia un proprio Stato. Gli ILLUMINATI ordinarono alle forze alleate di incenerire i tedeschi nelle loro città, fattorie e villaggi, informando così il mondo che gli Stati nazionali non saranno tollerati, tranne che in Israele, e che la comunità ebraica mondiale può vivere in qualsiasi nazione straniera di sua scelta.

L'espressione *E pluribus unum*, che compare sulle monete americane, si riferiva agli immigrati bianchi che, una volta arrivati negli Stati Uniti, abbandonavano la loro etnia e si assimilavano in un pool genetico (nazione) bianco: la stessa nazione ariana che popolava i grandi Stati d'Europa. Qui, invece di chiamarsi inglesi, francesi, scozzesi, tedeschi, polacchi *e altri, si* chiamavano americani. Di conseguenza, fino alla Seconda guerra mondiale, tutto il mondo considerava gli americani bianchi. Oggi non è più così. Ora siamo chiamati "brutti americani". Questo non è più il nostro Paese. L'America bianca si è vergognosamente arresa agli ebrei senza sparare un colpo, mentre gli indiani d'America hanno combattuto per la loro terra quasi fino all'ultimo uomo, lasciando un'eredità di coraggio senza pari. La popolazione mondiale di *omosapiens* è oggi di 6 miliardi, di cui 800 milioni (13%) sono bianchi. Democratizzare il mondo avrà lo stesso risultato di versare un contenitore di latte nello scarico di New York. La popolazione bianca si mescolerà semplicemente al fango razziale e scomparirà - per *sempre* - come si addice a una specie che non ha volontà di sopravvivere.

II

Fin dai primi giorni della loro storia, gli Ebrei hanno vissuto tra le nazioni straniere. Strabone, il grande geografo (100 a.C. circa), scrisse che gli Ebrei controllavano clandestinamente quasi tutti i popoli prosperi del mondo. Sembra un'affermazione corretta. Giuseppe, uno storico ebreo dello stesso periodo, si vantava che non c'era nazione in cui gli Ebrei non fossero penetrati. 400 anni dopo la prima piramide di Cheope, un flusso di immigrati ebrei attraversò l'istmo di Suez per entrare nel prospero Egitto sotto il regno di Pepi II (2738-2644 a.C.). Il rivolo divenne un torrente. Fiorirono le tangenti e la corruzione politica e morale. La dinastia egizia era sull'orlo del collasso. Nefer-rohu scrive: "Tutte le bocche sono piene di "Amami!" e tutto ciò che è buono è scomparso". "Il ladro è ora il possessore di ricchezze... Vi mostro il proprietario bisognoso e lo straniero soddisfatto...". Gli Ebrei non erano tenuti in schiavitù dal Faraone. Era il contrario. Alla fine, il cammello fu espulso dalla tenda e l'Egitto iniziò una rinascita culturale ed economica.

Le dodici tribù ebraiche a cui Yahweh aveva promesso il mondo furono unite per meno di 100 anni ("anni d'oro") sotto i re Saul, Davide e il bastardo Salomone. Lacerate da lotte intestine e pesantemente tassate per sostenere gli eccessi del re "saggio", le tribù si divisero incautamente in due parti (922 a.C.): Israele con 10 tribù, a nord, e Giuda (contenente Gerusalemme) con 2 tribù, a sud. Gli Assiri (siriani, semiti) uccisero o assimilarono le tribù del nord, che scomparvero per sempre dalla storia. Giuda fu poi sconfitto dai Babilonesi (iracheni, semiti). I Giudei sopravvissuti furono tenuti prigionieri a Babilonia. In seguito, coloro che occupavano posizioni di fiducia (530 a.C.) tradirono Babilonia.C.) tradirono Babilonia con i Persiani (Iran, Ariani), proprio come i Giudei tradirono in seguito le città greco-romane dell'Asia Minore con i Patrizi, e gli Ebrei del XX secolo tradirono i segreti militari americani con l'Unione Sovietica, Israele e la Cina (il Libro di Ester dell'AT rivela il concetto di eroina Ebraica). La Persia permise ai Giudei di tornare a Gerusalemme e di ricostruire il loro tempio. Nel 330 a.C., Alessandro Magno (macedoni, greci, ariani) conquista la Persia. L'ellenismo viene infine sostituito (27 a.C.) dalla grande egemonia romana (ariana).

Sotto l'ellenismo e poi sotto Roma, l'obiettivo era quello di riunire le popolazioni eterogenee dell'Asia e del Medio Oriente in un'entità funzionale. Furono apportati miglioramenti al governo e agli affari civili; furono costruite strade e acquedotti; furono create rotte commerciali e imprese (ad Alessandria vivevano più ebrei che a Gerusalemme).

Viene introdotto nell'educazione il concetto di Ragione occidentale, ossia la ricerca oggettiva dei FATTI in contrapposizione al ragionamento soggettivo (ebraico). Tutte le regioni conquistate ne beneficiarono. Tuttavia, gli eletti di Dio avevano il loro programma. Gli Ebrei si divisero in due campi principali: i sommi sacerdoti e i circoli d'affari che collaboravano con i governi satrapi per ottenere favori politici e profitti monetari; e i fanatici religiosi tradizionali che cercavano il martirio e la morte dei pagani. Per la Grecia e Roma, i Giudei sembravano di scarsa importanza, fino a quando una quinta colonna del tradimento si diffuse nella regione. L'aria si riempì di dicerie, calunnie, superstizioni e cattivi presagi. L'usura, la corruzione e l'estorsione salgono alle stelle. Il morale e gli affari ne risentono. Vengono assassinati funzionari pubblici e ufficiali dell'esercito. Spinte al limite, come molte altre nazioni, la Grecia prima e Roma poi reagirono duramente. Da allora, sono state demonizzate per le loro azioni. Antioco IV di Epifane, il Tolomeo regnante, cercò di ottenere la collaborazione degli Ebrei attraverso editti che sostenevano la Torah, il Sommo Sacerdote e gli ambienti economici. Tuttavia, la sua pazienza si esaurì quando venne a conoscenza di una nuova ribellione armata israelita (169 a.C.). "Infuriato come una bestia selvaggia, Antioco marciò su Gerusalemme dove, dopo che i suoi sostenitori ebrei aprirono a tradimento le porte della città, i Greci uccisero 80.000 ISRAELIANI in tre giorni e ne vendettero almeno altrettanti come schiavi".

Roma, dopo 100 anni di menzogne e tradimenti nei confronti degli Ebrei (7 milioni di Ebrei vivevano nell'Impero Romano), e di fronte a una nuova ribellione in Palestina, ordinò la distruzione del Tempio di Gerusalemme (70 d.C.). Inoltre, secondo Tacito, 600.000 dei 2,5 milioni di ISRAELI che vivevano in Palestina furono uccisi in battaglia (Giuseppe, l'Elie Wiesel del suo tempo, sostiene che furono uccisi 1.197.000 uomini, donne e bambini).

Nel 115 d.C., ebrei e pagani si uccisero a vicenda in Egitto, Mesopotamia, Cipro e Cirene. Durante la diaspora (cioè la cacciata degli ebrei da Canaan), gli "eletti di Dio" furono dispersi lungo tutta la costa mediterranea. Tragicamente per l'Occidente, molti di loro si diressero verso l'enclave ebraica di Roma dove, già nel 63 a.C., si racconta che gli ebrei causarono problemi economici esportando oro dall'Italia. La loro influenza corruttrice era abbastanza potente da corrompere i giudici romani e influenzare la politica estera. La pietosa storia del popolo ISRAELICO costretto a vivere nella diaspora è un'altra bufala. Solo una piccola popolazione ebraica ha sempre vissuto in Palestina; geneticamente, sono costretti a vivere tra le nazioni ospitanti. La capitale amministrativa del popolo israelita non era Gerusalemme, ma Babilonia. Fu lì che un NASI (capo) amministrò la nazione ebraica dispersa. Joseph Ben Tobia, ebreo (240 a.C. circa) è descritto come "il prototipo del FINANZIERE INTERNAZIONALE per il quale non esistono confini o considerazioni etiche restrittive... il primo grande banchiere ebreo". (Peter Green, *Alessandro ad Azio*).

Dai Faraoni ad Hammurabi, fino ai tempi moderni, gli ebrei sono stati oggetto di paura e disgusto:

(CICERONE) Gli Ebrei appartengono a una forza oscura e ripugnante. (TACITO) Sono sempre pronti a mostrarsi compassionevoli gli uni verso gli altri, mentre riservano un'aspra inimicizia a tutti gli altri. (COSTANTINO) I GIUDEI sono una setta dannosa e perversa. (CORANO) Satana si è impadronito di loro. (GOETHE) Questa razza astuta ha un grande principio: finché regna l'ordine, non c'è nulla da guadagnare. (VOLTAIRE) Tutti gli Ebrei nascono con il fanatismo nel cuore, proprio come i bretoni e i tedeschi nascono con i capelli biondi. (WASHINGTON) Gli ebrei lavorano contro di noi più efficacemente degli eserciti del nemico. (JEFFERSON) Per quanto dispersi siano gli Ebrei, essi sono comunque una nazione, estranea alla terra in cui vivono. (FRANKLIN) Sono pienamente d'accordo con il generale Washington sulla necessità di proteggere questa giovane nazione da influenze e penetrazioni insidiose. (NAPOLEONE) Gli ebrei sono i grandi ladri dell'epoca moderna; sono le carogne dell'umanità. (LISZT) La presenza degli Ebrei nelle nazioni europee è causa di molti mali e costituisce un grave pericolo. (HEGEL) Lo Stato è incompatibile con il principio ebraico. (LORD HARRINGTON) I GIudei sono sempre stati i più grandi nemici della libertà. (HUME) I GIudei hanno un carattere particolare e sono noti per le loro frodi. (U. S. GRANT) I GIudei, come classe, che violano tutte le regole stabilite dal Tesoro, sono espulsi da questo dipartimento. (SOMBART) Le guerre sono il raccolto dei GIUDEI. (DOSTOYEVSKY) Gli Ebrei stanno prosciugando il suolo della Russia. (JUNG) L'Ebreo non ha mai creato una forma culturale propria e, per quanto ne sappiamo, non la creerà mai. (R. L. STEVENSON) Gli Ebrei stanno spingendo l'agricoltore a indebitarsi in modo irrecuperabile e lo terranno per sempre come loro schiavo. (R. WAGNER) Una cosa che mi è molto chiara è che il dirottamento e la falsificazione delle nostre tendenze culturali possono essere attribuiti all'influenza ebraica. (LINDBERGH) Siamo preoccupati per l'effetto dell'influenza ebraica nella nostra stampa, radio e film. (NESTA WEBSTER) L'Inghilterra non è più controllata dagli inglesi. Siamo sotto una dittatura ebraica invisibile. (KEROUAC) Il vero nemico è il comunista, il giudeo. (J. R. LOWELL) Dove sarebbe il giudeo in una società di uomini primitivi senza soldi? (MALCOM X) Non si può nemmeno dire giudeo senza che ti accusi di antisemitismo. (MENCKEN) Mi sembra che, ad eccezione di alcuni punti luminosi, la TALMUD sia indistinguibile dalla spazzatura. (G. B. SHAW) Questo è il vero nemico... il parassita orientale, in una parola, il JEW. (SOMBART) Guardate nelle pagine del TALMUD... Agli ebrei è stato insegnato molto presto a cercare la loro principale felicità nel denaro. (MARK TWAIN) Ho letto nell'*Enciclopedia Britannica* che la popolazione ebraica degli Stati Uniti era di 250.000 persone; ho scritto all'editore che personalmente conoscevo un numero di ebrei maggiore di quello. È mia opinione che negli Stati Uniti ci sia un'enorme popolazione ebraica (THOMAS WOLFE) Gli ebrei seducono i ragazzi (e le ragazze) cristiani puri perché vogliono distruggerli.[2] Dietro tutte le guerre e le rivoluzioni in Occidente c'è l'internazionale ebraica, che non smette mai di gridare all'antisemitismo, mentre succhia il sangue dei gentili.

> Non siamo ebrei sillabati: siamo ebrei senza qualifiche o riserve... Il vostro spirito ci è estraneo... Le vostre ambizioni e aspirazioni nazionali ci sono estranee. Siamo un popolo straniero in mezzo a voi e insistiamo nel voler rimanere tale... Riconosciamo l'unità nazionale degli ebrei della diaspora, indipendentemente dal Paese in cui risiediamo. Di conseguenza, nessun confine può impedirci di perseguire le nostre politiche ebraiche...
> DR. JAKOB KLATZKIN, EBREO, "Krisis und Entsheidung".

In epoca moderna, gli ebrei sono stati espulsi, puniti o denunciati da molti Stati ariani, tra cui i seguenti:

1215 CONCILIO CATTOLICO 4 LATRAN - limita la tratta degli schiavi ebrei, la prostituzione e il papponaggio.

1253 FRANCIA - restrizioni per violazione del diritto civile.

1255 INGHILTERRA -18 impiccati per omicidio rituale.

1275 INGHILTERRA - Proibizione parlamentare dell'usura da parte

---

[2] Le citazioni sono tratte dal libro *ANTIZIONE*, compilato da William Grimstad, Noontide Press.

degli ebrei.

1290 INGHILTERRA - espulso dall'Inghilterra per tradimento, ecc.

1300 RUSSIA - guerra in corso tra la Russia ariana e i khazari, che porta alla rivoluzione bolscevica e alla conquista da parte degli ILLUMINATI della Russia, dell'Europa orientale e dell'America.

1348 SASSONIA - Espulsione degli ebrei in Polonia e Turchia; tradimento.

1360 UNGHERIA - Espulsione degli ebrei per violazione delle leggi civili.

1370 BELGIO - Espulsione degli ebrei per usura e tradimento.

1380 SLOVACCHIA - Espulsione degli ebrei per usura, tradimento e procacciamento.

1420 AUSTRIA - Espulsione degli ebrei per violazione delle leggi civili.

1444 PAESI BASSI - Espulsione degli ebrei per usura, tradimento e procacciamento.

1492 SPAGNA - Espulsione degli ebrei per blasfemia e tradimento.

1495 LITUANIA - Espulsione degli ebrei per violazione delle leggi civili.

1498 PORTOGALLO - Espulsione degli ebrei per blasfemia e tradimento.

1540 ITALIA - Espulsione degli ebrei per bestemmia, omicidio e procurato allarme.

1551 BAVIÈRE - Espulsione degli ebrei per tradimento.

1776 FRANCIA/BAVIÈRE - dove gli ILLUMINATI sono vietati.

1913 RUSSIA - Espulsione dei bolscevichi per tradimento e omicidio.

1935 GERMANIA, ROMANIA, UNGHERIA, AUSTRIA, CROAZIA e FRANCIA espellono gli ebrei per tradimento, usura e omicidio.

1953 Stati Uniti - Il Congresso identifica e condanna le spie ebree.

1966 U.S.A. - Il senatore McCarthy ha ragione sulle spie ebree.

1990 CANADA - Il processo Zundel dimostra che l'"Olocausto" è una bufala.

1999 U.S.A. - Spionaggio ebraico.

> L'ebreo si è già emancipato alla maniera ebraica: l'ebreo che è solo tollerato a Vienna, per esempio, determina il destino dell'intero Impero tedesco attraverso il suo potere monetario. L'ebreo che non ha diritti nel più piccolo Stato tedesco decide il destino dell'Europa.
> KARL MARX, "Un mondo senza ebrei", 1840

III

In natura, tutti gli organismi si nutrono di altri organismi. In questo senso, l'umanità è parassita perché si nutre di altri esseri viventi. Tuttavia, l'unico parassita umano che si incarna nei nervi di altri esseri umani è l'ebreo. Il loro genio sta nell'astuzia, nella capacità di ingannare come un camaleonte e, come sottolinea Cicerone, nella malizia, che fa appello alla bassezza che giace nel profondo dell'anima di tutti gli uomini. In pubblico, i GIUDEI fingono la POVERTÀ. Si presentano come giudei che vagano per sempre nella diaspora: vittime tragiche, indifese, perseguitate da TUTTI in un mondo bigotto e antisemita! Sotto questa chimera, l'ebraismo internazionale è un commercio virulento, organizzato, potente e ricchissimo, che combina nazione/lega/religione/cultura: che da solo comanda la fedeltà, oltrepassa tutti i confini nazionali e disprezza totalmente le nazioni pagane che il loro DIO genocida ha ordinato loro di distruggere.

> L'ira del Signore è su tutte le nazioni e il suo furore su tutti gli eserciti. Egli le soggiogherà completamente... I loro morti saranno gettati via e il fetore uscirà dalle loro carcasse... Perché questo è l'anno della vendetta del Signore, l'anno della ricompensa per la controversia

di Sion".

LA SANTA BIBBIA: Isaia 34,2.

Edward Gibbon, nel suo libro *Il declino e la caduta dell'*Impero *romano*, descrisse gli ebrei come "una razza di fanatici... animati da un odio inconciliabile per l'umanità". Arnold Toynbee descrisse il giudaismo come una "religione fossile". Winston Churchill denunciò i GIUDAI come "una banda di personaggi malavitosi che cospiravano a rovesciare la civiltà occidentale". Il rabbino Stephen Wise, capo dell'ebraismo "americano" durante la Seconda Guerra Mondiale, che ha contribuito a creare l'Olocausto (CANULAR), ha dichiarato: "Non sono un cittadino americano di origine ebraica. Sono un ebreo. Sono ebreo da mille anni. Hitler aveva ragione: siamo un popolo". Sì, Hitler aveva ragione.

In questa prefazione abbiamo ripercorso brevemente le intenzioni dei nostri padri fondatori di creare in America un bastione di cultura occidentale per la loro progenie bianca. Le attuali statistiche del Census Bureau degli Stati Uniti rivelano che gli americani bianchi sono in via di sradicamento. Abbiamo anche esplorato una breve storia di ebrei/giudei/israeliani perché, come Spengler ha dimostrato in modo così convincente - e come l'America può ora testimoniare - la storia si ripete immancabilmente. Il vecchio cancro ebraico è ormai radicato nei nervi dell'America.

Le regole della navigazione ci dicono che per stabilire una nuova rotta, dobbiamo prima sapere dove siamo; per sapere dove siamo, dobbiamo sapere dove siamo stati. Per questo motivo intendiamo dare una breve occhiata alla storia della COSPIRAZIONE, poi descrivere la COSPIRAZIONE in azione: LIBERALISMO/MARXISMO/GIUDAISMO, e infine proporre un piano per rimuovere il cancro dal nostro organismo culturale. *Se non lo eliminiamo, moriremo.*

RICORDA: i geni bianchi non si possono creare, si possono solo trasmettere. Noi ariani possiamo sempre costruire un altro Stato sulle rovine di quello vecchio; ma una volta inquinato il serbatoio dei geni bianchi, potete dire addio per sempre a bionde, rosse e brune dalla pelle chiara!

CAPITOLO 1

LA COSPIRAZIONE

Perché voi siete un popolo santo per il Signore vostro Dio, e il Signore vi ha scelti per essere il suo popolo speciale, al di sopra di tutte le nazioni della terra.

BIBBIA SANTA: Deuteronomio 14,2.

L'ira del Signore è su tutte le nazioni e il suo furore su tutti gli eserciti. Li distruggerà completamente... I loro uccisi saranno gettati via e il fetore uscirà dai loro cadaveri... Perché questo è l'anno della vendetta del Signore, l'anno della ricompensa per la controversia di Sion.

BIBLIOGRAFIA SANTA: Isaia 34,2.

Lo sterminio dei cristiani era necessario.

TALMUD : Zohar II 43a.

È più meschino mettere in discussione le parole dei rabbini che la Torah.

TALMUD: Mishna Sanhedrin 11:3.

Gli amministratori, che sceglieremo tra i cittadini in base alla loro servile obbedienza, non saranno persone addestrate all'arte di governare e quindi diventeranno facilmente pedine del nostro gioco, nelle mani di uomini di scienza e di genio che saranno i loro consiglieri: specialisti allevati fin dall'infanzia per dirigere gli affari del mondo intero.

PROTOCOLLI DEI SAGGI DI ZION, protocollo 2:2.

Tutti i futuri voti, giuramenti, promesse, pegni e giuramenti da me fatti saranno nulli da questo Giorno dell'Espiazione fino al prossimo.

TALMUD: Giuramento del Kol Nidre.

LA TORAH

Quando gli storici si impegnano pubblicamente in una teoria del complotto, i media si scatenano, chiamandoli nazisti, bigotti, paranoici e idioti. Perché queste furiose smentite? Fin dall'inizio della storia, le persone hanno cospirato per dominare il mondo, o quello che pensavano fosse il mondo. Perché oggi dovrebbe essere diverso? Non è così. È in atto una cospirazione per distruggere la civiltà occidentale e la nazione ariana che l'ha creata. Questa cospirazione non è nuova. È iniziata più di 3.000 anni fa sotto forma di leggende tribali parlate, che alla fine sono state raccolte nella Torah (circa 900 a.C.), un arazzo di miti e racconti plagiati, in gran parte, da Egitto, Mesopotamia, Babilonia e Grecia. La Legge mosaica, il Giardino dell'Eden, il Diluvio e la storia di Davide provengono tutti da fonti non ebraiche. L'idea del monoteismo è stata presa in prestito (intorno al 1400 a.C.) dal faraone Akhnaton. In questo ricco arazzo, gli Ebrei intrecciarono i fili della loro storia, come credevano o volevano che fosse - il *modus operandi* degli odierni sceneggiatori di Hollywood. Il protagonista fittizio di queste storie egocentriche è Yahweh (Adonai, Geova, Dio): un dio tribale antropomorfo, geloso, vendicativo, rabbioso, genocida, creato a immagine e somiglianza degli Ebrei che lo hanno creato. Naturalmente, questo GRANDE EBREO in cielo ama gli Ebrei. Tutte le altre nazioni sono considerate come bestiame da usare, mungere e sterminare.

> Perché voi siete un popolo santo per il Signore vostro Dio, e il Signore vi ha scelti per essere il suo popolo speciale, al di sopra di tutte le nazioni della terra.
>
> La Sacra Bibbia, Deuteronomio 14:2.
>
> Sarete per me un tesoro al di sopra di tutti i popoli, perché la terra è mia.
>
> LA SANTA BIBBIA, Esodo 19:5.

Non dimenticate che queste manie di grandezza sono state scritte dagli Ebrei su se stessi. Megalomani di questa portata sono di solito maniaci depressi rinchiusi in manicomio.

Il tesoro dei tesori è Abramo, che Yahweh "ama sopra ogni cosa". Ci viene raccontato che Abram (Abramo) e sua moglie Sari (Sara), che è anche la sua sorellastra, si recarono nel prospero Egitto in cerca di bottino. Lì, Abramo organizza un incontro tra sua sorella e il Faraone. L'onnipresente Yahweh li colse sul *fatto*. Il faraone, ignaro di aver commesso adulterio, offrì ad Abe e Sari bestiame, servi, argento e oro "e Abramo divenne molto ricco". Ma JEHOVAH è un dio geloso e vendicativo (Gen.12); non contro il pappone Abramo, che ama sopra ogni cosa, né contro la truffatrice Sari. È furioso con il buon Faraone, che è stato ingannato, e colpisce l'Egitto con una pestilenza (spielberghiana). Molti anni dopo (Gen. 20), in uno scenario identico, Sara, allora novantaduenne, truffò il faraone Ambimilech. Dio disse ad Ambimilech: "Ecco, tu sei un uomo morto... perché lei è la moglie di un uomo! La storia reale mostra che gli Ebrei furono espulsi dall'Egitto per tradimento e per aver portato la peste - proprio come gli Ebrei portarono il tifo durante la Seconda Guerra Mondiale (vedi capitolo 6, "OLOCAUSTO").

In un altro esempio dell'odio di DIO per i pagani, Abramo, il patriarca di Israele, aveva messo gli occhi su Canaan, una "terra di latte e miele" appartenente a una tribù semitica pastorale - i Filistei (Palestinesi). Fortunatamente, Yahweh fece un accordo con il suo amico Abramo:

> Io darò il paese dove siete stranieri, tutto il paese di Canaan, a voi e alla vostra discendenza dopo di voi, perché lo possiate possedere per sempre; e io sarò il loro Dio.
>
> GENESI 17:8.

JEHOVAH dice tutto ciò che gli sceneggiatori scrivono nei sottotitoli. Coloro che trovano convincente credere che Yahweh abbia creato una terra piatta, intorno al 5000 a.C., che abbia parlato da un roveto ardente, che si sia messo a nudo, che abbia diviso il Mar Rosso e che ami gli Ebrei più di tutte le altre nazioni, condividono una credulità infantile con coloro che credono che milioni di Ebrei siano morti nelle camere a gas tedesche. Conferma anche la convinzione dei giudei che i gentili siano stupide pecore. Fa venire voglia di vomitare.

La Torah ordina ai gentili di adorare Geova o di soffrire i tormenti dell'inferno. D'altra parte, Geova assicura ai Gentili che possono rubare, imbrogliare, stuprare e uccidere impunemente. Promette che solo gli Ebrei erediteranno la terra.

IL TALMUD

LA SANTA BIBBIA racconta che Mosè, un ebreo (o era egiziano?), salì sul Monte Sinai (intorno al 1300 a.C.) per parlare con Yahweh, che gli diede LA LEGGE (i Dieci Comandamenti), che Mosè scrisse su due tavole di pietra (all'epoca non esisteva l'alfabeto ebraico e la scrittura poteva essere cuneiforme, geroglifica, cinese o altro). Tradizionalmente, Mosè scrisse anche la TORAH (Pentateuco). Secoli dopo, i farisei sostennero che Dio aveva interpretato oralmente la LEGGE data a Mosè. I farisei sostenevano che l'interpretazione orale di Yahweh fosse identica alla loro interpretazione orale. Così, la LEGGE ORALE dei farisei e la TORAH sono riconosciute come LA PAROLA SANTA. La LEGGE ORALE dei farisei, chiamata fariseismo, che Gesù disprezzava come "Sinagoga di Satana", fu infine messa per iscritto e divenne la TALMUD (500 d.C.).

> La TALMUD è composta da 63 libri di scritti giuridici, etici e storici degli antichi rabbini (22 a.C. - 500 d.C.). Fu pubblicata cinque secoli dopo la nascita di Gesù. È una raccolta di leggi e conoscenze: il codice legale che costituisce la base della legge religiosa ebraica e il libro usato per formare i rabbini; è il fondamento stesso della vita ebraica. Viene insegnato ai bambini ebrei non appena sanno leggere.
>
> Rabbi Morris N. Kertzer, presidente dell'Associazione dei Cappellani Ebrei delle Forze Armate, USA; portavoce dell'American Jewish Committee (il "Vaticano dell'ebraismo").

Esistono due TALMUD: quello palestinese e quello babilonese. È al TALMUD babilonese (Socino Ed. 1935), usato dalla maggior parte degli ebrei, che ci riferiremo qui. Si tratta di un enorme tomo, in gran parte noioso, dalla sintassi ponderosa; in esso si manifesta la schizofrenia genetica degli ebrei: è vanaglorioso, depresso, vendicativo, volgare, disonesto e pieno di odio. Il TALMUD tratta quasi tutti gli aspetti possibili dell'esistenza ebraica, poco è lasciato al caso, da come usare i semi e le erbe, all'alimentazione e ai rapporti sessuali, a quando mentire, a chi uccidere, a quale capra sacrificare, al cabalismo, alla numerologia, alla necromanzia, alla taumaturgia e alle ossessioni per le perversioni in stile hollywoodiano, alle funzioni corporali, ecc. Ciononostante, i rabbini hanno tessuto il filo della filosofia ebraica, della legge ebraica e della "storia" ebraica. Qui si trova il granello di sabbia che sostiene l'obiettivo EBREO di dominare il mondo, raccogliere le sue ricchezze e schiavizzare i gentili. È questo credo luciferiano che sta trasformando gli Stati Uniti in una nazione non bianca controllata dagli ILLUMINATI, che presto farà parte di un mondo meticcio.

I pagani che si interessano alle leggi ebraiche saranno condannati a morte.

TALMUD: Sanhedrin 59a.

Non salvare i cristiani in pericolo di vita.

TALMUD: Hilkoth Akum X, 1.

Uccidete i migliori gentili!

TALMUD: Sanhedrin 59.

Una donna che ha rapporti con una bestia può sposare un sacerdote.

TALMUD: Yebamoth 59b.

Una ragazza di tre anni e un giorno può essere acquisita in matrimonio con un coito.

TALMUD : Sanhedrin 55b.

La pederastia con un bambino di età inferiore ai nove anni non è considerata pederastia.

TALMUD: Sanhedrin 54b-55a.

Gesù è stato concepito illegittimamente durante il suo periodo.

TALMUD: Kallah 1b (18b).

Quando un uomo adulto fa sesso con una bambina di meno di 3 anni, non è niente.

TALMUD: Kethuboth 11a-11b.

Sono consentiti rapporti sessuali con un parente defunto.

Ya Bhamoth.

Non dimentichiamo che siamo una nazionalità distinta di cui ogni ebreo - a prescindere dal Paese, dal rango o dal credo - è necessariamente membro.

LOUIS DEMBITZ BRANDEIS,
EBREO, Corte Suprema degli Stati Uniti.

Michael Redkinson, ebreo, e il rabbino Isaac Wise, "due delle maggiori autorità mondiali sul TALMUD", che hanno collaborato al famoso libro "*Storia del Talmud"*, hanno dichiarato quanto segue:

La fonte da cui Gesù di Nazareth trasse gli insegnamenti che gli permisero di rivoluzionare il mondo è la TALMUD. Si tratta della forma scritta di quelle che al tempo di Gesù erano chiamate le tradizioni dei Saggi di Sion, alle quali egli fa spesso riferimento.

Redkinson e Wise, ovviamente, sono dei bugiardi. La TALMUD risuona con l'odio di Gesù:

> Gesù è stato concepito mentre Maria aveva le mestruazioni.
>
> TALMUD: Kallah 1b.
>
> Gesù era il figlio bastardo di Pandira, un soldato romano.
>
> TALMUD: Sanhedrin 67a.
>
> Gesù è all'inferno, punito con la bollitura nello sperma caldo... tutti i cristiani sono bolliti nella merda!
>
> TALMUD: Davide libero 37.

E il Nuovo Testamento mostra chiaramente il disprezzo di Gesù per i farisei e il loro insegnamento orale (TALMUDIQUE):

> Conosco la bestemmia di coloro che si dicono figli di Dio, ma sono della sinagoga di Satana! Perché voi siete di vostro padre, il diavolo, e farete i desideri di vostro padre. Egli è stato omicida fin dal principio e non si è attenuto alla verità, perché in lui non c'era verità... Quando dice una menzogna, parla di se stesso, perché è bugiardo e padre della menzogna.
>
> GESÙ, GIOVANNI 8:1

Sotto la guida dei farisei, il Tempio era diventato il sistema di riserva federale dell'epoca. Cristo cacciò gli usurai dal Tempio con una frusta di serpente, attaccando indirettamente la borsa dei farisei. Questo ha segnato il suo destino! La Lega Antidiffamazione dell'epoca reagì rapidamente. Utilizzando le procedure abituali, diffamò Gesù ("Infamia") per radunare la folla alla sua causa - proprio come, secoli dopo, avrebbe diffamato Maria Antonietta, i Romanov, Hitler, il generale MacArthur, McCarthy *e altri*). Poi Gesù fu intrappolato dal Sinedrio, che lo fece arrestare, processare, condannare e crocifiggere. (Papa Giovanni Paolo, nel 1995, ha negato la SANTA PAROLA dichiarando che *i GIudei non avevano nulla a che fare con la morte di Gesù Cristo*).

> Che il suo sangue sia su di noi (GIU') e sui nostri figli!
>
> MATTEO 27:24-25.

> Sono innocente del sangue di quest'uomo giusto!
>
> I SINOPTICI: Ponzio Pilato.

> Gesù fornica con il suo cretino.
>
> TALMUD: Sinedrio.

Rodkinson e Wise, con la faccia tosta di un'oca, dicono:

> La TALMUD è sopravvissuta nella sua interezza, non manca una sola lettera della TALMUD... e fiorisce oggi in una misura che non si trova nella sua storia passata. Domina le menti di un intero popolo che ne venera il contenuto come verità divina.

Una di queste "verità divine" della TALMUD è il giuramento sacro di KOL NIDRE (preghiera di tutti i voti). Viene recitato tre volte dalla congregazione sinagogale come prologo ai riti di YOM KIPPUR (il Giorno dell'Espiazione o del Grande Perdono), "il più alto dei giorni sacri". Fu anche musicata da Felix Mendelssohn, un ebreo (marrano). La maggior parte dei cristiani, compreso il clero, ritiene che il giuramento KOL NIDRE sia un profondo voto di obbedienza a Dio. In realtà, la TALMUD richiede a ogni ebreo di rompere in anticipo tutti i giuramenti e le dichiarazioni che potrebbe fare a un gentile nel corso dell'anno successivo:

> "... le mie promesse non vincoleranno... i miei voti non saranno considerati voti... né i miei giuramenti come giuramenti... tutti i giuramenti che farò in futuro saranno VUOTI da questo Giorno dell'Espiazione fino al prossimo".
>
> TALMUD: Giuramento del Kol Nidre.

Joseph G. Burg, ebreo, autore di "La censura nazista sionista", "Colpa e destino" e di molti altri importanti libri sulla Seconda guerra mondiale, ha testimoniato per la difesa nel processo *Canada contro Ernst Zundel*, "Olocausto", a Toronto, Ontario, Canada (censurato negli USA). Burg ha testimoniato che i sopravvissuti ebrei all'"Olocausto" avevano inventato le storie delle camere a gas. Ma poiché la loro testimonianza era giurata davanti a un tribunale pagano, potevano mentire impunemente.

Se questi ebrei avessero prestato giuramento davanti a un rabbino con la kippah, queste dichiarazioni false, queste dichiarazioni malsane, sarebbero diminuite del 99,5%, perché il giuramento superficiale non era moralmente vincolante per gli ebrei.

JOSEPH G. BURG, EBREO,
Processo per crimini d'odio contro Zundel, 1988.

Gli ebrei possono mentire e spergiurare per condannare i cristiani.

TALMUD : Babha Kama 113b.

La TALMUD è il fondamento stesso della vita ebraica. Viene insegnata ai bambini ebrei non appena sono abbastanza grandi per leggere.

RABBINO MORRIS KERTZER,
Comitato ebraico americano.

La TORAH fu quindi creata per ispirare e controllare un popolo "rigido" e sconfitto, mentre la TALMUD era un'interpretazione pragmatica di questo MITO. I farisei e i sommi sacerdoti, profondamente consapevoli del CANULARE di Geova, capirono anche che la TORAH/TALMUD non solo sosteneva il loro stile di vita, ma era il collante che teneva unita la nazione ebraica.

Magnifici continenti ricchi di risorse naturali aspettavano di essere scoperti e civilizzati. Ma gli ebrei non hanno prodotto esploratori o conquistatori. Avrebbero potuto assimilarsi alle nazioni semitiche. Invece, costretti dal genotipo della loro specie e convinti del loro status di "ELETTI", gli Ebrei si sono insediati come sanguisughe tra le nazioni pagane che avevano segretamente giurato di espropriare e distruggere.

Ovunque sia apparso il TALMUDISMO, l'"antisemitismo" è seguito come la notte segue il giorno. Le comunità ebraiche - i ghetti, con sinagoghe e rabbini al loro centro operativo - progettate per tenere fuori i goyim, sono invariabilmente diventate recinti per tenere dentro gli ebrei. I gentili non potevano tollerare questa nazione straniera, corrotta e maniaco-depressiva in mezzo a loro.

Gli psicologi riferiscono che i bambini condizionati a sviluppare livelli esagerati o infondati di autostima - e sentimenti innaturali di autostima - ai quali viene insegnato a considerarsi irrealisticamente migliori degli altri, soffrono invariabilmente di una profonda depressione quando i loro risultati non soddisfano le loro aspettative.

Quando vengono criticati dagli altri o non ottengono ciò che vogliono, ricorrono a capricci e violenza. Incolpano sistematicamente gli altri per la loro inadeguatezza. Odiano i loro superiori e vogliono vendicarsi di loro.

Gli ebrei invidiano e odiano soprattutto la nazione ariana, le cui notevoli conquiste e la cui bellezza fisica gli ebrei trovano umilianti - un liquore amaro da inghiottire giorno dopo giorno, anno dopo anno, generazione dopo generazione - soprattutto per coloro che si credono ardentemente il popolo eletto da Dio. La COSPIRAZIONE TORAH/TALMUD richiedeva un nuovo approccio, senza sacrificare la tradizione, per affrontare i problemi politici contemporanei. Non sorprende quindi scoprire che alcuni anziani di Sion, dopo secoli di frustrazione e umiliazione, abbiano preso in mano la situazione e abbiano formulato un piano per attuare e accelerare le promesse non mantenute di Geova. I PROTOCOLLI DEI SAGGI DI SION.

> Avremo un governo mondiale, che vi piaccia o no. L'unica domanda è se il governo mondiale sarà raggiunto per consenso o per conquista.
>
> JAMES WARBURG, ebreo, banchiere, 1953, U. Audizione al Congresso.

> La verità è che, da 147 anni, il fuoco della rivoluzione arde costantemente sotto la vecchia struttura della civiltà... non è locale, ma universale... le sue cause vanno ricercate in una profonda cospirazione... che costituisce la più grande minaccia mai affrontata dalla razza umana... la concezione degli ebrei come popolo eletto... costituisce un tentativo concertato di ottenere il dominio del mondo.
>
> NESTA H. WEBSTER, *World Revolution*, Briton Press 1971.

> Questo movimento tra gli ebrei non è nuovo. Dai tempi di Spartaco-Weishaupt a quelli di Karl Marx, passando per Trotsky (Russia), Bela Kuhn (Ungheria), Rosa Luxembourg (Germania) ed Emma Goldman (Stati Uniti), questa cospirazione mondiale per rovesciare la civiltà e ricostruire la società sulla base di uno sviluppo arrestato, di una cattiveria invidiosa e di un'uguaglianza impossibile ha continuato a crescere. Ha svolto, come ha giustamente dimostrato la storica Nesta Webster, un ruolo riconoscibile nella tragedia della Rivoluzione francese ed è stata la forza trainante di tutti i movimenti sovversivi del XIX secolo... la maggior parte delle sue figure di spicco sono ebree. Inoltre, la principale ispirazione e forza motrice proveniva da leader ebrei.
>
> WINSTON CHURCHILL, *Illustrated Sunday Herald* (1920).

Amshel Mayer Rothschild, un ebreo (1743-1810) patriarca della famiglia di banchieri di Francoforte, in Germania, fu incuriosito da alcune antiche pergamene contenenti protocolli ebraici che aveva acquistato per la sua biblioteca. Incaricò Adam Weishaupt, un sacerdote gesuita apostata, di scoprirli. Nel fatidico 1776, Weishaupt presentò a Rothschild gli *Einigen Original Scripten* (Protocolli), insieme a un paradigma organizzativo progettato per attuare i Protocolli rivisti, che chiamò "ILLUMINATI" dal nome di Lucifero (Satana), "Portatore di Luce". Il suo obiettivo: un GOVERNO MONDIALE ILLUMINATI.

I documenti Weishaupt/Rothschild furono rivelati al mondo (1784) "per un atto di Dio" quando un corriere Rothschild e il suo cavallo furono colpiti da un fulmine a Ratisbona, mentre si recavano a Parigi. Le autorità bavaresi scoprirono una copia degli *Einigen Original-Scripten* nella bisaccia. Gli ILLUMINATI furono rapidamente messi fuori legge e le logge del Grande Oriente, dove si riunivano i cospiratori, furono definitivamente chiuse. Gli ILLUMINATI si infiltrarono poi rapidamente nelle logge della Massoneria di tutta Europa, da cui fu fomentata e diretta la Rivoluzione francese (ebraica).

Molti anni dopo, i Protocolli, nuovamente rivisti, riapparvero a San Pietroburgo, in Russia, all'epoca della rivoluzione ebraico-bolscevica. Victor E. Marsden, corrispondente del *London Morning Post* (in un'epoca in cui l'integrità della stampa era considerata sacrosanta) acquistò un'edizione russa (*Cionski Protocoli*) dell'opera di Weishaupt, nell'ambito di un'operazione speciale, dal professor Sergyei Nilus, un prete cattolico ortodosso. Marsden la tradusse in inglese e la pubblicò con il titolo : *I Protocolli degli Anziani di Sion*. Marsden fu assassinato per la sua audacia. La copia originale dei Protocolli di Nilus, datata 10 agosto 1906, si trova oggi al British Museum di Londra.

Negli Stati Uniti, Henry Ford Sr, fondatore della Ford Motor Company, fece stampare milioni di copie dei Protocolli, in diverse lingue, e le distribuì in tutto il mondo. La comunità ebraica mondiale protestò con veemenza che i Protocolli erano "falsi" (sic). Ford rispose (*New York World*, 2-1721):

> "L'unica dichiarazione che desidero fare sui Protocolli è che [...] hanno corrisposto alla situazione mondiale fino ad oggi. Si adattano alla situazione attuale". Il senatore Jacob Javits, ebreo, ha presieduto una commissione d'inchiesta del Senato degli Stati Uniti per riferire sui Protocolli. Il Senato americano, che fa quello che gli viene detto, ha

confermato che i Protocolli sono stati "falsificati" (sic). Falsificati di cosa? Non si è tenuto alcun dibattito sulla correlazione tra i Protocolli e ciò che è accaduto sulla scena mondiale!".

300 uomini, che si conoscono tutti, controllano il destino economico del continente.

WALTER RATHENAU, ebreo, potente finanziere tedesco.

Il mondo è gestito da personaggi molto diversi da quelli che non stanno dietro le quinte.

BENJAMIN DISRAELI, ebreo, primo ministro della Gran Bretagna.

Non avete ancora iniziato ad apprezzare la vera profondità della nostra colpa. *Siamo* intrusi. *Siamo dei* piantagrane. *Siamo* sovversivi. Ci siamo impadroniti del vostro mondo naturale, dei vostri ideali, del vostro destino e li abbiamo devastati.

MARCUS ELI RAVAGE, JEW, *Century Magazine* (gennaio 1928).

La storia del secolo scorso è che oggi 300 finanzieri ebrei, tutti maestri di logge, governano il mondo.

JEAN IZOULET, Alliance israélite universelle (1931).

I PROTOCOLLI DEI SAGGI DI SION, che contengono 24 protocolli, sono suddivisi in articoli. Alcuni PROTOCOLLI potrebbero essere stati cancellati dal professor Nilus perché li riteneva dannosi per la Chiesa. Qui, per mancanza di spazio, i PROTOCOLLI saranno abbreviati. (Edward Gibbon ci ricorda - *Il declino e la caduta dell'impero romano*, capitoli XV, XXVIII, XLVII, XLIX - che la cospirazione ebraica fu alla base della caduta di TUTTA l'antichità civilizzata).

I PROTOCOLLI DEI SAGGI DI SION

Protocollo 1: La libertà politica è un'idea, non un fatto. Bisogna saper applicare quest'idea come esca ogni volta che sembra necessario attirare le masse del popolo verso il proprio partito per schiacciare i potenti. Questo compito è reso più facile se l'avversario stesso è stato contagiato dall'idea di libertà, il cosiddetto liberalismo, ed è disposto a cedere parte del suo potere in nome di un'idea. È proprio qui che si manifesta il trionfo della nostra teoria: le redini allentate del governo vengono immediatamente, per la legge della vita, riprese e riunite da una nuova mano; perché il potere cieco della nazione non può esistere per un solo giorno senza direzione, e la nuova autorità non fa che prendere il posto della vecchia autorità indebolita dal liberalismo.

Il nostro diritto sta nella forza. La parola "diritto" è un pensiero astratto che non è dimostrato da nulla. Non significa altro che: "Dammi quello che voglio, così posso dimostrare di essere più forte di te".

Il nostro potere, nell'attuale stato di vacillazione di tutte le forme di potere, sarà più invincibile di qualsiasi altro perché rimarrà invisibile finché non avrà acquisito una forza tale che nessuna astuzia potrà scuoterlo.

Guardate gli animali alcolizzati che si divertono con l'alcol, il cui diritto di farne un uso smodato deriva dalla libertà. Non spetta a noi e ai nostri seguire questa strada. I *Goyim si divertono* con l'alcol e l'immoralità precoce in cui sono stati condotti dai nostri agenti speciali.

Protocollo 2: Gli amministratori, che sceglieremo tra i cittadini tenendo conto del loro servilismo, non saranno persone addestrate all'arte di governare e diventeranno quindi pedine del nostro gioco: nelle mani di uomini istruiti e dotati, specialisti allevati fin dall'infanzia per dirigere gli affari del mondo intero.

Nelle mani degli Stati c'è una grande forza che crea il movimento del pensiero nel popolo. È la stampa! È nella stampa che si incarna il trionfo della libertà di espressione. Ma i *goyim* non hanno saputo usare questa forza ed è caduta nelle nostre mani.

Scateneremo guerre economiche e militari tra gli Stati *goyim*. Una volta terminate le guerre, entrambe le parti saranno devastate e alla mercé delle nostre finanze internazionali. Questo è il "raccolto ebraico". In primo luogo, costruiamo le enormi macchine da guerra. In secondo luogo, distruggiamo il fiore dell'uomo bianco, indebolendo così la resistenza razziale dei *Goyim*. In terzo luogo, le nazioni bianche sono prostrate sotto enormi debiti e noi traiamo profitto da interessi su interessi.

Protocollo 3: è così che si condannano gli onesti e si assolvono i colpevoli, nella convinzione di poter fare ciò che si vuole. Grazie a ciò, il popolo distrugge ogni forma di stabilità e crea disordine a ogni passo.

Incoraggiando l'abuso di potere da parte di chi è al potere, fomentando ed eccitando le folle, la stampa "darà il tocco finale alla preparazione di tutte le istituzioni per il loro rovesciamento, e tutto volerà via sotto i colpi della folla delirante".

Ci presentiamo sulla scena come i presunti salvatori dell'operaio dall'oppressione, e poi gli proponiamo di unirsi ai ranghi delle nostre forze combattenti - socialisti, comunisti, anarchici - a cui diamo sempre il nostro sostegno in virtù di una presunta regola fraterna.

Protocollo 4: affinché i *goyim* non abbiano tempo per pensare, le loro menti devono essere deviate verso l'industria e il commercio. È così che tutte le nazioni saranno inghiottite nella corsa al profitto. La massoneria pagana funge ciecamente da schermo per noi e per i nostri obiettivi, ma il piano d'azione della nostra forza, e persino il suo nascondiglio, rimangono un mistero per l'intero popolo, che non presterà attenzione al suo nemico comune.

Protocollo 5: Per mettere l'opinione pubblica nelle nostre mani, dobbiamo confonderla facendo esprimere molte opinioni contraddittorie da tutte le parti, e questo per un periodo di tempo sufficiente affinché i goyim si perdano nel labirinto e arrivino a capire che la cosa migliore è non avere un'opinione su questioni politiche, che al pubblico non è dato di capire perché sono capite solo da chi guida il pubblico. Questo è il primo segreto.

Con tutti questi mezzi, esauriremo a tal punto i goyim che saranno costretti a offrirci un potere internazionale che, per la sua posizione, ci permetterà senza violenza di assorbire gradualmente tutte le forze statali del mondo e di formare un supergoverno mondiale.

Protocollo 6: creazione di enormi monopoli finanziari: finanza, editoria, petrolio, zucchero, acciaio, medicine, ferrovie, alcol, cibo, abbigliamento - contenenti serbatoi di ricchezza colossale da cui i *Goyim* devono dipendere per esistere.

I *Goyim* devono essere privati delle loro fattorie e delle loro proprietà, cosa che si otterrà gravandoli di debiti che devono essere sfruttati senza pietà.

Protocollo 7: I nostri agenti sono presenti nei governi di tutti i Paesi del mondo e consigliano i loro leader. Abbiamo quindi una rete internazionale, mentre i *Goyim* non ne hanno alcuna. Attraverso i trattati economici e gli obblighi di prestito, nonché le ostilità e gli intrighi che creano, ingarbuglieremo a tal punto i fili dei governi mondiali che non potranno agire senza la nostra approvazione. Se una nazione osa opporsi a noi, organizzeremo collettivamente i suoi vicini e la distruggeremo con una guerra universale.

Protocollo 8: Ci siamo infiltrati nei tribunali dei *Goyim* e li abbiamo trasformati in una giungla legale. Ora siamo in grado di dirvi in tutta coscienza che quando sarà il momento, noi, i legislatori, eseguiremo il giudizio e la sentenza; uccideremo e risparmieremo; come capo delle nostre truppe, abbiamo montato il destriero del leader. E le armi nelle nostre mani sono l'ambizione smisurata, l'avidità bruciante, la vendetta spietata, l'odio e la malvagità infinita!

Protocollo 9: Siamo la fonte di un terrore diffuso. Abbiamo al nostro servizio persone di tutte le opinioni, di tutte le dottrine: monarchici, demagoghi, socialisti, comunisti, cristiani, utopisti di ogni genere. Tutti loro sono impegnati nel nostro compito: ognuno di loro sta rosicchiando le ultime vestigia dell'autorità, cercando di rovesciare tutte le forme di ordine stabilite. Tutti gli Stati sono tormentati da questi atti; invocano la tranquillità, sono pronti a sacrificare tutto per la pace. Ma noi non daremo loro la pace finché non riconosceranno apertamente e sottomessi il nostro supergoverno internazionale.

Protocollo 10: Abbiamo elaborato un piano generale per porre tutte le nazioni della terra sotto il governo di un dispotico dittatore ebreo, sottoponendo tutti i popoli della terra a sofferenze, confusione e tormenti così terribili che accetteranno, disperati, qualsiasi cosa proponiamo.

Per raggiungere questo obiettivo, dobbiamo portare tutti a votare, indipendentemente dalla classe o dalle qualifiche, per stabilire una maggioranza assoluta, che non può essere ottenuta dalle classi colte proprietarie. Le democrazie e le repubbliche in cui tutti hanno il diritto di voto, fino all'ultima feccia, ci offrono una grande opportunità.

Protocollo 11: I *goyim* sono un gregge di pecore e noi siamo i loro lupi. E sapete cosa succede quando i lupi si impossessano del gregge? Dio ha dato a noi, suo popolo eletto, il dono della dispersione, e in quella che a tutti appare come la nostra debolezza, è emersa tutta la nostra forza, che ora ci ha portato alla soglia della sovranità sul mondo intero.

Protocollo 12: Non un solo annuncio raggiungerà il pubblico senza il nostro controllo. Questo è possibile grazie al controllo totale della stampa e al controllo della Massoneria ai massimi livelli.

Protocollo 13: Affinché gli stupidi *goyim* non indovinino le nostre intenzioni, li distraiamo di nuovo con giochi, passatempi, sesso, sport popolari... Chi sospetterà mai che tutte queste persone sono state messe in scena da noi per conformarsi a un piano politico che nessuno ha mai nemmeno intuito nel corso dei secoli? I liberali e gli utopisti, di cui ci sbarazzeremo una volta preso il potere, avranno un ruolo importante nello smantellamento delle istituzioni *goy*.

Protocollo 14: In paesi considerati progressisti e illuminati, abbiamo creato una letteratura insensata, ripugnante e abominevole, che useremo per dare un eloquente rilievo al nostro governo quando andremo al potere...

Protocollo 15: Uccideremo senza pietà tutti coloro che prenderanno le armi per opporsi all'avvento del nostro Regno.

Rifaremo tutte le legislature, tutte le nostre leggi saranno brevi, chiare, semplici, senza alcuna interpretazione, in modo che chiunque possa conoscerle perfettamente. La caratteristica principale sarà la sottomissione agli ordini, e questo principio sarà elevato a livelli grandiosi.

Protocollo 16: Per distruggere tutte le forze collettive tranne la nostra, evireremo il primo stadio del collettivismo, le università, rieducandole in una nuova direzione. I loro dirigenti e professori saranno nominati con speciali precauzioni e dipenderanno dal nostro governo; saranno inculcati con dettagliati programmi d'azione segreti affinché possano esercitare la loro professione.

Cancelleremo dalla memoria dell'umanità tutti i fatti dei secoli precedenti che non ci piacciono e lasceremo solo quelli che descrivono tutti gli errori commessi dai governi *goyim*. Non ci sarà libertà di educazione. Tutti i popoli saranno iniziati a un'unica fede: l'ebraismo.

Protocollo 17: Da tempo ci preoccupiamo di screditare il clero dei *goyim* e di rovinare così la loro missione sulla terra. Ogni giorno la loro influenza sui popoli del mondo diminuisce.

La libertà di coscienza è stata dichiarata ovunque. Solo pochi anni ci separano dalla completa distruzione del cristianesimo.

Protocollo 18: Quando il nostro re ebreo del mondo sarà al potere, sarà protetto da un'aura di divinità mistica, che noi creeremo, in modo che gli stupidi *goyim* lo vedano come un Dio.

Protocollo 19: I *Goyim* non hanno il diritto di immischiarsi in politica. Qualsiasi leader di un movimento di opposizione sarà processato alla stregua di un furto, di un omicidio o di qualsiasi altro crimine abominevole e ripugnante. I cittadini non avranno più influenza o controllo sugli affari politici di una mandria di bestiame.

Protocollo 20: La somma delle nostre azioni è regolata dalla questione dei numeri. La rovina degli Stati pagani è stata ottenuta togliendo il denaro dalla circolazione. Solo noi possediamo le loro banche e controlliamo la loro politica fiscale. Sono irrevocabilmente legati a noi da debiti a lungo termine e dagli interessi che applichiamo su tali debiti.

Finché i prestiti erano interni, i *goyim* stavano semplicemente trasferendo il loro denaro dalle tasche dei poveri a quelle dei ricchi. Quando abbiamo acquistato le persone necessarie per trasferire i prestiti all'esterno, tutta la ricchezza degli Stati è confluita nelle nostre casse e i *goyim* hanno iniziato a pagarci il tributo di sudditi.

Protocollo 21: Sostituiremo i mercati monetari con istituti di credito governativi il cui scopo sarà quello di fissare il prezzo dei titoli industriali in base alle nostre opinioni. Questi istituti saranno in grado di emettere 500 milioni di carta industriale in un giorno, o di acquistarne una quantità simile. Di conseguenza, tutte le aziende industriali dipenderanno da noi. Potete immaginare l'immenso potere che ci assicureremo in questo modo.

Protocollo 22: Nelle nostre mani si trova il grande potere della nostra epoca, l'oro: nei nostri magazzini possiamo averne quanto vogliamo. Il vero potere non accetta nessun "diritto", nemmeno quello di Dio: nessuno osa avvicinarsi tanto da togliergli anche solo una spanna.

Protocollo 23: Quando i nostri agitatori avranno seminato discordia, rivoluzione e il fuoco dell'anarchia in tutto il mondo, quando l'Eletto sarà sul trono, allora questi agitatori avranno fatto la loro parte. Avendo scontato il loro tempo, sarà necessario rimuoverli dal suo cammino, sul quale non deve rimanere alcun nodo o scheggia.

Protocollo 24: Il futuro re del mondo proverrà dalla linea ancestrale del re Davide. Sarà scelto dai Saggi di Sion per le sue eccezionali capacità. Solo il Re e i tre Saggi di Sion saranno a conoscenza dei misteri e dei piani segreti del governo. Nessuno saprà cosa il Re vuole ottenere con le sue disposizioni e, di conseguenza, nessuno oserà intraprendere un cammino sconosciuto.

Chiunque, come l'autore, abbia visto e sentito con inquietante stupore gli obiettivi della vita economica, politica e intellettuale ebraica, può affermare che essi (i PROTOCOLLI) sono la più pura espressione dello spirito ebraico... che uno spirito ariano... non avrebbe mai potuto, in nessun caso, concepire questi metodi d'azione, questi subdoli espedienti e queste truffe nel loro insieme.

ARTHUR TRIBITSCH, EBREO,
"Deutscher Geist oder Judentum.

È impossibile per qualsiasi persona intelligente leggere i Protocolli senza rimanere sbalordita dalla loro intuizione profetica. In verità, però, non abbiamo bisogno dei Protocolli... per informarci di queste cose... Quello che mi interessa è ciò che ho percepito dell'uso organizzato del male per sovvertire la civiltà occidentale e far crollare i nostri valori tradizionali, in modo che un'influenza completamente diversa, gelida di sangue e di odio, possa ora dominare il mondo... Uomini di Stato come Churchill e Lloyd George, scrittori come Belloc e Wickham Steed, editori come H. H. H. H. H. H. H. H. Statisti come Churchill e Lloyd George, scrittori come Belloc e Wickham Steed, editori come H. A. Gwynne, ebrei stessi del calibro di Disraeli e Oscar Levy, hanno tutti dato la loro testimonianza... ad un vasto accumulo di prove... il potere ebraico è reale.

A. K. CHESTERTON, "I dotti anziani e la BBC".

Tutti i gentili dovrebbero leggere i PROTOCOLLI DEI SAGGI DI ZIONE nella loro interezza per capire perché i giudei protestano con tanta veemenza contro la loro autenticità. Ecco la follia tribale ebraica riflessa come in uno specchio, al buio: congelata nell'eternità perché tutta l'umanità possa vederla, capirla e resistere.

CAPITOLO 2

I KHAZARI INVENTANO IL GIUDAISMO

I topi sono sotto le pile; l'ebreo è sotto il lotto.

T. S. ELIOT, "Burbank con un Baedeker..."

La colpa, caro Bruto, non è delle nostre stelle, ma di noi stessi, del fatto che siamo subalterni.

WILLIAM SHAKESPEARE, "Giulio Cesare".

La derivazione genetica khazar della maggior parte degli ebrei - solo i sefardim possono essere considerati ebrei per sangue - è nota da tempo, anche se non su larga scala. Dunlap alla Columbia University, Bury in Inghilterra e Poliak all'Università di Tel Aviv hanno condotto ricerche su questo "scherzo più crudele", ottenendo l'approvazione dei ricercatori negli ultimi cinquant'anni.

ALFRED M. LILIENTHAL, JEW, *La connessione sionista*.

La conversione dei khazari (al talmudismo) ebbe un impatto considerevole e duraturo sul mondo occidentale.

ENCICLOPEDIA BRITANNICA (1956)

Mi sembra che gli ebrei siano specializzati in un'esistenza parassitaria su altre nazioni, ed è necessario dimostrare che sono in grado di adempiere da soli ai vari doveri di una natura civile.

SIR FRANCIS GALTON (1812-1911), fondatore dell'eugenetica.

Intorno al 600 d.C., una bellicosa tribù di semimongoli, simile agli odierni turchi, conquistò il territorio dell'attuale Russia meridionale. In breve tempo, il regno (khanato) dei khazari, questo il nome dato alla tribù, si estese dal Mar Caspio al Mar Nero. La sua capitale, Ityl, si trovava alla foce del Volga.

SOLOMON GRAYZEL, Ebreo, "Storia degli Ebrei".

Come abbiamo imparato, la storia del mondo è costellata di storie di inganni, tradimenti, tradimenti e inganni da parte degli ebrei. Uno degli inganni più significativi, addirittura taumaturgici, è stata la CONVERSIONE, da parte dei rabbini sefarditi di Costantinopoli, di circa tre milioni di KHAZAR pagani - una tribù asiatica con affinità mongole e turche - alla religione ebraica (TORAH/TALMUDISMO), per poi convincere il cristianesimo che i Khazar erano giudei biblici della diaspora! L'antica patria dei Khazar si trovava nel cuore dell'Asia. Erano una nazione bellicosa e predatrice la cui religione era un misto di culto fallico, idolatria e dissolutezza. Odiati e temuti per il loro comportamento psicopatico, i Khazar furono cacciati dall'Asia dalle tribù vicine. Questa ignominiosa ritirata si trasformò in un'invasione dell'Europa orientale dove, "spinti dal proprio desiderio di saccheggio e di vendetta" (secondo l'*Enciclopedia Ebraica*), i Khazar conquistarono e sottomisero venticinque nazioni pastorali, ponendole sotto la loro "custodia protettiva" ed esigendo il pagamento di tributi. I khazari si stabilirono nella regione tra il Mar Nero e il Mar Caspio, estendendo gradualmente le loro conquiste verso nord, lungo i fiumi Don e Volga, fino a quando il khanato khazaro coprì più di un milione di chilometri quadrati. Nell'anno 1000, la Khazaria era il più grande regno dell'Europa orientale e uno dei più ricchi (in termini di bottino, non di cultura). Oggi, però, i khazari sono stati praticamente cancellati dalla storia del mondo *perché i giudei vogliono che il mondo dimentichi che essi sono i diretti discendenti dei khazari asiatici*. Gli ebrei vogliono farci credere di essere i discendenti degli ebrei biblici. Non è così! Questa è l'intera storia.

Gli eccessi sessuali in stile hollywoodiano dei Khazar corrompevano il morale delle tribù e minavano la disciplina militare. Il khagan Bulan voleva e aveva bisogno di una religione ufficiale per infondere la disciplina e creare l'unità tribale. Nel 730, Bulan invitò i rappresentanti dell'Islam, del Cristianesimo e del Talmudismo a discutere con lui di religione. Dopo lunghe deliberazioni, l'astuto Khagan scelse la religione ebraica, il TALMUDISMO (oggi chiamato GIUDAISMO), per farne la religione adottata da tutti i Khazar. (Come Sant'Agostino, HÉBREU, Bulan aspirava alla castità e alla continenza "ma, caro Signore, non ancora"). *Il khagan Bulan e 4000 nobili feudali khazari si convertirono rapidamente alla Torah/Talmudismo* (4001 prepuzi!). A poco a poco, milioni di khazari si unirono ai ranghi degli eletti di DIO. Bulan, naturalmente, sapeva che il TALMUDISMO era una truffa. Non importava finché i suoi sudditi ci credevano. Né importava che i Khazar non fossero ebrei (semiti). Era facile da gestire. Bastava mentire! Fingere di essere giudei! L'Europa cristiana emergente avrebbe accettato gli "asiatici/giudei" proprio come aveva ingenuamente accettato la divinità tribale ebraica Yahweh come suo Dio. L'alleanza di Geova con il suo popolo eletto - e i Protocolli progettati per trasformare queste allucinazioni in realtà - erano senza dubbio i più seducenti per Bulan. I Khazar erano principalmente estorsori, schiavisti, ruffiani, assassini e usurai, disprezzati dai loro vicini pagani. Dopo generazioni di guerre contro i Rus', i Varangi, gli Slavi e gli Arabi, i Khazar (Ebrei) furono totalmente sconfitti (1300 d.C.) sul campo di battaglia. Privati della loro terra, si dispersero in Europa e altrove, il che spiega perché, 700 anni dopo, *così tanti ebrei indesiderati vivono in Ungheria, Polonia, Russia, Ucraina, Lituania, Romania, Galizia, Austria e Israele!* Dal punto di vista culturale, i Khazar hanno lasciato ben poco ai posteri. Non c'è la minima traccia della loro lingua. Ma molto del veleno che hanno lasciato in eredità è rimasto (vedi ILLUMINATI). Mai prima d'ora due razze così deviate, i KHAZAR ASIATICI e gli Ebrei SEMITICI, hanno condiviso così tante caratteristiche ripugnanti.

Per spiegare meglio l'effetto devastante dei Khazar sull'umanità, dobbiamo recarci brevemente in Inghilterra.

Nel 1775, mentre l'adoratore di Satana Adam Weishaupt stava rivedendo i PROTOCOLLI Rothschild, JUIF/KHAZAR, il drammaturgo britannico William Sheridan, nella sua opera teatrale *The Rivals*, coniò la parola "JUIF": un derivato della parola "JUDÉEN". La parola "EBREO" era stata usata nel corso della storia in un contesto gergale (come "Hebe" per l'ebraico o "Yid" per lo yiddish). Fu *Sheridan, tuttavia, a legittimare per la prima volta la parola "JEW", utilizzandola nella stampa come sostantivo proprio di un giudeo di fede ebraica, ma applicandola a un personaggio di KHAZAR*. È IMPORTANTE SAPERE che la parola "GIUDEO" non compare nell'Antico Testamento originale scritto in ebraico; né nei Targum - traduzione dell'Antico Testamento in aramaico; né nella Septuaginta (TORAH) - traduzione dall'aramaico al greco (3 a.C.). La parola "GIOVANE" non compare in nessuna delle prime traduzioni della SANTA BIBBIA (Vulgata latina, Rheims/Douai, King James, ecc.). Pertanto, dal momento che la parola "GIOVANE" non è stata usata fino al 1775, è sbagliato chiamare i patriarchi biblici GIOVANI. Non lo erano. Erano ebrei. Gesù Cristo non era un ebreo. Era un rabbino (insegnante) che venerava la Legge mosaica e disprezzava la Legge orale farisaica (Talmud). Gesù (se è esistito) è nato in Galilea ("terra impura dei Gentili"). È possibile che fosse semita, ma è altrettanto facile che fosse ariano. Il Nuovo Testamento è contraddittorio sulla sua discendenza. Una cosa è certa: non era un ebreo (khazar). *È inoltre sbagliato e deliberatamente fuorviante applicare il termine "Ebreo" agli Ebrei/Israeliani (Semiti). Infine, il termine diffamatorio "antisemita"*, applicato agli odiatori di *KHAZAR*, è ossimorico. La parola giusta è *"giudeofobico"*.

> Lo studio dell'ebraismo è lo studio del Talmud, così come lo studio del Talmud è lo studio dell'ebraismo... sono due cose inseparabili, o meglio, sono la stessa cosa.
>
> ARSENE DARMESTETER, EBREO, "Il Talmud".

Dopo il 1776, la manovra di pubbliche relazioni dei khazari cominciò a dare i suoi frutti: furono accettati dal cristianesimo (i leoni castrati) come resti della tribù di Giudea (ebrei) in diaspora e furono ufficialmente designati come "GIUDEI". Alla fine, il farisaismo si trasformò in talmudismo e infine il talmudismo in giudeismo: la religione degli odierni kazari. Le parole "Ebreo" e "Giudaismo" cominciarono a comparire, per la prima volta, nelle edizioni rivedute dei Talmud e cominciarono a comparire in TUTTE le edizioni rivedute della Sacra Bibbia. Oggi, Ashkenazim (asiatici/khazari) e Sephardim (ebrei biblici/israeliti) - che giustamente si odiano a vicenda - sono raggruppati sotto il termine "GIUDEI". Così, i khazari (in un batter d'occhio) abbandonarono le loro affinità asiatiche e divennero "ebrei"; divennero il popolo eletto di Yahweh, i beneficiari dell'Alleanza e gli eredi della Palestina e di tutti i minerali e gli altri beni in essa contenuti. Inoltre, i khazari rafforzarono il loro odio razziale verso le tribù ariane con l'odio talmudico verso tutti i GENTILI. Gli antropologi si riferiscono ai Khazar come ebrei mongolo-armenoidi. Gli storici li chiamano Ashkenazi (ebrei asiatici/europei). Gli psichiatri li chiamano maniaco-depressivi. Gli Ebrei meritano il loro soprannome: "Maestri dell'inganno". Così oggi, tutti i cosiddetti "Ebrei" credono (o sostengono) fanaticamente di essere il popolo eletto da Dio per dominare il mondo. Ogni mezzo è buono per raggiungere questa illusione. Un simile stato mentale è sintomatico di personalità psicopatiche ed è associato a follia, megalomania, infantilismo, depressione maniacale, manie di grandezza, sadismo e così via. Un'altra conclusione logica che si può trarre da questa folle farsa è che qualsiasi popolo - diciamo 10 milioni di watussi o 50 milioni di cinesi - deve solo convertirsi all'ebraismo per avere il "diritto" khazar di possedere la Palestina, uccidere gli arabi e distruggere i gentili ovunque!

> Gli ebrei avrebbero potuto avere l'Uganda, il Madagascar e altri luoghi per stabilire una patria ebraica, ma non vogliono altro che la

Palestina: non perché l'acqua del Mar Morto possa produrre 5.000 miliardi di dollari di metalloidi per evaporazione, non perché il sottosuolo della Palestina contenga venti volte più petrolio delle riserve combinate delle due Americhe; ma perché la Palestina è il crocevia tra Europa, Asia e Africa; perché la Palestina è il vero centro del potere politico mondiale, il centro strategico per il controllo del mondo.

> NAHUM GOLDMAN, presidente del Congresso ebraico mondiale.

Chaïm Weizmann, un ebreo, il Gabinetto di Guerra britannico e il Ministero degli Esteri francese erano convinti nel 1916... che il modo migliore e forse l'unico (come poi si rivelò) per indurre il presidente americano a entrare in guerra (Prima guerra mondiale) fosse quello di assicurarsi la cooperazione degli ebrei sionisti promettendo loro la Palestina, e quindi di arruolare e mobilitare le forze fino ad allora insospettate e potenti degli ebrei sionisti in America e altrove a favore degli Alleati sulla base di un contratto reciproco...

> SAMUEL LANDMAN, EBREO,
> "La Gran Bretagna, gli ebrei e la Palestina.

Daremo poi un breve sguardo agli ILLUMINATI che oggi segnano il culmine della COSPIRAZIONE. Miti antichi, bugie e personaggi dei cartoni animati prendono vita. Il CANULARE diventa realtà.

CAPITOLO 3

GLI ILLUMINATI

Il mondo è gestito da personaggi molto diversi da quelli che non stanno dietro le quinte.

BENJAMIN DISRAELI, EBREO, primo ministro britannico, 1868

300 uomini, tutti membri di Logge, tutti conoscenti, controllano il continente.

WALTER RATHENAU, ebreo, ministro degli Esteri tedesco (presidente di 84 grandi aziende tedesche, assassinato nel 1920).

Da quando sono entrato in politica, le opinioni degli uomini mi sono state confidate soprattutto in privato. Alcuni dei più grandi uomini del commercio e dell'industria degli Stati Uniti hanno paura di qualcuno, hanno paura di qualcosa. Sanno che da qualche parte c'è un potere così organizzato, così sottile, così vigile, così intrecciato, così completo, così pervasivo, che è meglio non parlare troppo forte quando lo condannano.

WOODROW WILSON, Presidente degli Stati Uniti, *La nuova libertà*.

Uno dopo l'altro, gli ebrei presero il controllo dei principali giornali... Le banche ebraiche erano supreme. Hanno preso il controllo del Tesoro americano. Costrinsero Woodrow Wilson a nominare Paul Warburg, un ebreo, nel Consiglio della Federal Reserve, che domina... il cui fratello Max Warburg (capo dei servizi segreti tedeschi) è una figura di spicco della finanza tedesca.

SIR CECIL SPRING-RICE, ambasciatore britannico negli Stati Uniti, in Germania e in Russia (1916)

L'entità del nostro debito nazionale è la misura del nostro asservimento alla finanza globale ebraica. Viviamo in una democrazia eppure vengono contratti prestiti che costano sempre più dell'importo del prestito e nessuno dice una parola al riguardo. Noi americani non sappiamo quanti interessi paghiamo ogni anno e non sappiamo a chi li stiamo pagando.

HENRY FORD, padre, *L'ebreo internazionale*.

Ciò che è importante sottolineare è la crescente evidenza di una cospirazione segreta in tutto il mondo per la distruzione del governo organizzato e la liberazione del male... eminenti politici, filosofi e soldati si trovano in momenti critici a dare opinioni assolutamente immorali, che non sono in accordo con il loro comportamento nella vita ordinaria... è qui che la cospirazione del male contro l'umanità diventa riconoscibile.

MONITOR DELLA SCIENZA CRISTIANA,
"Il pericolo ebraico", 619-20.

L'obiettivo è quello di creare un sistema globale di controllo in mani private in grado di dominare il sistema politico di ogni Paese e l'economia globale.

CARROLL QUIGLEY, professore alla Georgetown University,
Tragedia e speranza.

Il significato della storia dell'ultimo secolo è che 300 finanzieri ebrei, tutti maestri di logge, governano il mondo (1931).

JEAN IZOULET, EBREO,
Alliance israélite universelle.

Signor Presidente, è mostruoso per questa grande nazione vedere il proprio destino presieduto da un infido sistema di riserva federale che agisce in segreto con gli strozzini internazionali.

LOUIS T. McFADDEN, presidente della commissione bancaria della Camera, 610-32.

Non sono i Trilateralisti a governare segretamente il mondo, ma il Council on Foreign Relations (CFR).

WINSTON LORD, ex presidente del CFR.

I membri del CFR sono persone la cui influenza nelle loro comunità è di gran lunga superiore alla media. Hanno usato il prestigio della loro ricchezza, della loro posizione sociale e della loro istruzione per condurre il loro Paese alla bancarotta e alla disfatta militare. Dovrebbero guardarsi le mani. Sono coperte di sangue.

CHICAGO HERALD TRIBUNE.

Ciò che la Commissione Trilaterale vuole veramente è la creazione di un potere economico globale superiore ai governi politici degli Stati nazionali interessati... Come gestori e creatori del sistema, governeranno il futuro... Le popolazioni sono trattate solo come gruppi di produttori economici. La libertà (politica, spirituale, economica) è irrilevante.

IL SEN. BARRY GOLDWATER, ebreo, *senza scuse.*

In riunioni segrete in Svizzera, 13 persone danno forma all'economia mondiale. La Banca dei Regolamenti Internazionali è stata creata nel 1930 per contribuire al pagamento delle riparazioni dovute dalla Germania e dagli altri sconfitti della Prima Guerra Mondiale ai vincitori. Oggi protegge il sistema finanziario globale. Le voci più potenti sono quelle del rappresentante statunitense Alan Greenspan, presidente della Federal Reserve, e del suo sostituto Alice M. Rivlin (entrambi ebrei).

WASHINGTON POST, (estratto) 6-28-98).

IL MITO: In principio LUCIFER, "l'angelo della luce", si riteneva più grande di Yahweh. Travestito da serpente nel Giardino dell'Eden, Lucifero sedusse Eva (la TALMUD dice che fornicò con lei), infrangendo le leggi di Dio e introducendo il peccato nel mondo. Per questo e altri abomini, Lucifero e i suoi co-consiglieri tra le schiere celesti furono cacciati dal cielo. Essendo un arcangelo, Lucifero rimane uno spirito maligno indistruttibile creato, ci viene detto, da Yahweh, l'"onnipotente"!

Come sei caduto dal cielo, Lucifero, figlio della Stella del mattino!
Come sei stato abbattuto sulla terra che ha indebolito le nazioni!

BIBBIA SANTA: Isaia 14.

Lucifero (Satana, il Diavolo) stabilì un regno terreno dove lui e i suoi seguaci (ILLUMINATI) approfittarono delle lacrime, della fatica, del sudore e del sangue dell'umanità: si impadronirono dei corpi e delle anime degli uomini. L'impresa di Lucifero ebbe un tale successo che Yahweh si adirò e, in un impeto di gelosia (OLOCAUSTO numero uno), annegò l'intera razza umana - uomini, donne e bambini! - ad eccezione di Noè, in ebraico "un amabile ubriacone", e della sua famiglia. Tuttavia, dopo questi annegamenti di massa, tutto andò a rotoli, di nuovo. E ancora. E ancora! *Il succo di questo mito ebraico è questo: Dio non può sconfiggere Satana!*

LA REALTÀ: il mito spiega perché Rothschild abbia dato il nome di Lucifero agli ILLUMINATI e perché abbia adottato il simbolico serpente ebraico, che rappresenta l'astuzia e l'inganno di Lucifero, nel suo cartiglio. L'apostasia di Lucifero e il suo modus operandi piacciono molto agli Usurai: serpenti umani con poche o nessuna qualità morale, cioè privi di onore, coraggio, creatività e abilità, che personificano la bruttezza del corpo e dell'anima. Ciò che possiedono in abbondanza è l'inganno, l'avidità, l'orgoglio eccessivo e la malizia. Perché lavorare, si chiedono, quando si possono ottenere le ricchezze del mondo mentendo, rubando, testimoniando il falso e facendo appello alla "bassezza che risiede nell'anima di tutti gli uomini"?

Abbiamo già parlato di Amschel Mayer Bauer, un banchiere di pegni ebreo che scoprì di poter realizzare enormi profitti emettendo banconote a breve termine per importi di gran lunga superiori al suo patrimonio. Questa carta fruttifera, garantita da Bauer, veniva spesso utilizzata come mezzo di scambio sul mercato. Finché i detentori non chiedevano un concerto d'oro in cambio della loro carta, Shylock sfuggiva al cappio. In breve, Bauer emetteva banconote a chi le prendeva in prestito, dietro pagamento di una commissione, rappresentando beni che non possedeva (vedi: il Federal Reserve System). Decise di cessare l'attività di banco dei pegni, cambiò il suo soprannome in Rothschild ("Scudo Rosso") e si concentrò sulla sua lucrosa truffa bancaria. Alla fine del XVIII secolo, Rothschild & Sons era diventata il principale istituto bancario d'Europa e la sua truffa divenne la pietra miliare del sistema bancario centrale Rothschild che oggi controlla il Federal Reserve System). Rothschild non pensava solo al denaro. Combinò l'odio dei TALMUDI per i gentili con la sete di vendetta dei Khazar contro la razza ariana. Il nome "Scudo Rosso" divenne il simbolo della rivoluzione mondiale. Come si ricorderà, Rothschild incaricò Adam Weishaupt (un sacerdote gesuita apostata che fu estromesso dal suo incarico all'Università di Ingolstadt per aver praticato il culto di Satana) di aggiornare gli antichi Protocolli. L'organizzazione creata da Weishaupt per attuare questi piani è l'ILLUMINATI.

Gli ILLUMINATI sono guidati da un KHAGAN. Il Khagan presiede il KEHILLA (Consiglio di Amministrazione), composto da 13 ebrei, la maggior parte dei quali sono banchieri internazionali. Ognuno di questi direttori è a capo di un'organizzazione chiave all'interno del Movimento rivoluzionario mondiale. I direttori presiedono a turno l'ILLUMINATI, composto da 300 personalità influenti, non tutte ebree, che rappresentano i settori più importanti dell'attività umana: finanza, media, governo, esercito, affari esteri, scienza, industria, commercio, istruzione, religione e così via. Tuttavia, essendo un'ORGANIZZAZIONE SEGRETA, è praticamente invisibile. Come il vento, si rivela con la sua influenza e i suoi danni:

La RIVOLUZIONE FRANCESE del 1778, il primo colpo di stato ILLUMINATI contro il cristianesimo, rivelò i PROTOCOLLI in azione.

> Una volta stabilita la morsa del debito, segue presto il controllo di tutte le forme di pubblicità e di attività politica, nonché una presa totale sugli industriali (datori di lavoro e sindacati)... la presa della mano destra stabilisce la paralisi, mentre la mano sinistra rivoluzionaria impugna il pugnale e sferra il colpo mortale.
>
> SIR WALTER SCOTT, *The Life of Napoleon* (i nove volumi di Scott sono stati soppressi a causa della loro posizione giudeofobica e non sono mai stati catalogati con le altre sue opere).

Mentre i giornali ebraici di M. Balsamo diffamavano la Chiesa e lo Stato, gli ILLUMINATI organizzavano il Regno del Terrore. In tutta la Francia vennero istituiti circoli giacobini che fungevano da luoghi di ritrovo per le canaglie.

> Restif allude anche al razzismo di classe, alla paura che la borghesia e gli artigiani provano per gli uomini pallidi, con i capelli scuri e mal pettinati, gli occhi penetranti e i baffi arruffati... Questa canaglia è sempre scura e cupa... I rispettabili: gli uomini di proprietà, gli artigiani virtuosi sono chiari e di buona carnagione.
>
> RIVISTA LETTERARIA BRITANNICA,
> Restif de la Bretonne - racconti del Terrore.

La Massoneria continentale è, ed è stata per 200 anni, notoriamente controllata dagli ebrei.

> A. K. CHESTERTON,
> I nuovi signori infelici (1974).

L'INFAMIA (menzogne, calunnie e false testimonianze) è una delle armi più temute dagli ebrei. La vittima non si accorge dei sussurri subdoli alle sue spalle finché non comincia a sentire sguardi di condanna, rifiuto e improvvisi rovesci di fortuna. *Non c'è praticamente modo di confutare questa distruzione anonima della sua reputazione.* Per i bersagli più grandi, gli ILLUMINATI dispiegano il loro intero apparato di assassinio, dalle campagne mediatiche alle commissioni d'inchiesta del Congresso, all'intimidazione del fisco e alle squadre speciali di risposta.

Il graduale spostamento delle aspirazioni occidentali (intorno al 1750) dalla Cultura alla Civiltà creò tensioni e fratture all'interno delle monarchie europee, che richiesero tempo per essere diagnosticate, trattate e sanate. Gli ebrei videro in questa indisposizione un'opportunità di attacco. Quella che quasi certamente sarebbe stata una rivoluzione pacifica in Francia si trasformò in una tragedia. Per la prima volta, l'Occidente fu testimone del potere ebraico: gli ILLUMINATI fomentarono la RIVOLUZIONE FRANCESE. L'INFAMIA la scatenò.

La regina di Luigi XVI, Maria Antonietta, era figlia di Francesco I d'Austria. La sorella di Maria, sapendo che il governo bavarese aveva scoperto i piani degli ILLUMINATI, la avvertì dei PROTOCOLLI e del pericolo imminente. La regina scrisse:

> Penso che, per quanto riguarda la Francia, siate troppo preoccupati della Massoneria. Qui non ha l'importanza che ha in altre parti d'Europa.

L'agente degli ILLUMINATI Moses Mendelssohn, ebreo, ordina a un gioielliere londinese una collana di diamanti del valore di 250.000 livres, che viene regalata a Maria Antonietta. La fuga di notizie sull'"indulgenza" della Regina appare sui giornali di Parigi, facendo infuriare i funzionari, la Chiesa e l'opinione pubblica. La regina riuscì a dimostrare di non aver ordinato la collana, ma la reputazione della monarchia fu gravemente danneggiata. L'ebreo Joseph Balsamo fece distribuire 500.000 opuscoli in cui si accusava la regina, "quella puttana austriaca" (termine che i bolscevichi avrebbero poi applicato alla zarina), di aver concesso favori sessuali a un amante segreto in cambio della collana. Per stringere la rete, Balsamo, un ebreo, falsificò la firma della regina su una lettera che invitava il cardinale principe di Rohan a incontrarla a palazzo reale per discutere dell'affare della collana. Un'attrice fu ingaggiata per impersonare la Regina. Lo scenario che ne risulta, con testimoni oculari nascosti, coinvolge il Cardinale in una relazione amorosa con la Regina. Lo scandalo infangò le più alte sfere della Chiesa e dello Stato. Il CANULARE, perché di questo si tratta, allarga il divario tra la monarchia e il popolo, diminuendo la sua resistenza agli ILLUMINATI.

Quando i *mascalzoni* (gli agitatori ebrei sulla stampa e nelle strade) hanno gettato la Francia in una frenesia di disperazione, le porte delle prigioni e dei manicomi sono state improvvisamente aperte. Si scatenò il TERRORE. Mentre i criminali e i pazzi si scatenavano, bruciando, stuprando, uccidendo, gridando "Liberté, Egalité, Fraternité" e sventolando la bandiera rossa di Rothschild, i club giacobini arrestavano e imprigionavano senza processo borghesi e aristocratici:

uomini, donne e bambini il cui sterminio era stato pianificato dagli ILLUMINATI.

Il marchese di Mirabeau e Robespierre, leader della rivoluzione contro la loro stessa razza, si resero conto troppo tardi che uomini più potenti di loro avevano creato il TERRORE. Mirabeau, in un ultimo atto di redenzione, cercò di salvare la famiglia reale condannata. Fu ostacolato e decapitato. Robespierre, prima di essere colpito alla mascella per farlo tacere, dichiarò davanti alla Convenzione:

> Non posso strappare il velo che copre questo profondo mistero di iniquità. Ma posso affermare molto positivamente che tra gli autori di questo complotto ci sono gli agenti di questo sistema di corruzione e stravaganza - il più potente di tutti i mezzi inventati dagli stranieri - per sconfiggere la Repubblica: intendo gli impuri apostoli dell'ateismo e dell'immoralità che ne è alla base.
>
> ROBESPIERRE, da *Vie de Robespierre*, di George Renier.

La discrezione di Robespierre nel non rivelare i cospiratori non gli servì a nulla. Sapeva troppo e fu decapitato come quasi tutti i leader rivoluzionari goy. Oggi sappiamo che nascondeva l'identità di : Daniel Itg (Berlino), Herz Gergsbeer (Alsazia), i Rothschild e Sir Moses Montifiore (Inghilterra), tutti finanzieri ebrei che cercavano di instaurare una monarchia costituzionale in Francia, come avevano fatto in Inghilterra. La monarchia assoluta, unita al nazionalismo, rifiutava assolutamente l'usura. Gli ebrei lanciarono quindi una guerra continentale contro la Francia. Questa guerra richiese enormi prestiti esteri da parte di TUTTI i partecipanti: Francia, Inghilterra, Spagna, ecc. ma gli ILLUMINATI fecero fallire la Francia rifiutandosi di accettare pagamenti in assignat. Questo è ciò che portò al TERRORE.

La storia "popolare" dipinge Maria Antonietta come una donna priva di cervello, di volontà e di compassione che, quando seppe che la popolazione non aveva pane, disse: "Che mangino brioche". Storici seri hanno dimostrato che i detrattori della regina erano bugiardi ebrei. La Regina sopportò con dignità le sofferenze inflitte a lei e alla sua famiglia e affrontò con grande coraggio la morte sulla ghigliottina.

Anche Napoleone I (1769-1821) combatté contro le trappole e le bugie degli ILLUMINATI. La reputazione offuscata di Bonaparte si basa sul fatto che egli, eroe del popolo, si oppose ai prestiti a interesse.

La preoccupazione principale dei banchieri era quella di continuare le guerre e finanziarle.

> Non si sottolineerà mai abbastanza che la chiave del regno di Napoleone è stata la finanza e non l'espansione territoriale. Se l'imperatore francese avesse accettato di abbandonare il suo sistema finanziario a favore di quello londinese (Banca Centrale), cioè a favore dei prestiti attraverso il mercato monetario, avrebbe potuto avere la pace in qualsiasi momento.
>
> R. MICHAEL WILSON, *L'amore di Napoleone*.

Durante la Guerra Peninsulare (1809), Wellington affrontò le truppe francesi in Spagna. La costa iberica era circondata dalla flotta francese, che bloccava i rifornimenti alle forze britanniche. Il problema fu risolto dai Rothschild britannici, che informarono i Rothschild francesi, i quali contrabbandarono oro a Wellington attraverso i Pirenei. Con l'oro in mano, Wellington acquistò rifornimenti e foraggio dagli spagnoli. E che dire delle truppe che muoiono per i loro ideali, il loro Dio e il loro Paese? Agli ebrei non importa.

Mentre si sviluppa la Battaglia di WATERLOO, su cui si gioca il destino di Inghilterra e Francia, gli ILLUMINATI escogitano un complotto che permette loro di conoscere l'esito della battaglia prima dei due governi. Viene creato un sistema di piccioni viaggiatori per attraversare la Manica (da cui l'espressione: "Un uccellino mi ha detto"). Non appena la vittoria di Wellington fu confermata (1815), gli agenti di Rothschild a Londra annunciarono che la battaglia era persa! Il mercato monetario britannico fu preso dal panico: gli investitori scaricarono le loro azioni di alto valore e i titoli di Stato a prezzi stracciati. Dietro le quinte, Rothschild acquistò tutto ciò su cui poteva mettere le mani. In Francia fu messa in atto una truffa simile. I morti furono seppelliti. Gli eroi ricevettero medaglie e i BANCHIERI risero.

> Il nome Rothschild divenne così onnipresente e si notò che la Casa si stava diffondendo come una rete sulle nazioni; non sorprende, quindi, che le sue operazioni sul mercato monetario fossero infine percepite da tutti i gabinetti d'Europa.
>
> RABBI MOSE MARGOLUTH (1851).

L'ETA' DELLA RAGIONE è stata il terreno di coltura dell'idea di capitalismo: libera impresa, concorrenza, individualismo ("ognuno per sé"); il sistema monetario faceva parte del capitalismo. L'intera direzione di questa fase dello sviluppo organico della cultura occidentale fu dirottata dal monopolio monetario degli ILLUMINATI. Il capitalismo divenne sinonimo di usura e, come sapete, *usura è sinonimo di debito, cioè di schiavitù.*

La natura satanica della RIVOLUZIONE INDUSTRIALE, iniziata in Inghilterra (intorno al 1760), porta l'impronta dei Rothschild. Sono stati loro a stabilire i codici di costruzione, le ordinanze, gli standard e i valori. Gli ebrei non hanno alcun patriottismo per il Paese che li ospita: non amano il paesaggio, lo Stato, la sua storia e la sua gente. Vedono il LORO MONDO TALMUDI come un mondo senza confini e i goyim come LORO pecore da spennare. Se l'uomo ariano avesse controllato il proprio denaro, NON avrebbe creato città-fabbrica infernali, usando i propri figli come schiavi. Avrebbe creato la rivoluzione industriale con la stessa arte e lo stesso amore con cui ha creato la sua grande musica, la letteratura, l'arte, la scienza e le cattedrali. L'USURA degrada. L'usura schiavizza.

Nell'AMERICA COLONIALE, dopo che la Banca d'Inghilterra (dominata da ebrei) si rifiutò di accettare il testo senza debiti delle colonie americane, Benjamin Franklin notò con amarezza che "la prosperità finì e si instaurarono depressione e disoccupazione". Per sopravvivere, i coloni dovettero ipotecare le loro proprietà e i loro titoli presso la Banca d'Inghilterra. La Guerra d'Indipendenza (1776) non fu combattuta contro Giorgio III, come i libri di storia vorrebbero farci credere, ma contro gli USURARI EBREO.

> La Banca d'Inghilterra si rifiutò di dare più del 50% del valore nominale del nostro scrip quando lo consegnò come richiesto dalla legge. Il mezzo di scambio in circolazione era quindi dimezzato... Le colonie avrebbero volentieri sopportato la piccola tassa sul tè, tra le altre cose, se l'Inghilterra non avesse preso il loro denaro, creando così disoccupazione...
> BENJAMIN FRANKLIN, documento del Senato degli Stati Uniti n. 23.

Negli anni successivi, prima di creare la FED, gli ILLUMINATI crearono panico finanziario, carenza di denaro e diffusero l'Infamia, al fine di creare il malcontento dell'opinione pubblica nei confronti del sistema monetario americano e sostituirlo con il proprio.

Siete un covo di ladri e vipere! Intendo sbaragliarvi e, per l'eterno Dio, vi sbaraglierò!

ANDREW JACKSON, Presidente degli Stati Uniti, 1835 circa

GUERRA CIVILE

Un'opportunità strategica si presentò quando profondi antagonismi sociali iniziarono a minacciare la stabilità dell'America. Gli ILLUMINATI accesero le scintille, sapendo che avrebbero raccolto un raccolto d'oro se fossero riusciti a dividere ideologicamente il Nord e il Sud, spingendo poi entrambe le parti in una lunga e sanguinosa guerra civile.

> Non ho dubbi, e lo so con assoluta certezza, che la separazione degli Stati Uniti in due federazioni di uguali poteri fosse stata decisa molto prima della Guerra Civile dalla principale potenza finanziaria europea.
>
> OTTO VON BISMARCK, Cancelliere, Germania.

La guerra civile americana, in un senso molto reale, fu la continuazione della guerra rivoluzionaria condotta dai nostri fondatori contro la Banca d'Inghilterra. La guerra civile fu pianificata a Londra da Rothschild, che voleva due democrazie americane, ognuna gravata da debiti. Quattro anni prima della guerra (1857), Rothschild decise che la sua banca di Parigi avrebbe sostenuto il Sud, rappresentato dal senatore John Slidell, ebreo della Louisiana, mentre la filiale britannica avrebbe sostenuto il Nord, rappresentato da August Belmont (Schoenberg), ebreo di New York. Il piano prevedeva di finanziare, a tassi d'interesse usurari, gli enormi debiti di guerra previsti, utilizzandoli per estorcere a entrambe le parti l'accettazione di un sistema bancario centrale Rothschild simile a quello che aveva dissanguato (e continuava a dissanguare) le nazioni europee, mantenendole in condizioni di guerra perpetua, insolvenza e alla mercé di speculatori ebrei.

Come nella Francia pre-rivoluzionaria, gli agitatori ILLUMINATI, come vermi che attaccano una ferita aperta, si sono messi al lavoro al Nord e al Sud, a tutti i livelli di governo e in tutta la società, per sfruttare le questioni divisive che minacciano la nazione. I banchieri internazionali ci sono riusciti. Tutti gli sforzi di pace tra Nord e Sud sono falliti.

La propaganda metteva in risalto la questione della schiavitù, ma il vero obiettivo della guerra era quello di spingere entrambe le parti ad accettare lo stesso sistema monetario che Rothschild aveva creato in Inghilterra e sul continente, al fine di sfruttare l'immensa produttività del popolo americano nel suo complesso.

WILLIAM G. SIMPSON, La via dell'uomo occidentale.

Il governo deve creare, emettere e far circolare tutta la moneta e il credito necessari a soddisfare la spesa pubblica e il potere d'acquisto dei consumatori.

IL PRESIDENTE ABRAHAM LINCOLN.

Lincoln disse di temere i banchieri internazionali più della Confederazione. Egli poteva chiaramente vedere la cospirazione che cresceva intorno a lui, anche all'interno del suo stesso gabinetto. Nel tentativo di destabilizzare Rothschild, ottenne che il Congresso emettesse 150 milioni di dollari di "Greenbacks", una moneta senza interessi garantita dal governo statunitense (da allora queste banconote circolano senza debiti negli Stati Uniti). Tuttavia, la comunità ebraica internazionale si rifiutò di accettarli. Entrambe le parti in conflitto avevano un disperato bisogno di grandi quantità di denaro per continuare la guerra. Solo Rothschild poteva fornire questo denaro, a tassi usurari. DENARO SPORCO DI SANGUE.

Gli Stati Uniti furono venduti ai Rothschild nel 1863.

EZRA POUND, "Impatto".

All'indomani della guerra [...] il potere finanziario di questo Paese cercherà di prolungare il suo regno facendo leva sui pregiudizi del popolo, fino a quando la ricchezza sarà aggregata nelle mani di pochi e la Repubblica sarà distrutta. Sono più che mai preoccupato per la sicurezza del mio Paese, anche in piena guerra.

IL PRESIDENTE ABRAHAM LINCOLN.

624.511 soldati sono morti durante la Guerra Civile (1861-1865) 475.881 soldati sono stati feriti. Queste cifre sono incomplete perché alcuni registri non sono stati tenuti e altri sono andati perduti, soprattutto all'inizio della guerra. Dopo la guerra, rendendosi conto che il vero nemico dell'Unione era Rothschild, il Presidente, enfatizzando la Costituzione, chiarì al Congresso che :

Il privilegio di creare ed emettere denaro è... la prerogativa suprema del governo!

ABRAHAM LINCOLN.

La Costituzione degli Stati Uniti conferisce al solo Congresso il potere di coniare moneta e di regolarne il valore; la Corte Suprema ha stabilito che il Congresso non può abdicare a questa funzione.

Il Presidente Lincoln aveva lanciato il guanto di sfida. Sotto la sua amministrazione, un sistema bancario centrale Rothschild non sarebbe stato tollerato.

Lincoln fece ulteriormente infuriare i giudei quando annunciò la sua intenzione di colonizzare i neri che erano stati recentemente reintegrati negli Stati Uniti. I giudei volevano che i neri rimanessero negli Stati Uniti come manodopera a basso costo (ora che non avevano più bisogno di essere curati e mantenuti), ma anche come elemento di divisione razziale che poteva essere sfruttato in futuro dalla Rivoluzione.

L'intransigenza di Lincoln segnò il suo destino. L'ostacolo doveva essere rimosso. *Prove convincenti suggeriscono che l'assassino di Lincoln, John Wilkes Booth (Botha), ebreo, fu ingaggiato da Judah Benjamin, ebreo, tesoriere della Confederazione.* Benjamin era uno stretto collaboratore di Benjamin Disraeli, ebreo (1804-1881), primo ministro britannico. Disraeli, Benjamin e Booth avevano parlato insieme con i Rothschild. Quando Booth fuggì dal Ford's Theatre, fuggì "per puro caso" lungo l'unica strada per uscire da Washington, D.C., che non era bloccata dalle truppe. Tra i suoi beni c'era un libro in codice identico a quello trovato in possesso di Benjamin; e un altro, le cui pagine erano state strappate, tra i beni del Segretario di Guerra americano, Stanton. Dopo l'omicidio, Benjamin fuggì a Londra, dove fu accolto dalla sua tribù. Recentemente, i parenti di Booth hanno richiesto l'esumazione della sua tomba nel Maryland. Non credono che Booth sia lì. Ma il permesso è stato rifiutato da autorità non meglio definite.

Se vi capita di visitare le lunghe file di morti yankee e ribelli a Pea Ridge, Gettysburg, Shiloh, Chickamaugua, Cold Harbor, Chancellorsville, Antietam *e altre ancora*, ricordate che ogni croce rappresenta il SANGUE, le lacrime e il dolore richiesti dai GIudei TALMUDIANI KHAZAR.

Trentacinque anni dopo Appomatox, all'alba del secolo più sanguinoso della storia mondiale, gli ILLUMINATI stanno preparando il terreno per la Prima Guerra Mondiale. Ovunque vivano, gli ebrei diffondono l'INFAMIA, come hanno fatto in tutte le loro guerre e rivoluzioni, demonizzando il loro nemico. I tamburi hanno iniziato a battere. In America, gli ebrei hanno usato l'adulazione e la coercizione per entrare alla Casa Bianca. Manipolarono il Presidente Wilson - come avrebbero fatto in seguito con FDR - "come una scimmia sulla corda". Con grande disappunto dei patrioti, il Congresso degli Stati Uniti approvò l'incostituzionale FEDERAL RESERVE ACT (1913), dando ai Rothschild il controllo totale del sistema monetario statunitense. Da quel momento in poi, gli ILLUMINATI controllarono il funzionamento del governo degli Stati Uniti (oggi gli ebrei entrano ed escono dallo Studio Ovale e dal Tesoro, così come entrano ed escono dall'Hillcrest Club di Los Angeles). Gli Ebrei prepararono immediatamente gli Stati Uniti alla Prima Guerra Mondiale, della cui imminenza il popolo americano non aveva idea all'epoca. Per garantire ai BANCHIERI il rimborso del capitale e degli interessi, il Congresso promulgò il 16° emendamento alla Costituzione, istituendo la prima imposta sul reddito personale nella storia degli Stati Uniti. Non solo ci si aspettava che gli americani morissero in una guerra contro i loro parenti tedeschi, ma dovevano anche pagare i GIECI per questo privilegio.

Nello stesso anno fatidico, il 1913, gli ebrei crearono la Lega Antidiffamazione del B'nai B'rith, il cui obiettivo principale è *la* diffamazione. Il suo scopo dichiarato è quello di identificare, smascherare e sradicare l'"antisemitismo" (sic), che viene equiparato a qualsiasi critica agli ebrei. Il Congresso si spaventa davanti ai suoi occhi malevoli. Con sede a New York, l'ADL impiega stabilmente 225 avvocati, lobbisti, ingegneri sociali, educatori e specialisti delle pubbliche relazioni. Ha uffici regionali in tutto il mondo civilizzato.

Il B'NAI B'RITH (Figli dell'Alleanza), una cabala segreta, sostiene di essere un'organizzazione religiosa e caritatevole deducibile dalle tasse. La sua rete penetra a tutti i livelli della comunità ebraica, in patria e all'estero. Il suo obiettivo è quello di unire tutti gli ebrei dietro l'attuazione dei Protocolli.

Nel 1913, l'esito della guerra imminente era ben noto agli attori interni. Una volta che i combattenti europei furono esauriti e appesantiti dai debiti, la strategia proposta fu quella di far confluire nel conflitto le risorse e la potenza ineguagliabili dell'America. Gli americani, sottoposti a un lavaggio del cervello e presi da una frenesia omicida, si precipitarono "laggiù" per "salvare il mondo per la democrazia" - una parola che non compare da nessuna parte nella Costituzione degli Stati Uniti. *I veri obiettivi erano:*

    1. Distruggere la Russia cristiana, il nemico ariano del MARXISMO/LIBERALISMO/GIUGGIOLA.
    2. Sostituire le monarchie assolute d'Europa con governi democratici. Esponendo così l'Europa cristiana e ariana al virus del LIBERALISMO/MARXISMO/GUERRA.
    3. Inondare l'Europa di debiti colossali da restituire a tassi di interesse usurari agli ILLUMINATI.
    4. Stabilire una patria sionista in Palestina (tributo della Gran Bretagna agli ebrei "americani" per aver trascinato l'America in guerra).
    5. Distruzione della Germania. La Germania ha investito massicciamente nell'Impero britannico, detenuto dalla Banca d'Inghilterra. La marina mercantile, le ferrovie intercontinentali, il commercio estero e le colonie della Germania rappresentano una seria minaccia economica.
    6. Uccidere la crema dell'uomo ariano, esponendo il patrimonio genetico bianco alla miscegenazione e alla schiavitù bianca.

In Europa e in America, gli ILLUMINATI collocarono le loro pedine goy in posizioni elevate. Gli ebrei che occupavano posizioni di fiducia in vari governi europei usavano le confidenze ottenute ai più alti livelli per tradire gli Stati che li ospitavano e utilizzare queste conoscenze per promuovere gli obiettivi dell'ILLUMINATI. Ad esempio, Max Warburg, ebreo e capo dell'intelligence tedesca, finanziò i bolscevichi di Lenin. Il fratello di Max, Paul Warburg, architetto del sistema della Federal Reserve, comprò la presidenza di Woodrow Wilson e, con Jacob Schiff, Kuhn-Loeb & Co, finanziò i tagliagole bolscevichi di Leon Trotsky.

Poco dopo, le crisi finanziarie scoppiano in tutto l'Occidente, seminando confusione e disperazione. Le differenze etniche tra gli Stati europei furono esacerbate da L'INFAMIE. I Balcani divennero una polveriera di animosità politiche e razziali. L'arciduca Ferdinando d'Austria si recò in Serbia per cercare di placare le divergenze. Lui e la sua affascinante moglie furono assassinati a Sarajevo (628-1914) da

Gavrilo Princip, un massone. Le tessere del domino cominciarono a cadere, una dopo l'altra.

> L'Arciduca sapeva bene che un attentato alla sua vita era imminente. Un anno prima della guerra, mi aveva informato che i massoni avevano deliberato la sua morte.
>
> CONTE CZERNIN, *Nella guerra mondiale*.

> È un uomo straordinario ed è un peccato che sia stato condannato; morirà sui gradini del suo trono.
>
> LÉON PONCINS, *Il potere segreto dietro la rivoluzione*.

> L'assassinio dell'arciduca ha innescato elementi che altrimenti non avrebbero preso fuoco come invece è avvenuto, se mai lo hanno fatto. È quindi importante risalire alle origini del complotto di cui fu vittima...
>
> B. FAY, *Le origini della guerra mondiale*.

> La linea del partito era quella di unire tutte le organizzazioni rivoluzionarie con l'obiettivo di far entrare in guerra tutti i grandi paesi capitalisti, in modo che tutte le terribili perdite subite, le alte tasse imposte e le privazioni sopportate dalle masse della popolazione facessero reagire favorevolmente la maggioranza delle classi lavoratrici a... una rivoluzione per porre fine a tutte le guerre. Una volta sovietizzati tutti i Paesi, gli ILLUMINATI avrebbero formato una dittatura totalitaria... È possibile che solo Lenin conoscesse gli scopi e le ambizioni segrete degli ILLUMINATI, che modellavano l'azione rivoluzionaria in funzione dei loro obiettivi. I leader rivoluzionari dovevano organizzare i loro maquis in ogni paese per poter prendere il controllo del sistema politico e dell'economia della nazione; i banchieri internazionali dovevano estendere le filiali delle loro agenzie in tutto il mondo...
>
> WILLIAM GUY CARR, R. D., *Pedine nel gioco*.

Una serie di assassinii fu commessa (1881-1914) per promuovere gli obiettivi bellici degli ILLUMINATI, i più critici dei quali furono: Lo Zar Alessandro II ("Piccolo Padre") di Russia, nel 1881; l'Imperatrice d'Austria, nel 1893; il Re Umberto d'Italia, nel 1900; il Presidente degli Stati Uniti McKinley, nel 1901; il Granduca Sergio di Russia, nel 1905; il Primo Ministro V. von Plehve, di Russia, nel 1905; il Primo Ministro Pietro A. Stolypin di Russia nel 1911; il re Carlos e il principe ereditario del Portogallo nel 1908; l'arciduca Ferdinando e la duchessa d'Austria nel 1914. Tutti questi omicidi, e molti altri, possono essere attribuiti al bolscevismo, alla Massoneria (Grande Oriente Muratori) e ad altri gruppi terroristici sponsorizzati dagli ILLUMINATI. Al processo militare austriaco (10-12-14) sull'omicidio dell'Arciduca, il pubblico ministero ha interrogato Cabrinovic - l'assassino che ha lanciato la prima bomba - che ha risposto:

> La massoneria c'entra perché rafforza le mie intenzioni. La massoneria aveva condannato a morte l'arciduca più di un anno prima.
>
> I. CABRINOVIC, massone, serbo.

> Lasciate che vi riporti al 1913. Se nel 1913 mi fossi presentato qui e vi avessi detto: "Venite a una conferenza per discutere la ricostruzione di un focolare nazionale in Palestina", mi avreste guardato come un sognatore; anche se, tra tutto ciò che seguì, trovai un'occasione, un'opportunità, la possibilità di stabilire un focolare nazionale per gli ebrei in Palestina. Vi è mai venuto in mente che questa opportunità è nata nel sangue del mondo intero? Credete davvero che sia stato un caso? Credete davvero, nel profondo, che siamo stati riportati in Israele dalla più grande delle coincidenze? Credete che non ci sia un significato più grande nell'opportunità che ci è stata data? Dopo duemila anni di vagabondaggio nel deserto, ci viene offerta una possibilità e un'opportunità, e molti si accontentano di dire che non siamo interessati. Mi chiedo se abbiano pensato alla catena di circostanze.
>
> LORD MELCHETT, ebreo, presidente della Federazione sionista inglese.

La PRIMA GUERRA MONDIALE (1914) scoppiò come previsto. Fu la Germania, uno degli Stati più colti e civilizzati d'Europa - che offriva a un mondo ammirato la sua magnifica musica e il suo genio scientifico - a essere presa di mira in modo specifico per le ragioni sopra menzionate e, inoltre, perché la Germania rappresentava il CUORE DELLA CRISTIANITÀ. I media controllati dagli ebrei demonizzano inevitabilmente i loro nemici dipingendoli come mostri depravati: i soldati tedeschi sono accusati di aver amputato le mani di bambini belgi, di aver infilzato con le baionette donne incinte e macellato feti, di aver affondato a caso navi passeggeri e di aver mitragliato "oscenamente" i sopravvissuti sulle scialuppe. Gli "Unni" furono accusati di fabbricare paralumi e saponette con i cadaveri dei nemici. Gli americani di origine tedesca furono ostracizzati. Venivano lanciati mattoni dalle finestre dei loro salotti. La Germania fu incolpata dell'intera guerra.

Sebbene la Russia fosse alleata di Gran Bretagna e Francia, gli ebrei finanziarono la rivoluzione bolscevica contro lo Stato russo.

L'INFAMIA travolse lo zar e la zarina di origine tedesca, creando sfiducia nella monarchia e fomentando ammutinamenti nell'esercito. Questo permise alle truppe tedesche di spostarsi dal fronte orientale a quello occidentale, dove i sanguinosi scontri nella terra di nessuno si trasformarono rapidamente in un vantaggio per la Germania.

In questo momento critico, il barone ILLUMINATI Edmond de Rothschild, un ebreo (Banca d'Inghilterra), organizzò un'udienza tra Lord Arthur Balfour, il ministro degli Esteri britannico, e Chaïm Weizmann, ebreo e cofondatore del SIONISMO. Weizmann propose agli ebrei che l'America sarebbe entrata in guerra contro la Germania se la Gran Bretagna, in cambio, avesse garantito la creazione di un focolare ebraico in Palestina. La Gran Bretagna accettò, tradendo gli arabi (Trattato Sykes-Picot) che avevano combattuto per la Gran Bretagna contro i turchi. La prima versione segreta della Dichiarazione Balfour fu inviata via cavo al Presidente Wilson, i cui consiglieri, il rabbino Wise, Louis Denmitz Brandeis, ebreo, Bernard Baruch, ebreo, Felix Frankfurter, ebreo, ed Edward Mandel House, ebreo, apportarono aggiunte e correzioni. Il barone Edmond de Rothschild redasse infine la versione finale, sostituendo la frase "una patria per la razza ebraica" con "una patria per il popolo ebraico". Il testo fu poi battuto a macchina su carta intestata del Ministero degli Esteri britannico e firmato da Lord Balfour. L'ultimo paragrafo recita: "Le sarei grato se volesse portare questa dichiarazione all'attenzione della Federazione Sionista. Il testo era indirizzato al barone Edmond de Rothschild, che aveva redatto il testo finale ed era un membro della KEHILLA ILLUMINATI che aveva pianificato l'entrata in guerra dell'America (la Gran Bretagna si era guadagnata il soprannome di "Perfida Albione" dopo che Cromwell aveva dato la Banca d'Inghilterra agli ebrei nel 1653).

Un "uccellino" disse a Winston Churchill che la Prima Guerra Mondiale sarebbe scoppiata nel settembre 1914, così nel febbraio 1913 fece trasformare il transatlantico britannico *Lusitania* in un incrociatore ausiliario armato con dodici cannoni da sei pollici: un fatto pubblicato nel *Jane's Fighting Ships* (1914), il riferimento internazionale in materia navale. In America, tuttavia, il *Lusitania* fu presentato come nave passeggeri. L'Ammiragliato tedesco avvertì, in annunci pubblicati sul *New York Times*, che il *Lusitania* trasportava materiale bellico ed era quindi considerato un *premio di guerra*. Il Dipartimento di Stato americano respinse le accuse tedesche. Il *Lusitania*, che Churchill aveva precedentemente descritto come "45.000 tonnellate di esca viva", salpò e fu silurato in acque profonde al largo della costa irlandese da un sottomarino tedesco (1915). Il *Lusitania* affondò, come previsto, con gravi perdite di vite umane (vedi: WTC, 9-11-01) L'INFAMIA contro la Germania riempì le onde radio, la stampa e le università di tutto il mondo. Nel giro di tre anni, bombardato da incessanti menzogne, lo *Stupidus Americanus*, in preda a una frenesia animale, ingoiò l'"esca" e si precipitò in Europa per "salvare il mondo per la democrazia" (una parola che non compare nella Costituzione americana) e per uccidere i propri fratelli di sangue - gli "spregevoli Unni"!

> Chaïm Weizmann, il Gabinetto di Guerra britannico e il Ministero degli Esteri francese erano convinti, nel 1916, che il modo migliore e forse l'unico (come poi si rivelò) per indurre il Presidente americano a entrare in guerra (Prima Guerra Mondiale) fosse quello di assicurarsi la cooperazione degli ebrei sionisti promettendo loro la Palestina, e quindi di arruolare e mobilitare le forze fino ad allora insospettate degli ebrei sionisti in America e altrove a favore degli Alleati, sulla base di un accordo accompagnato da una contropartita...
>
> SAMUEL LANDMAN, EBREO,
> *La Gran Bretagna, gli ebrei e la Palestina.*

In Russia convergono gli anarchici di Lenin e Trotsky. Tre milioni di membri disarmati della classe media (borghese), cristiani e musulmani, furono massacrati nella fase iniziale della RIVOLUZIONE BOLCHESE, e 31 milioni di europei morirono in seguito. Milioni di persone scomparvero semplicemente nei Gulag, per sempre. Praticamente l'intero strato culturale bianco (petrino) fu spazzato via (la "Soluzione Finale"). La Russia fu poi persa a favore dell'Occidente e la sua popolazione post-rivoluzionaria era prevalentemente asiatica.

> Il nazionalismo è un pericolo per il popolo ebraico. Oggi, come in tutti i tempi della storia, è stato dimostrato che gli ebrei non possono vivere in Stati potenti dove si è sviluppata un'elevata cultura nazionale.
>
> THE EBREO SENTINEL, Chicago 9-24-36.
>
> Penso che l'orgoglio nazionale (patriottismo) sia una sciocchezza.
>
> BERNARD BARUCH, EBREO, *Chicago Tribune* 9-25-35.
> (Consigliere di Wilson, Roosevelt e Eisenhower).

Colin Simpson, un giornalista britannico, agendo in base al Freedom of Information Act, scoprì la conoscenza anticipata del *Lusitania* tra gli effetti personali di Franklin Roosevelt a Hyde Park, New York (1973).

Roosevelt, fallito ad Harvard e sottosegretario alla Marina degli Stati Uniti durante la Prima Guerra Mondiale, aveva nascosto a tradimento la sua preveggenza al Congresso degli Stati Uniti (in seguito, aveva nascosto l'"esca" di Pearl Harbor, "una data che entrerà nella lunga serie di infamie commesse da questi traditori"). Il *Lusitania* era carico di materiale bellico destinato all'Inghilterra (belligerante) e stava lasciando gli Stati Uniti (neutrali), in violazione del diritto marittimo internazionale. Una società privata di recupero (novembre 1982), esplorando la sfortunata nave che giaceva al largo della costa irlandese, utilizzò un'apparecchiatura fotografica subacquea che rivelò che un siluro aveva colpito un compartimento contenente munizioni. L'esplosione ha proiettato lo scafo maciullato del *Lusitania verso l'esterno*.

Dopo l'armistizio del 1918, la Gran Bretagna bloccò i porti tedeschi, facendo morire di fame oltre un milione di tedeschi con rifiuti e ratti. Le famose scuole e università tedesche si riempirono di ebrei, mentre i giovani tedeschi, non potendo permettersi nemmeno il cibo, passarono dalle trincee alle linee di panificazione. La schiavitù bianca fiorì quando gli ebrei fecero apparentemente offerte di lavoro legittime a giovani donne squattrinate, che venivano poi mandate a prostituirsi all'estero. Oggi, usando la stessa truffa, gli ebrei attirano giovani ragazze bianche russe affamate in una vita di prostituzione in Israele e altrove. Vengono anche usate come riproduttrici. ("60 Minutes" CBS, 1998).

Il Trattato di Versailles ("Conferenza Kosher") fu progettato dagli ILLUMINATI per schiacciare la Germania, indebolire la sua resistenza al marxismo e porre le basi per la Seconda Guerra Mondiale - vent'anni dopo.

> Il presidente Wilson portò a Parigi 117 ebrei e 39 gentili (soprattutto domestici).
> CONTE CHEREP-SPIRIDOVICH, La *Russia sotto gli ebrei*.

> Gli ebrei formarono una forte cerchia intorno a Woodrow Wilson. C'è stato un periodo in cui egli comunicava con il Paese solo attraverso un ebreo.
> HENRY FORD, Volume II, *L'ebreo internazionale*.

La Germania, densamente popolata, fu privata di gran parte del suo territorio, comprese le zone minerarie vitali e il "corridoio polacco" che separava il Ducato di Prussia dal resto del Paese. La Germania fu privata della sua flotta mercantile... e dovette affrontare un onere impossibile per le riparazioni. Di conseguenza, il Paese sconfitto si trovò in una situazione precaria che lo portò rapidamente al collasso economico. L'Impero austro-ungarico, ex avamposto dei popoli teutonici e della civiltà occidentale, fu distrutto... al nuovo Stato della Cecoslovacchia furono assegnati 3,5 milioni di persone di sangue e lingua tedesca...

Nel 1923, Berlino era una città disperata. La gente aspettava nel vicolo dietro l'Hotel Adlon, pronta ad avventarsi sui bidoni della spazzatura... una tazza di caffè costava un milione di marchi un giorno, un milione e mezzo il giorno dopo, due milioni il giorno dopo ancora... l'atteggiamento tedesco (sospetto e paura) era intensificato dal nuovo potere che gli ebrei tedeschi avevano acquisito... grazie ai fondi di ricchi ebrei razzisti di altri Paesi e all'afflusso di ebrei dal distrutto Impero austro-ungarico.
DR. JOHN O. BEATY (OSS), *La cortina di ferro sull'America*.

La svalutazione del marco tedesco permise agli ebrei che possedevano libri, franchi e dollari di "comprare" aziende, immobili e tesori artistici tedeschi a una frazione del loro valore intrinseco (come fecero nel Sud dopo la guerra civile). Quindici anni dopo, i nazisti si ripresero questi tesori rubati dagli ebrei. Oggi, nel 1998, gli ebrei (con il sostegno degli Stati Uniti) stanno facendo causa con successo a nazioni e individui per recuperare il "bottino nazista rubato agli ebrei". Lo stesso bottino che gli Ebrei avevano originariamente estorto a una nazione tedesca prostrata e in rovina.

Dopo la Prima Guerra Mondiale, gli Alleati *si scusarono ufficialmente con la Germania* per i falsi resoconti di atrocità. Infamia! I tedeschi, si riconosceva, si erano comportati bene come, se non meglio, delle loro controparti! Il *Congressional Record degli Stati Uniti* (Senato, 6-15-33) attribuì la colpa della Prima guerra mondiale ai suoi responsabili: i banchieri internazionali avevano provocato la guerra e ne erano stati i vincitori finali.

La Seconda Guerra Mondiale (si veda il Capitolo 6: "L'Olocausto") fu pianificata al Trattato di Versailles e fu la continuazione del programma ILLUMINATI di schiavizzare le nazioni del mondo sottoponendole a montagne di debiti usurai.

L'intervento diretto con tutto il potenziale militare americano era essenziale se la guerra (la Seconda guerra mondiale) non doveva concludersi con una vittoria dell'Occidente (Germania) sulla Russia asiatica marxista... e con la creazione di un'unità cultura-nazione-statopersona-razza dell'Occidente.

FRANCIS PARKER YOCKEY, *Imperium*.

Chiunque conosca i fatti del mondo e i dettagli principali dell'abbandono americano della propria sicurezza e dei propri principi a Teheran, Yalta e Potsdam... tre obiettivi spaventosi diventano chiari:

1)	Già nel 1937, (la cabala di Roosevelt) decise di entrare in guerra con la Germania con l'unico scopo di compiacere l'elemento dominante in Europa orientale... all'interno del Partito Nazionaldemocratico e di "mantenere quei voti", come disse Elliot Roosevelt... per soddisfare la vanità del Presidente di candidarsi per un terzo mandato.

2)	Il potente elemento dell'Europa orientale, dominante nei circoli interni del Partito Democratico, considerava con assoluta equanimità... e persino con entusiasmo, l'uccisione del maggior numero possibile di ariani dell'odiata razza khazar.

3)	Il nostro governo dominato dall'estero ha condotto una guerra per l'annientamento della Germania, storico baluardo dell'Europa cristiana... Nel 1937-1938, il governo tedesco fece un "sincero sforzo per migliorare le relazioni con gli Stati Uniti, ma fu respinto". Le richieste di negoziazione della Germania... sono state nascoste al pubblico fino a quando non sono state scoperte dalla Commissione per le attività antiamericane della Camera... più di dieci anni dopo che i fatti erano stati criminalmente soppressi.

DR. JOHN O. BEATY, *La cortina di ferro sull'America*.

Il nostro breve esame di queste sconfitte storiche rivela che furono dirette da una forza molto più potente degli Stati ariani effettivamente impegnati nella lotta. Il presidente Wilson disse: "Da qualche parte c'è un potere così organizzato, così sottile, così vigile, così intrecciato, così completo, così pervasivo..." che questo potere satanico può essere individuato solo dalla somiglianza dei suoi metodi, dalla coesione delle sue azioni e dai suoi orribili RISULTATI. L'ebraismo si è infiltrato nelle aree più sensibili del potere e della fiducia in TUTTE le nazioni occidentali, mentre giura segretamente fedeltà all'ebraismo. Gli ariani lo chiamano tradimento. Ma i giudei considerano tali accuse come "antisemite", considerando gli ariani come bestiame che invade il loro mondo. Il Presidente Wilson, gli Stati Uniti d'America e l'umanità hanno imparato questi fatti troppo tardi. Dopo la Prima Guerra Mondiale, gli ILLUMINATI fallirono nel tentativo di istituire una Società delle Nazioni perché il Congresso degli Stati Uniti si rifiutò di rinunciare alla propria sovranità. Frustrati ma determinati, i membri americani degli ILLUMINATI si incontrarono a Parigi per discutere nuovi modi di portare avanti il governo unico mondiale. I partecipanti erano Jacob Schiff, un ebreo (KuhnLoeb & Co, agente dei Rothschild); Bernard Baruch, ebreo, "principe di Kahilla" (che aveva fatto milioni speculando sul rame - da cui si ricavano le conchiglie); Walter Lippman, ebreo (studioso/scrittore); il colonnello E. Mandel House, ebreo (agente della Casa Bianca, del Tesoro e di Wall Street); John D. Rockefeller, ebreo; e i collaboratori goy Averell Harriman, Christian Herter e John Foster Dulles. Il trafficante di armi J.P. Morgan, agente di Rothschild, era presente in spirito. Tutti avevano tratto profitto dalla Prima guerra mondiale e tutti, per le stesse ragioni, avevano contribuito a creare la Seconda guerra mondiale. Nessuno di loro aveva mai prestato servizio nell'esercito. Era l'esercito che li serviva.

Speravano di rafforzare il controllo degli ILLUMINATI sugli Stati Uniti. Da questo incontro a Parigi nacque il Consiglio per le Relazioni Estere (CFR). Allo stesso tempo, in Inghilterra, il Royal Institute of International Affairs fu organizzato da una cabala simile. Entrambe le organizzazioni facevano capo al KEHILLA, il consiglio di amministrazione degli ILLUMINATI. L'Istituto Rockefeller è una filiale del CFR. I Rockefeller, di origine ebraica, hanno fuso la loro banca Chase con la Manhattan Bank di Warburg (ebrea) e hanno collocato una filiale Chase-Manhattan in piazza Karl Marx a Mosca per finanziare la cosiddetta "guerra fredda", mentre noi combattevamo guerre perdenti in Corea e Vietnam.

> I miei antenati potrebbero essere stati ebrei. Non ne siamo sicuri.
> NELSON ROCKEFELLER, Vicepresidente, USA, TIME, 10-19-70,
> (Nelson, sposato con l'ariano "Happy" Rockefeller, è morto di apoplessia mentre si divertiva a letto con la sua segretaria ebrea).

Il libro di Steven Birmingham *The Grandees: America's Sephardic Elite* (Harper & Row) conferma l'origine ebraica di Rockefeller.

Nel 1973, David Rockefeller creò la Commissione Trilaterale (TRI) e nominò Zbigniew Brzezinski, consigliere per la sicurezza del presidente Jimmy Carter, a dirigerla. Per molti anni, David Rockefeller ha presieduto entrambi i gruppi (CFR/TRI).

I Bilderberg, "il quarto Reich dei ricchi", sono l'equivalente europeo del CFR, anche se i loro membri sono più piccoli e più potenti e hanno una rete sociale più esclusiva. Le sue riunioni, solitamente tenute in tenute isolate, sono altamente segrete e protette da forze aeree e terrestri pesantemente armate. I membri d'élite del CFR/TRILATERAL/BILDERBERGERS condividono partecipazioni incrociate. Recentemente, i Bilderberg hanno ottenuto l'"unificazione dell'Europa". *Non una nazione ariana unita* come volevano Carlo Magno, Federico, Napoleone e Hitler, ma l'unificazione attraverso una moneta unica. Oggi l'Europa è totalmente asservita all'USURA e incapace di ribellarsi e di sfidare l'Ebraismo internazionale come fece la Germania nel 1933.

Le Nazioni Unite sono state inventate dagli ILLUMINATI dopo la Seconda Guerra Mondiale. Quaranta membri della delegazione statunitense alla Conferenza delle Nazioni Unite di San Francisco erano membri del CFR: Alger Hiss, principale autore della Carta delle Nazioni Unite che assicurava che il Consiglio di Sicurezza (l'organo più importante dell'ONU) avrebbe avuto una maggioranza marxista; Dean Acheson (Yale, democratico), futuro Segretario di Stato degli Stati Uniti, giurò, dopo che Hiss fu condannato per falsa testimonianza, "Non volterò mai le spalle ad Alger Hiss!". (I documenti sovietici confermano che Hiss era un agente sovietico); Owen Lattimore e Philip Jessup, bollati dal Senato degli Stati Uniti come "strumenti dei sovietici"; Harry Dexter White (Weiss), EBREO, la forza trainante degli accordi di Bretton Woods, che hanno creato il Fondo Monetario Internazionale (FMI) e la Banca Mondiale, i cui investimenti sono sottoscritti dal denaro dei contribuenti statunitensi. White è stato in seguito smascherato come spia sovietica.

CITAZIONI DIRETTE DALLA RELAZIONE ANNUALE 1980 DELLA CFR :

L'obiettivo del Council on Foreign Relations è il seguente:

1) Dimostrare innovazione nell'affrontare le questioni internazionali.
2) Contribuire allo sviluppo della politica estera degli Stati Uniti in modo costruttivo e non partitico.
3) Fornire una leadership costante nella conduzione degli affari esteri.
4) Il Consiglio è un'istituzione educativa e un forum unico che riunisce leader del settore accademico, pubblico e privato.

La tradizione del Consiglio prevede che le dichiarazioni degli oratori non vengano attribuite loro nei media o nei forum pubblici.

Le riunioni del Consiglio in genere NON SONO APERTE al pubblico o ai media (tuttavia, sarebbe legittimo che i funzionari pubblici trasmettessero ai loro colleghi ciò che hanno appreso durante la riunione... o che un avvocato trasmettesse una nota al suo partner, o che un direttore d'azienda lo facesse a un altro direttore d'azienda). Tuttavia, non è opportuno che un partecipante a una riunione pubblichi le dichiarazioni di un oratore sul giornale, o che le ripeta in televisione o alla radio... è vietato a un partecipante a una riunione trasmettere qualsiasi dichiarazione fatta dal Consiglio a un giornalista o a qualsiasi altra persona che possa pubblicarla sui mezzi di comunicazione pubblici.
Il Consiglio non è affiliato al governo degli Stati Uniti.

Paradossalmente, il rapporto del CFR riconosce che il 12% dei suoi 2164 membri SONO funzionari del governo statunitense! Ciò significa che almeno 260 membri, secondo questa organizzazione segreta, ricoprono posizioni importanti all'interno del governo statunitense! Il 70% dei membri proviene dall'area di Washington D.C./New York City/Boston. La maggior parte è indottrinata nel marxismo: Ivy League, London School of Economics, Georgetown University, Southern Illinois U., ecc.

Dalla Seconda guerra mondiale, quasi tutti i Segretari di Stato sono stati membri del CFR/TRILATERALE. La maggior parte di essi sono ebrei, compresa Madeleine Albright, nominata da Clinton. Tra i ministri della Difesa più recenti figurano Harold Brown, James Schlesinger, Cap Weinberger, Henry Kissinger e William Cohen, tutti ebrei e tutti membri del CFR/TRI. Nessuno di loro ha mai indossato un'uniforme dell'esercito americano. Tutti loro, dopo il periodo di governo, hanno trovato impiego presso gli ILLUMINATI, di solito a Wall Street. Non dimenticate che gli ebrei osservanti fanno voto cabalistico KOL NIDRE per sostenere la TORAH; gli ebrei marrani giurano di proteggere il POPOLO KHAZAR. Questo spiega il divario di sicurezza negli Stati Uniti.

L'ex presidente del CFR Winston Lord, consigliere della Casa Bianca di Clinton sposato con una donna cinese, ha sottolineato che "non sono i Trilateralisti a governare il mondo, ma il CFR".

Il caso di studio n. 76 del CFR (1959) afferma quanto segue:

Gli Stati Uniti devono impegnarsi per costruire un nuovo ordine internazionale, anche per gli Stati che si definiscono socialisti. L'esperimento sociale condotto in Cina sotto la guida del presidente Mao è uno dei più importanti e riusciti della storia umana.
DAVID ROCKEFELLER, ebreo, presidente del CFR/TRI.

Il Senato degli Stati Uniti stima che circa 65 milioni di cinesi siano stati massacrati sotto il presidente Mao, in quello che si è rivelato un esperimento sociale orrendamente fallito, rifiutato anche dai più stretti ammiratori di Mao.

I membri del CFR, che occupano molte delle più alte cariche del governo degli Stati Uniti, sono nominati - non eletti - nelle loro posizioni di fiducia dal Presidente. Il "governo invisibile" da cui scaturisce, il CFR, cerca di abbandonare la sovranità americana. La lealtà del CFR, il cui presidente è ora David Gelb, un ebreo, non è alla Costituzione statunitense, ma alla TALMUD.

È nell'interesse degli americani porre fine alla nazione.
WALT ROSTOW, ebreo, CFR/TRI, consigliere dei presidenti Kennedy e Johnson, ha contribuito allo sviluppo dell'"azione di polizia" in Vietnam.

Il nostro obiettivo nazionale dovrebbe essere quello di rinunciare alla nostra nazionalità.
KINGMAN BREWSTER, CFR, ex presidente, Università di Yale, in CFR Quarterly *Foreign Affairs*.

De Gaulle non riusciva a capire la convinzione americana dell'obsolescenza dello Stato nazionale.
HENRY KISSINGER, EBREO, CFR/TRILATERALE, *Gli anni della Casa Bianca*.

Sebbene gli obiettivi del CFR e del TRILATERALE siano gli stessi di ILLUMINATI - e vi siano legami ai massimi livelli tra i membri - essi hanno strategie diverse, che talvolta si sovrappongono. Il CFR sembra occuparsi principalmente di infiltrare il governo degli Stati Uniti. Influenza le politiche dei vari dipartimenti e agenzie coordinandole con le aspettative dell'ILLUMINATI. La TRILATERALE sembra mirare a internazionalizzare (sovietizzare) gli affari e l'industria nelle Americhe, in Europa e nella regione del Pacifico (da qui il nome "Trilaterale").

La Commissione Trilaterale conta circa 300 membri, di cui 87 negli Stati Uniti: il segmento più grande rappresenta la comunità bancaria.

LIBRETTO DI DOMANDE E RISPOSTE

Pubblicato dalla Commissione Trilaterale

Il TC è un gruppo di discussione non governativo, incentrato sulle politiche... non solo su questioni riguardanti queste (tre) regioni, ma anche in un contesto globale.

Zbigniew Brzezinski ha svolto un ruolo molto importante nella formazione della Commissione... ed è il suo principale pensatore. Jimmy Carter è stato membro della Commissione dal 1973 fino alla sua elezione a Presidente dell'Unione Europea.

Si è dimesso da Presidente degli Stati Uniti in conformità con le regole della Commissione, che vietano ai membri dell'amministrazione nazionale di far parte della Commissione.

La Commissione Trilaterale è un'organizzazione indipendente. Non fa parte del governo degli Stati Uniti (vedi tabella CFR/TRI, indice) o delle Nazioni Unite. Non ha legami formali con il CFR o il Brookings Institute, anche se un numero considerevole di membri della Trilaterale è coinvolto in una o più di queste organizzazioni. [Vedi grafico ILLUMINATI a pagina 105 - JvB]

La Commissione Trilaterale non è affatto segreta. Le sue riunioni sono l'unico aspetto riservato.

La Commissione Trilaterale è soddisfatta della copertura delle sue attività.

Le affermazioni secondo cui la Commissione Trilaterale starebbe cercando di istituire un unico governo mondiale sono totalmente false... non c'è stato un solo rapporto della Commissione o anche un solo caso nelle discussioni della Commissione in cui un membro o un autore di un gruppo di lavoro abbia proposto di sciogliere il nostro governo nazionale e di creare un governo mondiale.

La Commissione Trilaterale non svolge attività di lobby a favore di una particolare legislazione o di un candidato.

L'idea che la Commissione Trilaterale sia una cospirazione si basa in gran parte sul fatto che molti membri dell'amministrazione Carter, compreso il Presidente, erano ex membri della Commissione. A prima vista si tratta di una strana coincidenza, ma questi fatti non indicano che la Commissione controlli il governo degli Stati Uniti.

In totale contraddizione con l'opuscolo Q&A della Commissione Trilaterale, troviamo alcune dichiarazioni della "mente" che attualmente insegna alla Georgetown University, Zibby Brzezinsky:

La finzione della sovranità nazionale... non è più compatibile con la realtà.

Tuttavia, anche se lo stalinismo è stato una tragedia inutile per il popolo russo e per il comunismo come ideale, per il mondo intero lo stalinismo è stato una benedizione sotto mentite spoglie.

Il marxismo è sia una vittoria dell'uomo esterno attivo sull'uomo interno passivo, sia una vittoria della ragione sulle credenze.

Il marxismo è il sistema di pensiero più influente di questo secolo.

L'America sta vivendo una nuova rivoluzione... che ne evidenzia l'obsolescenza.

La gestione deliberata del futuro dell'America si diffonderà, con il pianificatore che finirà per sostituire l'avvocato come principale legislatore e agitatore sociale.

Nel 2000 (negli Stati Uniti) si accetterà che Robespierre e Lenin erano riformatori gentili.

ZBIGNIEW BRZEZINSKI, CFR/TRILATERALE, consigliere per la sicurezza degli Stati Uniti, dal suo libro *Between Two Ages*.

Gli opuscoli messi a disposizione del pubblico dalla CFR/TRILATÉRALE sono chiaramente dei depistaggi che non riflettono le opinioni espresse altrove dai suoi dirigenti.

Ciò che i Trilateralisti vogliono veramente è la creazione di un potere economico globale superiore ai governi politici degli Stati nazionali coinvolti... Come gestori e creatori del sistema, essi governeranno il futuro. La maggior parte dei nostri aiuti all'estero... viene utilizzata per creare un'economia internazionale gestita e controllata dal meccanismo dei conglomerati industriali e commerciali internazionali. Le persone sono trattate solo come gruppi economici produttivi. La libertà (politica, spirituale, economica) non ha alcuna importanza nella costruzione trilaterale del prossimo secolo.

BARRY GOLDWATER, ebreo, senatore degli Stati Uniti, *Senza scuse*.

Sono convinto che il CFR, e le organizzazioni esentasse ad esso associate, costituiscano il governo invisibile che definisce le principali politiche del governo federale... Sono convinto che l'obiettivo di questo governo invisibile sia quello di convertire l'America in uno Stato socialista e renderla un'unità del sistema socialista mondiale.

DAN SMOOT, professore di Harvard, FBI, *Il governo invisibile*.

Il potere monetario internazionale è la più pericolosa cospirazione contro la libertà umana che il mondo abbia mai conosciuto.

FREDERICK SODDY, professore di Oxford vincitore del premio Nobel.

L'eminente dottor Medford Evans ha dichiarato: "La *tecnologia occidentale e lo sviluppo economico sovietico* di Anthony Sutton è forse il libro più importante dopo la Bibbia". L'autore aggiunge che *Trilateralists Over Washington* di Sutton, e tutti i suoi libri, sono una lettura obbligatoria per coloro che vogliono comprendere le influenze malvagie all'opera nella distruzione della cultura occidentale. Questi libri si riferiscono al periodo della Guerra Fredda nella storia degli Stati Uniti e dell'URSS, ma sono estremamente rilevanti oggi. Incredibilmente, molti di coloro che hanno attuato la politica di ILLUMINATI durante questo periodo occupano posizioni di prestigio, ricevono encomi, godono di pensionamenti onorevoli o sono sepolti nel cimitero di Arlington. Ecco alcune delle osservazioni fatte da Sutton nella sua ricerca (*Tecnologia occidentale e sviluppo economico sovietico*):

> I sovietici hanno la più grande acciaieria del mondo. Costruita dalla McKee Corp, è una copia dell'acciaieria statunitense di Gary, Indiana. Tutta la tecnologia siderurgica sovietica proviene dagli Stati Uniti e dai suoi alleati.
> I sovietici hanno la più grande fabbrica di tubi d'Europa: un milione di tonnellate all'anno. Le attrezzature sono del tipo Salem, Aetna, Standard... Se conoscete qualcuno che lavora nel settore spaziale, chiedetegli quanti chilometri di tubi vanno a comporre un missile.
> L'autocarro sovietico standard utilizzato in Vietnam e in Medio Oriente è prodotto nello stabilimento ZIL-130, costruito dalla A. J. Brandt Co. di Detroit, Michigan. L'esercito sovietico dispone di oltre 300.000 camion, tutti costruiti in stabilimenti statunitensi (Jane Fonda, "Hanoi", è stata fotografata mentre sventolava una bandiera congolese su uno di questi veicoli).
> L'URSS ha la più grande marina mercantile del mondo, con circa 6.000 navi, due terzi delle quali sono state costruite fuori dall'URSS. L'80% dei motori di queste navi è stato costruito fuori dall'URSS. Nessuno di essi è di progettazione sovietica. Quelli costruiti all'interno dell'URSS sono stati realizzati con l'assistenza tecnologica degli Stati Uniti.
> Circa un centinaio di navi furono utilizzate nella corsa ad Hanoi per trasportare armi e rifornimenti sovietici ai nordvietnamiti. NESSUNO dei motori principali di queste navi è stato prodotto dai sovietici. Tutta la tecnologia di costruzione delle navi proveniva dagli Stati Uniti o dai nostri alleati.
> Durante la guerra del Vietnam ("azione di polizia"), l'amministrazione Johnson ha inviato ai sovietici attrezzature e assistenza tecnologica che

hanno più che raddoppiato la loro produzione di automobili.

(Dal 1917 in poi), in Occidente emerse una forza onnipresente, potente e non chiaramente identificabile, che incoraggiò ulteriori trasferimenti. Il potere politico e l'influenza dei sovietici da soli non erano certo sufficienti a determinare politiche occidentali così favorevoli (nei confronti dell'URSS)... In effetti, tali politiche sembrano incomprensibili se l'obiettivo dell'Occidente è quello di sopravvivere come alleanza di nazioni indipendenti e non comuniste.

DR. ANTHONY C. SUTTON, Istituto Hoover, Stanford, Univ.

GLI STATI UNITI SOSTENGONO IL COMUNISMO:

Dopo la Seconda Guerra Mondiale, gli Stati Uniti (CFR) tradirono il loro alleato di lunga data Chiang Kai-shek permettendo a Mao Tse-tung di prendere il controllo della Cina continentale (1950), pur promettendo di difendere Formosa da Mao. Nel giro di un anno, gli americani combatterono e morirono in Corea e poi in Vietnam, presumibilmente per impedire l'espansione comunista in Asia! Nel frattempo, il **FEDERAL RESERVE SYSTEM** finanziava la macchina da guerra sovietica e il **CFR/TRILATERALE** la modernizzava e la sviluppava.

Gli ILLUMINATI ci hanno trascinato in guerre "senza speranza" in Corea e Vietnam per due motivi: I SOLDI e la speranza che l'esercito americano subisse gravi perdite, che hanno portato alla disperazione e alla rivoluzione nella Main Street USA. Quando l'esercito americano ha iniziato a vincere queste guerre, i media hanno gridato allo scandalo. I furfanti guidati dagli ebrei, che emergevano come topi dalle cataste e dai vicoli, condannarono le presunte "atrocità" dell'esercito americano, calunniarono i nostri ufficiali e uomini, sputarono letteralmente sui veterani e riuscirono a fare il lavaggio del cervello allo *Stupidus Americanus* e a un Congresso codardo per fargli accettare la sconfitta. (Il generale Douglas MacArthur si lamentava che i generali nordcoreani ricevevano le sue direttive prima di lui, da un Pentagono pieno di spie).

Il tradimento non prospera mai. Perché? Perché quando accade, nessuno osa chiamarlo tradimento.

LORD HARRINGTON.

Tob shebbe goyim harog!

TALMUD: Sinedrio.

Datemi il potere di emettere e controllare la moneta di una nazione e non mi interessa chi ne fa le leggi.

ANSELM MAYER ROTHSCHILD.

Il racconto di cui sopra rivela solo il più piccolo filo di un arazzo di malvagità. Gli aspetti ricorrenti della storia degli ILLUMINATI sono la MANIPOLAZIONE DEI SOLDI, l'uso dell'INFAMIA - calunnia e falsa testimonianza - e il SILENZIO di coloro che potrebbero testimoniare contro di loro:

In Francia, nel 1780, la famiglia reale, i capi di governo e i leader goy della rivoluzione furono assassinati per metterli a tacere.

Napoleone, incarcerato in segreto sull'isola di Sant'Elena, fu avvelenato per farlo tacere.

In Russia, nel 1918, i membri della famiglia reale, della corte e del governo furono calunniati e uccisi per farli tacere. (Avendo gli ebrei massacrato o cacciato l'intero strato culturale ariano, che comprendeva scienziati, ingegneri e altri professionisti, i sovietici non furono mai più di una tigre di carta fino a quando non catturarono gli scienziati nazisti e ottennero i segreti della bomba atomica, oltre a tecnologia, attrezzature e denaro ILLUMINATI).

Il Presidente Woodrow Wilson, un democratico, morì distrutto nella mente e nello spirito, messo a tacere da Sam Untermeyer (un ebreo) che aveva confiscato le indiscrete lettere d'amore del Presidente alla signora Peck all'inizio dell'amministrazione Wilson.

I leader nazisti furono calunniati, accusati ingiustamente, inseguiti da ebrei in uniforme americana, condannati da tribunali improvvisati per crimini commessi dopo il fatto, e poi (nel giorno sacro dei giudei) impiccati, PER FARLI STARE ZITTI.

Altri ufficiali tedeschi furono imprigionati da 15 anni all'ergastolo; al loro rilascio, molti di loro furono assassinati. Il 10 maggio 1941, sei mesi prima di Pearl Harbor, Rudolph Hess, anglofilo e vice di Hitler, si lancia con il paracadute dal suo Messerschmitt 109 sulla Scozia (il suo primo lancio), in un tentativo dell'ultimo minuto di organizzare la pace tra gli Stati belligeranti. Hess fu incarcerato nella prigione di Spandau senza processo e tenuto in isolamento per 46 anni (di cui 21 in isolamento). Il 17 agosto 1987, all'età di 93 anni, poco prima del suo annunciato rilascio, Hess fu assassinato. Ufficialmente, si suicidò (Menachim Begin, un terrorista ISRAELIANO, avvertì il Presidente degli Stati Uniti Jimmy "Rabbit" Carter, democratico, CFR/TRILATERALE, che Hess non avrebbe dovuto lasciare Spandau vivo). I file top secret su Hess non saranno resi noti fino al 2027.

Franklin Delano Roosevelt, democratico, morì a 63 anni prima della fine della sua guerra per salvare il mondo dal comunismo. È caduto (o è stato spinto) a testa in giù nelle braci di un camino a Warm Springs, in Georgia, che lo ha opportunamente messo a tacere e gli ha fatto assaggiare, nel suo viaggio verso l'inferno, Amburgo e Dresda. Gli ILLUMINATI non potevano permettersi che il Congresso interrogasse FDR (vivo o morto). È sepolto sotto una lapide di bronzo di 4 pollici di spessore a Hyde Park, New York. Il rapporto della sua autopsia non è mai stato pubblicato.

Lee Harvey Oswald, il presunto assassino di John F. Kennedy, fu prevedibilmente ucciso da un ebreo (Jack Ruby), mettendo così a tacere una testimonianza cruciale che avrebbe rivelato il vero o i veri assassini che Ruby (Rubinstein) era stato assunto per proteggere.

Oswald, McFadden, Long, Patton, Forrestal, Isador Fisch, un ebreo ("amico" di Bruno Hauptmann), e molti altri partecipanti agli eventi determinanti di un'ERA CATTIVA sono stati ridotti al SILENZIO - in modo permanente. Lasciando che le figure della storia occidentale siano riempite da "storici" soggettivamente motivati. IL SILENZIO È D'ORO!

Possiamo ora dedurre quanto sopra dalla storia:

GLI ILLUMINATI INTENDONO SOSTITUIRE LA CIVILTÀ OCCIDENTALE CON UN GOVERNO MONDIALE LUCIFERIANO

Ciò avverrà attraverso il *potere del denaro, che è nelle mani dei soli GIudei*. L'ordine di battaglia è il seguente:

Obiettivi

1) Distruggere la monarchia, il nazionalismo e il patriottismo.
2) Creare democrazie (governi marxisti).

3) Gare miste.
4) Creare un'unica religione mondiale: il giudaismo/nazismo.
5) Abbandonare i confini nazionali
6) Distruggere l'esercito delle nazioni.
7) Distruggere la falda che sostiene la coltura.
8) Controllare l'apparato di governo.

Strategie

1) L'acquisizione del sistema monetario.
2) Assumere il controllo dei media.
3) Creando guerre, debiti, bancarotte e tasse elevate.
4) Distorsione del linguaggio, dei codici morali, dell'etica e della morale.
5) Confiscare le armi private.
6) Controllare l'istruzione, riscrivere la storia.
7) Apertura del confine messicano.
8) Infiltrarsi nel governo, nei sindacati e nell'industria.

Tattica

1) Promuovere l'integrazione interrazziale.
2) Promuovere il marxismo, il freudismo e il boaismo.
3) Promuovere la democrazia, l'anarchia e i disordini razziali.
4) Calunnia: eroi nazionali, orgoglio razziale, tradizione.
5) Ricatto, calunnia, estorsione, corruzione, omicidio.
6) Sostenere tutte le fazioni dissidenti. Onorare i traditori.
7) Usare l'ADL, l'IRS, l'ACLU, la CIA, l'ATF per punire i patrioti ariani.
8) Mentendo, diffondendo disinformazione e disinformazione.

> Bruciate tutto quello che c'è in città e uccidete a fil di spada uomini e donne, giovani e vecchi, buoi e pecore; bruciate la città e tutto quello che c'è dentro.
>
> GOSHUA 7:21.

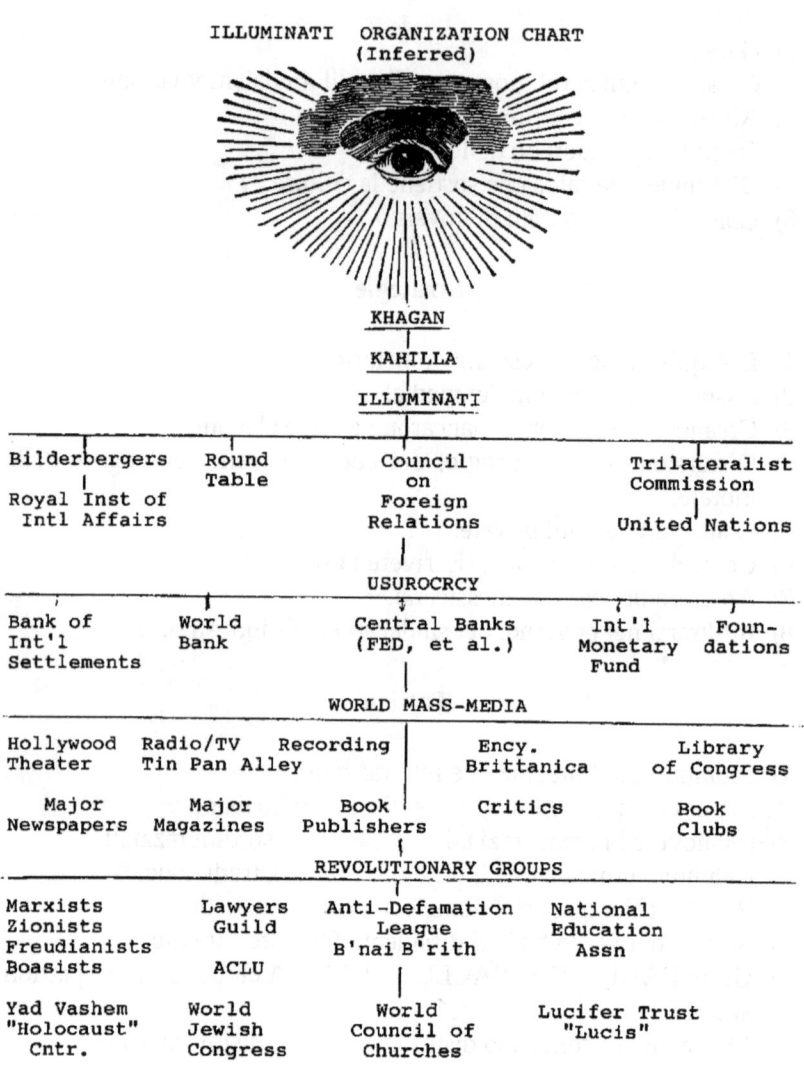

Il marxismo è la forma moderna della profezia ebraica.

> REINHOLD NIEBUHR, in un discorso accolto calorosamente al Jewish Institute of Religion, Waldorf Astoria, New York.

Giuro solennemente che eseguirò fedelmente l'Ufficio di Presidente degli Stati Uniti e che farò del mio meglio per preservare, proteggere e difendere la Costituzione degli Stati Uniti d'America.

> COSTITUZIONE DEGLI STATI UNITI, Articolo II, Sezione 1, Clausola 7.

Il Presidente Bill Clinton, la cui mente è stata indottrinata dalla Ivy League, dalla Rhodes Scholar e dal marxismo, e che è stato ricattato ed estorto, ha nominato numerosi GIUFFRI/FR/TRILATERALI a posizioni sensibili nel GOVERNO degli Stati Uniti, tra cui: GIUDICI DELLA CORTE SUPREMA Ruth Bader Ginsberg e Stephen Breyer, ebrei; SEGRETARIO DI STATO, Madeleine K. Albright, ebrea; SEGRETARIO DI STATO, Stuart Eizenstat, ebreo; SEGRETARIO DI STATO, Stanley Roth, ebreo. DI STATO, Stanley Roth, ebreo; SEGRETARIO DI DIFESA, William Cohen, ebreo; CONSIGLIERE SUPERIORE DEL PRESIDENTE, Rahm Emanuel, ebreo; GIUDICE DELLA CASA BIANCA, Bernie Nussbaum, ebreo; DIRETTORE DELL'AGENZIA CENTRALE DI INTELLIGENZA (CIA), John Deutch, ebreo (attualmente indagato per tradimento); CONSIGLIERE PER LA SICUREZZA NAZIONALE, Sandy Berger, ebreo; SEGRETARIO DEL TESORO, Robert Rubin, ebreo; CAPO DELL'AMMINISTRAZIONE NAZIONALE AERONAUTICA E SPAZIALE (NASA), Daniel E. Golden, ebreo; AMMINISTRATORE DELLA SICUREZZA SOCIALE, Kenneth Apfel, ebreo; CAPO DEL DIPARTIMENTO DI AGRICOLTURA, D. Glickman, ebreo; e diversi ministeri, tra cui Robert Reich, Donna Shalala, Alice Rivlin (FED), Robert Morris ("il succhiatore di dita") e altri - tutti sono ebrei la cui unica fedeltà, vincolata dal giuramento del KOL NIDRE, è alla tribù dei Khazar e alla TALMUD, che è dedicata alla distruzione della civiltà occidentale.

> Un'analisi dei 4984 membri più militanti del Partito Comunista negli Stati Uniti ha mostrato che il 91,4% di loro era di origine straniera o sposato con persone di origine straniera.
>
> COMMISSIONE GIUDIZIARIA DEL SENATO DEGLI STATI UNITI, 1950

> Non sarei sorpreso se un giorno questi ebrei diventassero mortali per la razza umana.
>
> VOLTAIRE

CAPITOLO 4

ARGENTO

C'è stato un grido del popolo... contro i loro fratelli ebrei... abbiamo ipotecato le nostre terre, le nostre vigne e le nostre case per comprare il grano a causa della penuria... e ora stiamo rendendo schiavi i nostri figli e le nostre figlie... alcune delle nostre figlie sono già schiave; non è in nostro potere riscattarle, perché altri uomini possiedono le nostre terre e le nostre vigne...

SACRA BIBBIA: NE: 5:1,7.

Il nostro sistema monetario non è altro che un gioco di prestigio... Il "potere del denaro" che è riuscito a eclissare un governo apparentemente responsabile non è il potere dei soli ultra-ricchi, ma è niente di più e niente di meno che una nuova tecnica per distruggere il denaro aggiungendo e sottraendo numeri dai registri bancari, senza il minimo riguardo per gli interessi della comunità o per il ruolo reale che il denaro dovrebbe svolgere in essa... Permettere che diventi una fonte di reddito per gli emittenti privati significa creare, in primo luogo, un ramo segreto e illecito del governo e, in secondo luogo, un potere rivale abbastanza potente da rovesciare tutte le altre forme di governo.

FRED SODDY, Premio Nobel, *Ricchezza, ricchezza virtuale e debito*.[3]

Una grande nazione industriale è controllata dal suo sistema creditizio. Il nostro sistema creditizio è concentrato. La crescita della nazione, quindi, e tutte le nostre attività sono nelle mani di pochi uomini. Siamo diventati uno dei governi più mal governati, più controllati e dominati del mondo civilizzato... non è più un governo della libera opinione... ma un governo dell'opinione e della coercizione di piccoli gruppi di uomini dominanti.

PRESIDENTE WOODROW WILSON, 1916.

L'Occidente considera l'ebreo come uno straniero che vive in mezzo a lui. Gli ebrei non avevano uno Stato proprio, né un territorio. Qualunque fosse il paesaggio, parlavano la stessa lingua. In pubblico,

---

[3] Pubblicato da Omnia Veritas Ltd, www.omnia-veritas.com

negavano la loro identità razziale adottando gli abiti esterni, per quanto grotteschi, di qualsiasi nazione in cui si presentavano. I nomi cristiani, le conversioni, i ritocchi al naso e le scarpe con la zeppa facevano parte del camuffamento. L'ebraismo sembrava essere solo una religione. Di conseguenza, l'ebraismo era politicamente invisibile all'Occidente e la sua guerra contro l'Occidente è sempre stata sotterranea, astuta e ingannevole. La strategia ebraica consisteva nell'infiltrarsi nelle istituzioni della cultura occidentale e distruggerle. L'arma principale dell'ebraismo era la manipolazione del denaro e dell'usura.

I primi papi e monarchi cristiani invocavano le proibizioni bibliche contro la "pratica malvagia e perniciosa dell'usura". Il denaro era usato solo come mezzo di scambio e come riserva di valore garantita dall'onore dello Stato e dalle capacità produttive dei suoi cittadini. Tuttavia, il risultato finale delle proibizioni cristiane contro l'usura fu quello di rendere gli ebrei i padroni delle banche europee.

Gli ebrei non si fanno scrupoli religiosi a prendere soldi dai goyim. Ora hanno i mezzi per portare avanti la loro guerra di annientamento dell'Occidente. Non hanno voluto presentarsi come unità combattente e attaccare apertamente il loro odiato nemico. Sono rimasti invisibili. La loro strategia consiste nell'*organizzare l'intero popolo ebraico in una quinta colonna* il cui scopo è penetrare in Occidente e *distruggere tutto*. Lo fanno esacerbando le naturali differenze tra gli Stati occidentali e influenzando i risultati a favore del liberalismo rispetto all'autorità, cioè del materialismo, del libero commercio e dell'usura rispetto al socialismo occidentale, dell'internazionalismo rispetto all'unità occidentale. Il denaro era la loro spada e il loro scudo. L'odio e la vendetta erano i loro motivi.

> La tattica di questa guerra ebraica fu l'uso del denaro. La sua dispersione, il suo materialismo e il suo completo cosmopolitismo le impedirono di prendere parte alla forma eroica del combattimento sul campo, e si limitò quindi alla guerra del prestito, o del rifiuto del prestito, della corruzione, dell'ottenimento di un potere legalmente esecutivo su individui importanti... La storia di Shylock mostra la doppia immagine dell'ebreo - socialmente schiacciato a Rialto, ma che emerge come un leone nell'aula del tribunale.
>
> FRANCIS PARKER YOCKEY, *Imperium*.

All'alba del XX secolo, gli ILLUMINATI si preparano a sferrare un attacco massiccio all'Occidente. Non alla luce di un discorso aperto o sul campo di battaglia, ma nel loro modo abituale: in modo cospirativo, dal mondo sotterraneo. La loro strategia consisteva nel mettere le risorse, la ricchezza e la forza lavoro dell'America al servizio delle aspirazioni ebraiche, tra cui la distruzione delle monarchie europee e la creazione di un falso Stato khazariano/sionista in Palestina. Hanno trovato il loro Giuda in Woodrow Wilson, rettore dell'Università di Princeton, un innocente con un ego smisurato e una falla nella sua armatura. Senza volerlo, è diventato una pedina indispensabile e inconsapevole nel gioco internazionale del denaro.

Paul Moritz Warburg, ebreo, fu inviato negli Stati Uniti nel 1903 per promuovere la creazione di una banca centrale Rothschild in vista della prima guerra mondiale, allora in preparazione. Warburg fece della Kuhn-Loeb Co, un'importante banca di Wall Street, la sua base operativa. Dopo aver conosciuto Wilson a un seminario universitario, Warburg lo raccomandò alla cabala bancaria internazionale. Dopo ulteriori indagini, il rabbino Steven Wise, l'ebreo Jacob Schiff, l'ebreo Sam Untermyer e altri potenti khazari concordarono che Wilson sarebbe stato il capro espiatorio degli ILLUMINATI alla Casa Bianca.

Poco dopo, fu annunciata la campagna presidenziale democratica di Wilson, promossa e finanziata da ILLUMINATI: Warburg, ebreo, e i suoi fratelli Felix e Max (capo dei servizi segreti tedeschi e della banca M.M. Warburg di Amburgo); Adolph Ochs, ebreo (editore del *New York Times*); Henry Morgenthau, ebreo (magnate dei bassifondi neri di Harlem, Manhattan); Jacob Schiff, ebreo (presidente della Kuhn-Loeb Co.); Samuel Untermyer, ebreo (potente avvocato d'affari); e Eugene Meyer, ebreo, (presidente della Building Industry Association, Kuhn-Loeb Co.); Samuel Untermyer, ebreo (potente avvocato d'affari); Eugene Meyer, ebreo (banchiere e proprietario del *Washington Post*, il giornale che il vostro senatore legge mentre prende il caffè la mattina); e l'agente Rothschild; e i banchieri internazionalisti Lazard Frères; J&W Seligman; Speyer Brothers; e i Rothschild. All'operazione hanno preso parte anche alcuni goyim scelti a mano, tra cui J.P. Morgan, il trafficante d'armi.

Per dividere il voto repubblicano, gli ILLUMINATI finanziarono sia Teddy Roosevelt che il presidente in carica Howard Taft nella loro corsa alla presidenza. Dopo la vittoria di Wilson nelle elezioni truccate (1912), che egli attribuì al suo fascino e alla sua ingegnosità, Warburg e la sua cabala misero in atto il loro piano per assumere il controllo della finanza e del credito americani. Warburg presentò al Presidente il colonnello Edward Mandell House, un ebreo. House divenne l'alter ego di Wilson, il suo confidente e messaggero tra lo Studio Ovale e Wall Street. Nel suo romanzo *Philip Dru*, House chiarisce che la sua idea di buon governo è l'usurocrazia globale. Ai legislatori che non condividono le sue idee viene impedito di incontrare il Presidente. Manipolando Wilson, corrompendo i membri del Congresso e impegnandosi nella più ingannevole campagna di lobbying della storia degli Stati Uniti, Warburg ottenne ciò che voleva. Durante la pausa natalizia (23 dicembre 1913), con gran parte dell'opposizione assente, il Congresso degli Stati Uniti promulgò il Federal Reserve Act Svendendo il sistema monetario americano ai banchieri internazionali e condannando la cristianità alla Prima Guerra Mondiale, alla Seconda Guerra Mondiale, alla "Guerra Fredda" e a tutte le nostre guerre "senza vincitori".

> Questa legge istituisce il più gigantesco trust del pianeta. Quando il Presidente firmerà questa legge, il governo invisibile del potere monetario sarà legalizzato... il peggior crimine legislativo della storia viene perpetrato da questa legge bancaria e valutaria. I leader dei partiti hanno agito di nuovo, impedendo al popolo di ottenere i benefici del proprio governo.
>
> CHARLES LINDBERGH, padre, Congresso degli Stati Uniti.

Poco dopo, Sam Untermeyer, un ebreo, entrò in possesso delle indiscrete lettere d'amore di Wilson alla signora Peck, sua amante e moglie di un amico. La cerchia ristretta si riferiva al Presidente come al "cattivo ragazzo di Peck". Wilson faceva quello che gli veniva detto di fare quando gli veniva detto di farlo, il che portò alla nomina di Louis Denmitz Brandies, un ebreo, un sionista, alla Corte Suprema degli Stati Uniti e all'ingresso dell'America nella Prima Guerra Mondiale.

> "Il denaro è il peggior tipo di contrabbando", disse William Jennings Bryan, Segretario di Stato americano. E i nostri prestiti agli Alleati nei due anni e mezzo precedenti l'entrata nella Prima Guerra Mondiale furono più esattamente atti di aggressione che i nostri tardivi invii di truppe nel 1917, dopo che la dichiarazione di guerra di Wilson aveva dato alla farsa un'aria di legalità.
>
> EUSTACE MULLINS, "I segreti della Federal Reserve".[4]

---

[4] Pubblicato da Omnia Veritas Ltd, www.omnia-veritas.com.

Tutte le guerre hanno un'origine economica.

BERNARD BARUCH, EBREO,
davanti alla Commissione Nye, 9-13-37.

La costituzionalità del FEDERAL RESERVE ACT non è mai stata giudicata, anche se è chiaramente incostituzionale.

ARTICOLO I, SEC. 8, CLAUSOLA 5 COSTITUZIONE DEGLI STATI UNITI: Il Congresso avrà il potere di coniare moneta, di regolare il valore della stessa e delle valute estere, e di fissare standard di pesi e misure.

Questa clausola non è mai stata emendata. È quindi logico porsi la seguente domanda: il Congresso può delegare legalmente la sua autorità costituzionale?

SHECHTER POULTRY v. U.S.A. (29 US 495) (55 US 837.842 (1935) :

2) Il Congresso non può abdicare o trasferire ad altri le sue funzioni legislative...
3) Il Congresso non può costituzionalmente delegare il proprio potere legislativo ad associazioni o gruppi commerciali o industriali per autorizzarli ad approvare leggi...
4) Il Congresso non può delegare al Presidente poteri legislativi...

Il Presidente della Corte Suprema ha detto: La Costituzione ha istituito un governo nazionale con poteri ritenuti adeguati, come si sono dimostrati, sia in tempo di guerra che in tempo di pace, ma questi poteri del governo nazionale sono limitati dal mandato costituzionale. Coloro che agiscono nell'ambito di tali poteri non sono liberi di superare i limiti imposti perché ritengono che sia necessario un potere maggiore o diverso. Tali affermazioni di autorità extra-costituzionale sono state anticipate ed escluse dai termini espliciti del Decimo Emendamento: I poteri non delegati agli Stati Uniti dalla Costituzione, né da essa vietati agli Stati, sono riservati agli Stati e al popolo".

ALGONQUIN SNC, Inc. v. FEDERAL ENERGY ADMINISTRATION 518 Fed 2nd 1051 (1975) : *Conclusione:* Né il termine "sicurezza nazionale" né il termine "emergenza" sono un talismano la cui invocazione taumaturgica dovrebbe ipso facto sospendere i normali controlli ed equilibri di ogni ramo del governo... Se il nostro sistema deve sopravvivere, dobbiamo rispondere ai problemi più difficili in modo coerente con i limiti imposti al Congresso, al Presidente e ai tribunali dalla nostra Costituzione e dalle nostre leggi. IL CONGRESSO NON PUÒ ABDICARE O TRASFERIRE AD ALTRI LE SUE FUNZIONI LEGISLATIVE ESSENZIALI.

ART. I, SEZ. 10, CLAUSOLA 1, COSTITUZIONE DEGLI STATI UNITI:
Nessuno Stato... farà di tutto tranne che delle monete d'oro e d'argento una moneta per il pagamento dei debiti...

L'INTERPRETE DELLA COSTITUZIONE AMERICANA:
Se viene approvata una legge che contraddice la Costituzione, è come se la legge non fosse stata approvata.

Se il Congresso non può trasferire le sue funzioni legislative ad altri, è logico chiedersi se la FED sia un'agenzia del Congresso. La risposta viene data con forza qui di seguito!

LEWIS v. Stati Uniti (680 F2d 1239 - luglio 1982):

Le Federal Reserve Banks, ai sensi del Federal Government Tort Claims Act, NON sono strumenti del governo federale, ma organizzazioni indipendenti, private e controllate localmente.

Il fattore essenziale per determinare se un'agenzia è un'agenzia federale è l'esistenza di un controllo del governo federale sulla "esecuzione fisica dettagliata" e sulle operazioni "quotidiane" di tale entità.

La Corte Suprema ha stabilito (sopra) che il Congresso NON può delegare le proprie funzioni legislative. La FED legifera?

Legiferare - fare o emanare leggi.

Leggi - regole d'azione stabilite dalla consuetudine o stabilite e applicate dall'autorità sovrana.

Regolare - Regolamentare, sottoporre alla legge.

REGOLAMENTO "Q" DEL SISTEMA DELLA RISERVA FEDERALE: legifera nella misura in cui *stabilisce i tassi di interesse massimi che le banche aderenti possono pagare ai depositanti sui depositi a termine e a vista.*

La Costituzione statunitense conferisce questo potere solo al Congresso (vedi sopra). Il regolamento "Q" è anche una violazione delle leggi antitrust statunitensi, che proibiscono la *fissazione* cospirativa *di* tariffe e commissioni, con sanzioni pecuniarie e detentive. A meno che non siate un banchiere internazionale.

C'è da chiedersi perché il Congresso non abroghi il Federal Reserve Act. Ha il diritto - e persino il DOVERE - di farlo. Perché la magistratura non stabilisce che la legge è manifestamente incostituzionale? La risposta è ovvia. In una forma di governo democratica, piuttosto che nella Repubblica concepita dai nostri antenati, i membri di secondo piano del Congresso sono eletti dalla folla e dai media. I giudici federali, nominati a vita, sono egoisti, venali, asserviti ai gruppi di interesse e alle tangenti. Amano vivere a Hollywood sul Potomac, con i loro stipendi sontuosi, i vantaggi, lo sfarzo e l'agio. Temono il potere del mercato azionario ILLUMINATI. Temono la FED, l'ADL, il fisco e ciò che accade ai patrioti. Temono il MARXISMO, il LIBERALISMO e la GIUDAISMORRY. Temono i media. Amano il loro lavoro e non vogliono perderlo. In quale altro posto i sicofanti e i codardi possono fare così tanto bottino e godere di così tanto prestigio? I membri del Congresso amano spendere i vostri soldi sopra ogni altra cosa ("tasse, tasse, tasse; spendere, spendere, spendere; eleggere, eleggere, eleggere!", consiglio di Harry Hopkins ai New Dealers di FDR). La FED, ovviamente, si irrita quando il Congresso non prende in prestito e non spende. Pertanto, lo stratagemma del Congresso consiste nel trarre profitto dalla truffa mantenendo gli elettori ignoranti in La-La-Land.

> Gli equivoci sul denaro sono stati e continuano ad essere intenzionali. Non derivano né dalla natura del denaro né dalla stupidità del pubblico... l'Usurocrazia internazionale mira a preservare l'ignoranza del pubblico sul Sistema Usurocratico e sul suo funzionamento...
> EZRA POUND (messo nudo in una gabbia da dagli ebrei che lo chiamavano pazzo).

Diamo un'occhiata più da vicino al Sistema della Federal Reserve, sul quale i vostri rappresentanti eletti sono troppo ignoranti o troppo spaventati per fare qualcosa.

> Lasciatemi emettere e controllare il denaro di una nazione e non mi interessa chi ne fa le leggi.
> ANSELM MEYER ROTHSCHILD.

Fatti fondamentali sul Federal Reserve System (FED) : La FED non è un'agenzia del governo degli Stati Uniti. È una società privata a responsabilità limitata, sul modello della Banca d'Inghilterra e di altre banche centrali dei Rothschild. La FED, creata dal Congresso, è controllata dal settore privato; le sue banconote hanno corso legale, ma sono debiti del governo statunitense nei confronti dei banchieri. La carta commerciale e i titoli di Stato sono utilizzati come riserve frazionarie per creare credito. Il denaro nel vostro portafoglio rappresenta il debito pubblico che viene ripagato con le vostre tasse sul reddito; pagate anche le tasse sul reddito sugli interessi che il denaro del debito guadagna se investito. Per riassumere:

1. La FED è una società privata. La parola "federale" è priva di significato come quella di "Federal" Tire Company.
2. La FED opera indipendentemente dai rami legislativo, esecutivo e giudiziario del governo statunitense.
3. I conti della FED non sono mai stati sottoposti a revisioni contabili indipendenti. Si rifiuta di essere sottoposta a revisione da parte del governo statunitense (GAO).
4. La FED non è un'agenzia del governo degli Stati Uniti, sebbene sia stata creata dal Congresso e possa teoricamente essere abolita dal Congresso. Possiede beni personali e immobili. I suoi dipendenti non ricevono stipendi dal governo degli Stati Uniti.
5. Il Presidente degli Stati Uniti, con l'approvazione del Senato, nomina il Consiglio dei Governatori della FED. La maggior parte di loro sono rappresentanti di Wall Street con legami con gli ILLUMINATI. Molti di loro sono membri del CFR/TRILATERALE. Dopo tutto, la FED è stata progettata dai banchieri per i banchieri.
6. Dopo aver dedotto i costi operativi (?), la FED trasferisce le eccedenze (?) al Tesoro degli Stati Uniti.
7. Le banche aderenti alla FED (ad esempio Chase-Manhattan) detengono miliardi di dollari in titoli statunitensi (per i quali non hanno pagato nulla), come riserve per prestiti sui quali ricevono un interesse pieno. Non pagano alcun profitto al Tesoro statunitense.
8. Le banche aderenti utilizzano queste riserve frazionarie per concedere prestiti di importo da 10 a 30 volte superiore alle riserve stesse.
9. I proprietari delle azioni di classe A della FED non sono mai stati rivelati. Secondo alcune ipotesi, i maggiori azionisti sono i seguenti: La Casa Rothschild, ebrea; la banca Lazar Frères di Parigi, ebrea; la famiglia Schiff, Kuhn-Loeb Co, ebrea (la figlia bionda del Vicepresidente degli Stati Uniti Al Gore ha recentemente sposato uno

Schiff. Vendono più della camera da letto di Lincoln alle raccolte fondi della Casa Bianca); la famiglia Lehmann, ebrea; i Rockefeller; Israel Seif, Londra, ebrea; la Banca d'Inghilterra, ebrea, e così via.

10.   Il Federal Open Market Committee (FOMC) è l'organo decisionale più importante del sistema. Composto dai sette membri del Consiglio dei governatori, dai quattro presidenti delle banche associate e dal presidente della FED Bank di New York, il FOMC acquista e vende titoli di Stato e supervisiona le operazioni di cambio del sistema. Il FOMC stabilisce il tasso di sconto applicato alle banche membri, che determina i tassi d'interesse pagati dai creditori.

11.   Dato che le variazioni dei tassi d'interesse e della quantità di denaro in circolazione hanno un profondo impatto sull'economia, gli investitori farebbero bene a essere informati in anticipo (leaked) dei prossimi cambiamenti nella politica della FED. Le politiche anticipate della FED sono quindi un segreto ben custodito. Ma la sicurezza assoluta è mantenuta? Credete alle favole? Oppure i membri del Consiglio dei Governatori, che sono al servizio degli ILLUMINATI, svolgono il ruolo di corrieri di informazioni altamente sensibili? Non sorprende che lo skyline di ogni grande città sia dominato dalle banche. Da quando l'avidità ha sostituito l'onore, il denaro ha comprato tutto: presidenti e primi ministri, papi e prelati, membri del Congresso e giudici.

12.   La FED è solo uno dei tanti sistemi bancari centrali ILLUMINATI che hanno messo radici come gigantesche sanguisughe nel flusso della ricchezza mondiale.

13.   Al momento in cui scriviamo, gli Stati Uniti (noi, il popolo) sono indebitati per oltre sei trilioni di dollari. Gli uomini indebitati lavorano per altri uomini.

> Henry Ford pensava che fosse stupido, e lo penso anch'io, che gli Stati Uniti dovessero pagare gli interessi sul prestito del proprio denaro. Le persone che non rivoltano una pala di terra e non forniscono una libbra di materiale incassano più denaro dagli Stati Uniti di tutte le persone che forniscono tutto il materiale e fanno tutto il lavoro... perché dovremmo pagare gli interessi agli intermediari monetari per l'uso del nostro denaro!
> THOMAS A. EDISON, in merito al prestito del Congresso dalla FED.

> È indiscutibile che la nostra economia sia plasmata da banchieri che prestano denaro che non possiedono, che non hanno mai posseduto e che non possiederanno mai, calcolando che nessuno chiederà loro questo denaro sotto forma di banconote, monete o oro...
> CHRISTOPHER HOLLIS, "La scomposizione del denaro".

Possiamo ora vedere che, mentre lo scopo di base del denaro è un mezzo per scambiare e immagazzinare valore, gli ILLUMINATI hanno distorto questo scopo iniziale. Il denaro è diventato una MONOPOLIA privata, una COMMODITA' e un mezzo di COERCIZIONE. Grazie alla capacità della FED di emettere il denaro della nostra nazione sotto forma di DEBITO, di aumentare o ridurre la quantità di denaro in circolazione (M-1) a piacimento e di aumentare o ridurre i tassi di interesse a piacimento, crea i cosiddetti cicli economici (periodi di espansione e di recessione) che consentono ai suoi padroni, gli ILLUMINATI, di controllare la vitalità degli Stati nazionali del mondo e, se necessario, di punirli per insubordinazione (Germania, Rhodesia (Zimbabwe), Austria, Iraq, Libia e Sudafrica, per esempio).

LA FED: ATTIVITÀ ILLEGALI E TRADIMENTO - IL DENARO DELL'AMERICA PRESO IN PRESTITO PER ESISTERE

Quando il Congresso ha bisogno di denaro, prende in prestito dalla FED. Questi prestiti devono essere rimborsati - capitale e interessi - dai contribuenti. Tuttavia, per pagare gli interessi non viene creato denaro privo di debito, che deve essere prelevato dalla massa monetaria (M-1), che è denaro a debito! È come pagare gli interessi della carta di credito Visa con la carta Master. È il trucco veterotestamentario di rubare a Pietro per pagare a Paolo. Il pagamento del capitale e degli interessi toglie denaro dalla circolazione, creando una carenza di denaro. Per pagare gli interessi è necessario prendere in prestito altro denaro, creando un ulteriore debito.

TRUFFA DEL SISTEMA DI RISERVA FEDERALE

Prendere in prestito per pagare il 6% di interessi semplici sul debito iniziale di 100 dollari.[5]

---

[5] Il debito non potrà mai essere ripagato con il denaro in circolazione!

Anno Prestito	Principale	Debito iniziale a fine anno	Interessi annuali dovuti	Valuta in circolazione (M-1)
1	$100.00	$100.00	$6.00	$100.00
2	"	$106.00	$6.36	"
3	"	$112.36	$6.74	"
4	"	$119.10	$7.15	"
5	"	$126.25	$7.57	"
50[6]	"	$1,737.75	$104.25	"

Sotto il regime della FED, è matematicamente impossibile per i cittadini statunitensi ripagare l'enorme debito contratto con il cartello bancario internazionale. Certo, la FED versa al Tesoro degli Stati Uniti una percentuale irrisoria dei suoi profitti annuali, ma questo non attenua la frode.

Nel 1972 il reddito derivante dai titoli di Stato americani detenuti dalle 12 banche della FED è stato pari a 3.771.209.607 dollari. Questo reddito ha fornito la maggior parte delle entrate del sistema per l'anno - 3.792.334.523 dollari... 3.231 milioni di dollari sono stati pagati al Tesoro degli Stati Uniti l'anno scorso come "interessi sulle banconote della Federal Reserve".

CONSIGLIO DI AMMINISTRAZIONE DELLA FED,
al senatore Alan Cranston, 6-20-73.

Interesse composto: niente è più rappresentativo dello spirito ebraico dell'interesse composto. Albert Einstein, un ebreo, disse che l'inventore della formula era un genio. Charles Lindbergh, Senior, Thomas Edison e tutti coloro che odiano l'USURA dicono che "l'interesse composto è satanico". Per esempio, se si accende un mutuo di 40.000 dollari pagabile in 30 anni a un tasso di interesse del 15%. Alla fine del periodo, avrete pagato alla banca 182.080,80 dollari di interessi. Il banchiere non deve fare altro che registrare il conto nel registro. Se dovete vendere la casa prima della fine del periodo (gli americani si trasferiscono in media ogni 7 anni), scoprirete di avere pochissimo capitale da destinare alle rate mensili del mutuo. *Ci vogliono 24 anni per rimborsare metà del capitale!* La maggior parte del denaro nei primi anni viene speso per gli interessi (le detrazioni consentite per gli interessi sono trascurabili). Quando si acquista un'altra casa, si deve ricominciare a pagare le rate del mutuo. Se siete

---

[6] Quando il debito (nello scenario sopra descritto) raggiunge il 50° anno, tutto il denaro in circolazione è insufficiente a pagare i soli interessi, per non parlare del capitale.

sfortunati e non riuscite a mantenere i pagamenti, il vostro simpatico banchiere si riappropria dell'immobile e se ne va con il vostro deposito e tutto ciò che può rubare.

Sistema a riserva frazionaria - Il treno dei banchieri

Il Consiglio dei governatori del Federal Reserve System (FBG) stabilisce gli obblighi di riserva per le banche associate, che a loro volta determinano la quantità di moneta messa in circolazione. Supponiamo che una banca abbia depositi di riserva per 10.000 dollari. Se il coefficiente di riserva è del 15%, può creare prestiti per un totale di 56.666 dollari! Se il coefficiente di riserva è del 20%, può creare prestiti per un totale di 40.000 dollari (ricordate il banco dei pegni Amschel Mayer Bauer, EBREO, Francoforte, Germania).

Ecco come funziona il volo:

1) Quando la Chase-Manhattan Bank di Rockefeller ha bisogno di 5 milioni di dollari, registra semplicemente un credito di 5 milioni di dollari presso il Tesoro degli Stati Uniti.
2) Il Tesoro consegna alla banca titoli di Stato per questo importo. La banca li paga con un assegno tratto dal credito basato sui nuovi titoli appena consegnati dal Tesoro!
3) Utilizzando questi nuovi titoli (o carta commerciale), Chase Manhattan ordina la valuta alla Fed di New York, che a sua volta ordina al Bureau of Printing and Engraving di stampare la nuova moneta.
4) Una volta completata la transazione - che non è costata un centesimo alla banca - Chase-Manhattan può anticipare ai suoi clienti fino a 45 milioni di dollari (il 10% del coefficiente di riserva) in nuovi prestiti ai tassi di interesse correnti. Tutti questi nuovi prestiti vengono creati dal nulla!

> Le banche - le banche commerciali e la Federal Reserve - creano tutto il denaro della nazione, e la nazione e il suo popolo pagano interessi su ogni dollaro di questo denaro appena creato. Ciò significa che le banche private esercitano in modo incostituzionale, immorale e ridicolo il potere di tassare il popolo. Infatti, ogni nuovo dollaro creato diluisce in qualche misura il valore di tutti gli altri dollari già in circolazione.
> JERRY VOORHIS, Congresso americano, CA-D., 1946.

Nessuno ha il diritto di essere un prestatore, tranne chi ha denaro da prestare.

TOMMASO JEFFERSON.

PATMAN: Signor Eccles, come si ottiene il denaro per acquistare questi due miliardi di titoli di Stato?

L'abbiamo creato noi.

In base a cosa?

ECCLES: Il nostro diritto di emettere moneta a credito.

Audizione della Commissione della Banca e della Monnaia della Cambre, 1941.

È l'afflusso di questo denaro fiat che fa perdere il potere d'acquisto al denaro duramente guadagnato dai cittadini americani. Questa è inflazione. È usura. Ecco come i TALMUDI KHAZAR hanno svilito la moneta americana.

Quando una banca concede un prestito, non fa altro che aumentare il conto di deposito del mutuatario presso la banca... Il denaro non viene preso dal deposito di qualcun altro, non è stato versato in banca da qualcun altro. È denaro nuovo, creato dalla banca per l'uso del mutuatario.
SEC'Y TREASURY ANDERSON, "U.S. News & WR", 8-3159.

Acquistando titoli di Stato, il sistema bancario nel suo complesso crea nuova moneta, cioè depositi bancari. Quando le banche acquistano un miliardo di dollari di titoli di Stato così come vengono offerti... accreditano un miliardo di dollari sul conto di deposito del Tesoro. Addebitano il loro conto titoli di Stato di un miliardo di dollari, ovvero creano, attraverso una registrazione contabile, un miliardo di dollari.
MARRINER ECCLES, presidente del Consiglio dei governatori,
FED, 1935.

Il governo deve creare, emettere e far circolare tutta la moneta e il credito necessari a soddisfare la spesa pubblica e il potere d'acquisto dei consumatori. Il privilegio di creare ed emettere moneta è la prerogativa suprema del governo.

ABRAHAM LINCOLN.

È forse più assurdo che una nazione si rivolga a un individuo (Rothschild) per mantenere il suo credito, e con il credito la sua esistenza

come impero e il suo benessere come popolo?
BENJAMIN DISRAELI, EBREO,
Primo Ministro della Gran Bretagna.

La truffa delle Nazioni Unite: Henry Morgenthau, ebreo, Segretario al Tesoro sotto FDR ("Alcuni dei miei migliori amici sono comunisti") nominò il suo protetto Harry Dexter White (Weiss), ebreo, Sottosegretario al Tesoro. White, in seguito smascherato come spia sovietica, rubò delle piastre dal Tesoro degli Stati Uniti per darle ai bolscevichi dell'Unione Sovietica. Questo spiega perché milioni di ebrei entrati clandestinamente negli Stati Uniti durante la Seconda guerra mondiale arrivarono con le tasche piene e comprarono proprietà e aziende americane mentre gli americani ariani conducevano guerre genocide in Europa. Durante gli accordi di Bretton Woods (1944), White è stato artefice della creazione della Banca Mondiale e del Fondo Monetario Internazionale, progettati per "stabilizzare l'economia internazionale". Ogni anno gli americani versano miliardi di dollari a queste organizzazioni legate all'ONU (One World), che concedono prestiti a basso interesse ai governi stranieri per "scopi di sviluppo". In realtà, i prestiti sono concessi per garantire che gli Stati stranieri abbiano i fondi necessari per rimborsare i prestiti precedentemente contratti con i banchieri internazionali. In realtà, il governo statunitense garantisce questi prestiti esteri concessi dai banchieri internazionali in caso di inadempienza! In questo modo, i banchieri beneficiano dei profitti derivanti dai loro prestiti ad alto rischio, mentre l'America si assume le perdite. Robert Strange McNamarra è stato per molti anni presidente della Banca Mondiale. Recentemente (1997) si è scusato con il popolo americano per le sue bugie e la sua cattiva gestione, in qualità di Segretario alla Difesa degli Stati Uniti, dell'"azione di polizia" in Vietnam. Il mentore di White, Henry Morgenthau Jr, un ebreo, è noto soprattutto per il Piano Morgenthau per ridurre la Germania alla fame. Quando gli fu detto che il suo piano avrebbe portato alla morte di milioni di tedeschi, dichiarò: "Che cazzo me ne frega del popolo tedesco!".

ESTRATTO DAGLI ARCHIVI DEL CONGRESSO

LOUIS T. McFADDEN, Presidente della Commissione bancaria e valutaria della Camera:

Signor Presidente, in questo paese abbiamo una delle istituzioni più corrotte che il mondo abbia mai conosciuto. La Federal Reserve ha truffato gli Stati Uniti di una quantità di denaro sufficiente a pagare il debito nazionale... Signor Presidente, è mostruoso che questa grande nazione abbia il suo destino presieduto da un sistema di tradimento che opera in segreto con pirati e usurpatori internazionali. La FED ha fatto ogni sforzo per nascondere il suo potere. Ma la verità è che la FED ha usurpato il governo degli Stati Uniti. Controlla tutto qui. Controlla le relazioni estere. Fa e disfa governi a suo piacimento (10 giugno 1932).

Signor Presidente... c'è una situazione nel Tesoro degli Stati Uniti che, se il popolo americano ne fosse a conoscenza, farebbe perdere la fiducia nel suo governo... una situazione su cui il Presidente Roosevelt non avrebbe indagato. Morgenthau ha portato con sé da Wall Street James Warburg, figlio di Paul Warburg, capo della Manhattan Bank (e principale architetto del sistema della Federal Reserve)... James Warburg è figlio di un ex socio della Kuhn-Loeb Co, nipote di un altro socio e nipote di un socio attuale. Non ricopre alcuna carica nel nostro governo, ma [...] è presente ogni giorno al Tesoro e vi ha un alloggio privato. In altre parole, la Kuhn-Loeb Co. occupa ora il Tesoro degli Stati Uniti (29 maggio 1933).

Signor Presidente, a quanto pare Henry Morgenthau, imparentato con Herbert Lehman, il governatore ebreo di New York, e imparentato per matrimonio o altro con i Seligman dell'azienda ebraica internazionale J&W Seligman, che ha dimostrato pubblicamente davanti alla Commissione ristretta del Senato di aver offerto tangenti a un governo straniero, e con i Warburg, i cui legami attraverso la Kuhn-Loeb Co, la Banca di Manhattan e le altre imprese, sono stati dimostrati da un'agenzia di stampa.W Seligman, che ha dimostrato pubblicamente davanti a una commissione ristretta del Senato di aver offerto una tangente a un governo straniero, e ai Warburg, i cui legami attraverso la Kuhn-Loeb Co, la Bank of Manhattan e altre istituzioni straniere e nazionali sotto il loro controllo, hanno drenato miliardi di dollari dal Tesoro degli Stati Uniti; e agli Strauss, proprietari della R. H. Macy & Co.H. Macy & Co, di New York, che è uno sbocco per le merci scaricate in questo Paese a spese del governo... e che il signor Morgenthau è anche collegato o comunque connesso con la comunità bancaria ebraica di New York, Londra, Amsterdam e altri centri finanziari, e ha come assistente incaricato di gestire i fondi pubblici, Earl Bailie, un membro della società J& W Seligman. W Seligman, i corruttori di cui sopra - mi sembra che la presenza di Henry Morgenthau al Tesoro degli Stati Uniti e la richiesta di dargli 200 milioni di dollari del denaro del popolo per il gioco d'azzardo, sia una conferma eclatante di altri discorsi che ho fatto in questa sala (24 giugno 1934).

Alcuni pensano che le Federal Reserve Banks siano istituzioni governative statunitensi. Non sono istituzioni governative. Sono monopoli creditizi privati che sfruttano il popolo degli Stati Uniti a vantaggio di se stessi e dei loro clienti stranieri, di speculatori e truffatori esteri e nazionali e di ricchi usurai predatori. In questa oscura ciurma di pirati della finanza c'è chi taglierebbe la gola a un uomo per tirargli fuori un dollaro dalla tasca; c'è chi invia denaro negli Stati Uniti per comprare voti e controllare la nostra legislazione; e c'è chi mantiene una propaganda internazionale per ingannarci... che gli consentirà di coprire le sue malefatte passate e di far ripartire il suo gigantesco giro di crimini... (10 giugno 1932)

Il deputato Louis T. McFadden è un vero eroe americano. Le sue indagini andarono dritte al cuore degli ILLUMINATI che, negli anni Trenta, stavano tramando una guerra contro la Germania e il sistema di baratto economico di Hitler. McFadden ha ricevuto poca attenzione da parte della stampa, nonostante sia stato sottoposto a una raffica di minacce, telefonate oscene e spari. A un banchetto nella capitale della nostra nazione, dove era stato invitato a parlare di tutte le implicazioni delle sue indagini sulla FED, ebbe improvvisamente degli spasmi e morì all'istante, nonostante fosse in buona salute. C'è stata la solita autopsia sbagliata che segue la morte di personaggi del governo americano.

Il privilegio di creare ed emettere moneta è... la prerogativa suprema del governo.

ABRAHAM LINCOLN.

DOSSIER DEL CONGRESSO COMMISSIONE D'INCHIESTA DELLA CAMERA

I verbali segreti delle Federal Reserve Banks rivelano comportamenti clandestini e illegali.
(Estratti dal 24 maggio 1977)

Rep. REUSS, JEIF, Presidente della Commissione bancaria e finanziaria.

Abbiamo provato di tutto, dalla moral suasion ai tentativi di revisione completa della FED da parte del General Accounting Office. I nostri sforzi - ostacolati dalla *pretesa di indipendenza della FED* - hanno dato solo risultati sporadici. Non siamo mai riusciti a ottenere informazioni complete sulle varie attività della FED. (REUSS SPIEGA CHE DOPO VARI SFORZI IL SUO COMITATO È RIUSCITO A OTTENERE I VERBALI PARZIALI DI ALCUNE RIUNIONI DELLA FED PER GLI ANNI 1972-

75, N.D.T.)

Ciò che questi verbali rivelano sulle operazioni della FED... è inquietante. Anche con 904 cancellazioni (nei verbali) fatte dalla FED su "questioni sensibili", questi verbali sollevano i più seri interrogativi sull'uso del potere e del denaro.

Il verbale rivela quanto segue:

1. Quando è stata presa in considerazione la legislazione del Congresso che avrebbe sottoposto la FED a un controllo... la FED ha utilizzato i consigli di amministrazione delle sue banche di riserva in una campagna di lobbying contro la legislazione (la FED ha contattato le principali società che dipendono dalle banche per fare affari, esortando i leader delle società a minacciare di ritirare i loro contributi politici se i loro membri del Congresso avessero appoggiato la legislazione per indagare sulla FED) (EXTORTION).
2. La FED ha incoraggiato le banche commerciali a concedere prestiti a beneficiari privilegiati, negando al contempo di farlo (COERCIZIONE).
3. La FED ha permesso a un consigliere delConsiglio dei governatori di votare su questioni in cui il suo studio legale aveva un interesse acquisito. (COLLUSIONE).
4. La FED ha concesso prestiti non sovvenzionati ai propri dipendenti. (APPROPRIAZIONE INDEBITA).
5. La FED ha permesso ai dirigenti di votare da soli (DETOURNEMENT).

Ciascuna di queste attività è di per sé fonte di preoccupazione. Nel loro insieme, rappresentano un modello di decisioni di responsabilità pubblica. *Dimostrano una storia di manipolazione dietro le quinte per mettere da parte le legittime indagini del Congresso.* (Fine del rapporto)

Il rapporto di cui sopra portò al licenziamento del Presidente del Consiglio dei Governatori, Arthur Burns (Burnstein), un ebreo, che fu tranquillamente espulso dagli ILLUMINATI e nominato Ambasciatore in Germania! Il Comitato evitò di rivelare le ATTIVITÀ TRADITORIE svolte dalla FED negli anni coperti dal rapporto (vedi Capitolo 3: ILLUMINATI), mentre la FED era impegnata a finanziare l'industria sovietica durante la "guerra fredda" e i nostri uomini morivano in Vietnam.

Non c'è dubbio che la finanza abbia già reso schiavo più della metà del mondo e che pochi individui, aziende o addirittura nazioni possano permettersi di scontentare il potere del denaro.

PROF. FREDERICK SODDY, M.A., F.R.S., Oxford.

FILE DEL CONGRESSO
Camera dei Rappresentanti

HENRY GONZALES, presidente della commissione bancaria della Camera.

Signor Presidente, il Presidente, il Congresso e il popolo sono tenuti in ostaggio da questo Consiglio dei Governatori in fuga... Sono stato membro del Comitato Bancario per 20 anni... e in nessun momento abbiamo visto un Presidente o un membro del Consiglio della FED mostrare la volontà di rendere conto dei loro metodi, giudizi, politiche e procedure.... a porte chiuse... nel cosiddetto Comitato per il Libero Mercato (FOMC), che in realtà è un comitato segreto che determina le politiche che possono fare o distruggere qualsiasi amministrazione al potere... Mr. Volcker afferma: "Queste politiche (le sue) porteranno a un abbassamento del tenore di vita per alcuni americani". Quali americani? David Rockefeller? La Chase-Manhattan Bank è stata determinante nel determinare la risoluzione approvata dal Parlamento nei confronti della Polonia (la Polonia non poteva pagare i suoi debiti con le banche statunitensi)... e il Congresso risponde immediatamente: cinque miliardi di dollari al *Fondo Monetario Internazionale (FMI)* per facilitare i pagamenti alla Chase-Manhattan Bank... Il signor Volcker non fa tagli in questo settore... non è inflazionistico. Ma dice che cose come i mutui per la casa, i prestiti agli agricoltori americani... o alle piccole città americane per il drenaggio... per i buoni pasto... sono inflazionistici e devono essere tagliati. (2 marzo 1982).

Se la FED è, come sostengono i governatori, un'agenzia governativa e non un usurpatore incostituzionale che agisce illegalmente, allora ogni volta che la FED crea denaro, come fa per creare ricchezza, il debito dovrebbe essere cancellato e le obbligazioni distrutte, come bruciare un mutuo quando la casa viene pagata. Ma questo non accade.
REP. JERRY VOORHIS, CA-D, *"I misteri della FED"*, 1981.

I capi delle banche centrali del mondo non sono essi stessi dei poteri sostanziali nella finanza mondiale... sono i tecnici e gli agenti di uomini potenti e dominanti: i banchieri d'investimento che li hanno elevati al potere e che possono altrettanto facilmente buttarli giù. Il POTERE è nelle mani dei banchieri d'investimento non incorporati dietro le quinte. Hanno formato un sistema di cooperazione e dominio internazionale più privato e segreto di quello dei loro agenti nelle banche centrali.
CARROLL QUIGLEY, *"Tragedia e speranza"*.

Carroll Quigley, sostenitore di un governo mondialista, era considerato un "insider". Il suo libro voleva essere un inno agli ILLUMINATI, ma disse troppo. In un primo momento, il libro fu fermamente soppresso e ritirato dagli scaffali. Quigley, professore alla Georgetown University, morì poco dopo. Il Presidente Clinton, nel suo discorso di accettazione, ha definito Quigley *"il mio mentore"*.

Il Congresso può approvare leggi che influenzano l'economia generale dopo un lungo e serio dibattito, ma la FED può riunirsi in una breve sessione e annullarle completamente.
DR. M. A. LARSON, *"La FED e il nostro dollaro manipolato"*.

Solo il governo federale può prendere un pezzo di carta in perfette condizioni, applicarvi dell'inchiostro e renderlo assolutamente privo di valore.

LUDWIG VON MISES.

Sapendo che le banche commerciali, come Chase-Manhattan, e i banchieri internazionali, come Kuhn-Loeb Co, sono parte integrante dell'impero bancario globale degli ebrei, esaminiamo un'indagine dello Stato di New York su alcune banche commerciali:

ASSEMBLEA DELLO STATO DI NEW YORK

WILLIAM H. HADDAD, Procuratore generale dello Stato di New York.

Signor Presidente, lo scopo di questo rapporto è quello di smascherare le delibere pervasive di due commissioni (bancarie). Ulteriori prove provengono dall'esame dei fascicoli... della Chase-Manhattan Bank, che ci ha permesso volontariamente di esaminare *alcuni documenti (della banca)...* poco prima che essa, e tutte le banche, cessassero contemporaneamente di collaborare con questa indagine.

Non c'è dubbio che tutti questi uomini sapessero esattamente cosa stava accadendo nella City... Le banche erano chiaramente sovraindebitate in titoli della City e, data l'unanime convinzione dei banchieri che la City sarebbe andata in default, la pressione su queste banche per sbarazzarsi del loro debito con ogni mezzo necessario doveva essere irresistibile...

Le banche sono state salvate in tre modi: 1. hanno venduto quantità straordinarie di titoli municipali dai loro portafogli. 2. Non hanno sostituito i titoli municipali in scadenza, invertendo la prassi precedente. 3. hanno venduto *per la prima volta* titoli municipali vecchi e nuovi a investitori non istituzionali e non professionali *senza rivelare il rischio previsto...*

In particolare, le banche vendevano titoli della città di New York a piccoli investitori individuali, e lo facevano senza rivelare le loro informazioni interne sulla situazione finanziaria della città (...). In una situazione classica, un medico aveva da poco venduto il suo appartamento... si era rivolto a una banca piuttosto che al suo broker per investire il denaro... gli erano stati venduti titoli che la banca stava per scaricare... Eppure la banca non gli aveva mai rivelato questo fatto... Secondo la banca, la banca era un intermediario neutrale e imparziale che agiva secondo i più alti principi etici.

Alcune banche hanno dovuto vendere i loro portafogli perché i loro scarsi investimenti in fondi di investimento immobiliare, compagnie petrolifere e Paesi sottosviluppati le hanno messe in una posizione finanziaria precaria. Secondo il verbale della seconda riunione tenutasi a Gracie Mansion (la residenza del sindaco), il signor Horowitz della Solomon Bros ha sottolineato che "la città ha perso il mercato istituzionale... sebbene le banche continuino ad aiutare, le banche al di fuori della città hanno smesso di acquistare obbligazioni cittadine". Nei verbali del comitato di pianificazione di Chase-Manhattan si legge: "Continuiamo a vendere obbligazioni della città di New York in ogni occasione". La strategia prevedeva la vendita anche in caso di perdita. Grazie per la vostra attenzione. (Fine degli estratti dal rapporto Haddad)

Non vi sorprenderà sapere che la Securities Exchange Commission (SEC) ha scagionato tutte le parti coinvolte nella promozione e nella vendita delle obbligazioni municipali senza valore della città di New York. Non si tratta di un caso isolato. È piuttosto un'accusa alla mentalità dei banchieri internazionali che pongono sempre il profitto monetario al di sopra dell'etica.

Tob Shebbe Goyim Harog!
TALMUD: Sinedrio.

L'albero della libertà si nutre del sangue dei tiranni, è il suo fertilizzante naturale.
TOMMASO JEFFERSON.

Le autorità monetarie dello Stato possono provvedere ai bisogni del Popolo e svolgere tutti i lavori utili allo Stato nei limiti imposti dalla disponibilità di materie prime e dalla forza cerebrale e muscolare del Popolo, senza dover richiedere l'autorizzazione dell'Usuraio.
EZRA POUND, "Impatto".

Il panico del 1907 fu causato dalla deliberata contrazione del denaro e del credito; i panici del 1920-21 e del 1929-35 furono causati dalla stessa identica causa. Non c'è dubbio; e i responsabili sono arrivati al punto di rivelare apertamente il piano e lo scopo al Paese, rendendolo pubblico per sempre. Non potrà mai essere cancellato.

ROBERT S. OWEN, senatore degli Stati Uniti,
Congressional Record, 3-18-32.

I fatti dimostrano che nel maggio 1920, un drastico aumento del tasso di rediscount (il tasso di interesse che la FED impone alle banche) ha deliberatamente causato uno dei più grandi cali dell'attività commerciale e crolli dei prezzi della storia. Il risultato fu una depressione disperata da cui l'America non si riprese mai, nonostante il New Deal liberale di FDR, fino alla creazione della Seconda Guerra Mondiale e al riavvio delle fabbriche americane. *Si trattava di uno stratagemma degli ILLUMINATI per preparare l'America alla guerra contro la Germania, che era felice e prospera da quando Hitler aveva cacciato gli usurai ebrei e i marxisti.*

Con tutti questi mezzi, logoreremo a tal punto i goyim che saranno costretti a offrirci un potere internazionale che ci permetterà, senza violenza, di assorbire gradualmente tutte le forze statali del mondo e di formare un super-governo.

I PROTOCOLLI, Sezione V.

ALCUNI RISULTATI
DEL SISTEMA DI RISERVA FEDERALE

	<u>1913</u>	<u>1982</u>
Debito federale	1,2 miliardi di euro	1,5 trilioni[7]
Imposta sul reddito delle persone fisiche	3,0 milioni di euro	200 miliardi di euro
Valore in dollari	100 centesimi	7 centesimi
Proprietà della FED	trascurabile	700 miliardi di euro
Costo del pane	10 centesimi	65 centesimi
Costo per tonnellata di carbone	14 dollari	35 dollari

Poiché il Congresso non ha delegato la sua autorità legislativa sui pesi e le misure standard, oggi: una tonnellata = 2000 libbre. Un piede = 12 pollici. Per ripagare un debito di mille miliardi di dollari al ritmo

---

[7] 1998 Il debito federale supera i 6.000 miliardi di dollari!

di un dollaro al secondo ci vorrebbero 31.682 anni (esclusi gli interessi).

Che dire degli americani "benestanti" che sono andati in pensione con rendite e pensioni generose? Il sistema è stato piuttosto buono con loro, direte voi. Sì, questa è la loro ricompensa per aver assecondato il sistema, senza fare domande. *"Si sono leccati i piedi"*. Hanno ipotecato gli Stati Uniti d'America in cambio di un condominio su un campo da golf. I loro figli, figlie e nipoti pagheranno il conto come pecore di razza mista sotto la dittatura globalista. Non dimenticate mai: il debito è schiavitù! E a meno che non siate un banchiere, lo ripagherete con sangue, fatica, lacrime e sudore.

Alla fine di questo decennio, vivremo sotto il primo governo unico mondiale mai esistito nella società delle nazioni.

PAPA GIOVANNI PAOLO II,
"Le chiavi di questo sangue", di Malachi Martin

CAPITOLO 5

SPIROCHETE DELLA SIFILIDE EBRAICA

Lo sviluppo della società non è soggetto a leggi biologiche (natura), ma a leggi sociali superiori. Il tentativo di diffondere le leggi del regno animale all'umanità è un tentativo di abbassare gli esseri umani al livello delle bestie.
ISTITUTO DELL'ACCADEMIA DELLE SCIENZE, U.S.S.R.

La teoria marxista è il sistema di pensiero più influente di questo secolo.
ZBIGNIEW BRZEZINSKI, "Tra due età".

L'odio che era alla base del marxismo è presente anche nella nuova religione (freudismo). In entrambi i casi, si tratta dell'odio dello straniero per il suo ambiente totalmente estraneo, che non può cambiare e che quindi deve distruggere.
FRANCIS PARKER YOCKEY, *Imperium*.

Nel linguaggio... del mito, il vomito è il termine correlativo e inverso del coito; e la defecazione è il termine correlativo e inverso della comunicazione uditiva.
CLAUDE LÉVI-STRAUSS, ebreo, freudiano.

Le apocalissi veterotestamentarie del marxismo... il simbolismo antropomorfico di Freud erano perfettamente adatti a un popolo religioso che cercava di sostituire una fede morente e anacronistica. L'arrivo di Boas, che dichiarò che tutte le razze erano uguali, fu una manna dal cielo.
WILMOT ROBERTSON, *La maggioranza espropriata*.[8]

Il XX SECOLO è stato definito il secolo più sanguinoso. È stato anche definito l'ETA' DELLA BUGIA, perché i GIudei del KHAZAR hanno ideato un programma, sostenuto da immense risorse finanziarie, con il quale hanno preso il controllo della MASS-MEDIA americana (la *tecnologia che ha reso possibile questi straordinari sistemi - stampa, luce elettrica, radio, televisione, fotografia, film, registrazione,*

---

[8] *The dispossessed majority, La maggioranza diseredata,* di Wilmot Robertson tradotto e pubblicato da Omnia Veritas Ltd, www.omnia-veritas.com.

transistor, computer, satelliti, ecc.)

La cattura dei sistemi di comunicazione americani da parte di una nazione straniera è un furto le cui implicazioni sono così cruciali da essere sconcertanti. Il libero flusso di idee e di informazioni previsto dai nostri Padri Fondatori, essenziale per la nostra Repubblica, viene prima filtrato attraverso le menti dei MOGULI DEI MEDIA TALMUDIANI che promulgano solo ciò che vogliono far sapere a voi e ai vostri figli. Il Primo Emendamento della Costituzione degli Stati Uniti è stato abrogato. L'America sta morendo per mancanza di conoscenza dei FATTI. Invece, la propaganda dei mass media, la disinformazione e la sporcizia sono il veleno mortale di cui l'Occidente si nutre quotidianamente: il tutto con il nostro "applauso".

Così, quando i ciarlatani MARX, FREUD e BOAS (tutti ebrei) emersero dai ghetti europei, c'era da aspettarsi che sarebbero stati finanziati dagli ILLUMINATI e promossi con entusiasmo dai media americani come i salvatori della civiltà occidentale! Mentre, in realtà, ne erano i distruttori intenzionali. I loro obiettivi apparenti nascondevano i loro scopi sotterranei.

MARX attaccò l'ordine naturale dell'umanità - la regola del migliore. FREUD mirava ad avvelenare lo spirito ariano. BOAS attaccò il patrimonio genetico dei bianchi. Le ricerche prodotte da questi ciarlatani satanici a sostegno delle loro ipotesi erano totalmente soggettive. I fatti sono irrilevanti: il fine giustifica i mezzi. È improbabile che credessero davvero alle loro teorie. [9]In una delle sue lettere più note al suo complice Engels, Marx descrive accuratamente *Das Kapital* come "pieno di merda". Freud e Boas avevano certamente un'opinione simile della loro spazzatura taumaturgica. In fondo, erano solo dei KHAZAR impegnati in una gelosa battaglia piena di invidia, odio e vendetta contro l'Occidente ariano. William G. Simpson, nel suo libro *"Which Way Western Man"*, descrive le loro ideologie TALMUDICHE come "spirochete della sifilide ebraica".

MARXISMO

KARL MARX, ebreo (1818-1883), nacque in Germania, nipote di un

---

[9] *Pieno di merda* nell'originale. Ndt.

rabbino; si convertì al protestantesimo, sposò una gentile di piccola nobiltà; poi, soffrendo di alienazione culturale, abbandonò la moglie, la famiglia e il cristianesimo. La sua pulsione era quella di distruggere la società ariana che lo aveva respinto. Il suo contributo al Movimento rivoluzionario mondiale fu immenso.

La strategia di Marx consisteva nell'instillare l'ODIO tra le classi dove prima non esisteva. Il tema di fondo della sua ideologia politica è che *tutta la storia, tutta la vita, è una guerra di classe economica*. Le due classi in guerra sono il proletariato (il lavoro), i buoni, e i capitalisti (la borghesia), gli sfruttatori del proletariato. Il capitalismo è il male. Di conseguenza, ogni vestigia del capitalismo deve essere eliminata: "L'espropriazione dell'espropriatore" (ciò che è tuo è mio); e "tutti gli animali infetti" saranno distrutti (cioè Tob Shebbe Goyim Harog!). Marx promette che si instaurerà la "dittatura del proletariato", che alla fine lascerà il posto a una società senza Stato, senza classi, senza Dio, in cui tutti sono uguali (anche se i cristiani non sono ammessi e l'"antisemitismo" (odio) è un crimine! Marx ha anticipato Franz Boas, un ebreo, *nella* sua convinzione che *le conquiste dell'uomo sono semplicemente un riflesso del suo ambiente*. Così, le qualità dell'intelligenza umana, della personalità, del comportamento, della vita emotiva e spirituale sono determinate dalla posizione economica dell'uomo. *L'uomo, ci assicura, è un animale plasmato dalla sete di denaro: l'idea di Stato e di nazione (razza) è ridicola*. Esistono solo individui, classi e gruppi interessati che si odiano a vicenda.

MARX formulò la sua ideologia antinaturale prendendo in prestito, fuori contesto, le idee di due filosofi ariani: il grande Georg W. Friedrich Hegel (1770-1831) e Ludwig A. Feuerbach (1804-1872), ricordato soprattutto per la sua influenza su Marx e Sartre.

HEGEL credeva che la salvezza dell'uomo venisse dalla ragione. Credeva che la ragione lavorasse secondo il metodo dialettico, in cui un'idea (Tesi) si confronta con il suo opposto (Antitesi) e i due si fondono in un tutto (Sintesi). Hegel vedeva questo metodo all'opera nella logica, nella storia del mondo, nella gestione dello Stato e nell'affermazione dello Zeitgeist. Hegel, un idealista che avrebbe ridicolizzato Marx, credeva che la dialettica *producesse un'evoluzione armoniosa e continua all'interno dello Stato nazionale e tra le sue componenti*. FEUERBACH, materialista, sosteneva che l'uomo è ciò che mangia: materia in movimento, niente di più. Questo concetto compare anche nei voli di fantasia di Freud e Boas.

Marx afferma che non esiste Dio e che quindi l'uomo non è responsabile delle sue azioni davanti a un giudice divino. L'uomo non ha un'anima o un libero arbitrio, e quindi non ha un valore individuale significativo. È un animale in evoluzione la cui salvezza dipende dalla sua mente (ragione). Marx credeva che il destino dell'uomo fosse determinato esclusivamente dall'ambiente (*a quanto pare, Marx non aveva mai sentito parlare del suo nemico giurato,* Gregor Johann Mendel (18221884), che diede il nome al *mendelismo,* lo studio di tutto ciò che è genetico). In natura, tutto si evolve perché tutto è determinato dal suo contrario: la tesi si sintetizza con l'antitesi, diventando così una nuova e diversa tesi - questo processo si ripete *all'infinito.* Nella società, quindi, il conflitto (materialismo dialettico) è inevitabile, essenziale e continuo fino al crollo dell'intera struttura (lo Stato). Poiché questo destino è inevitabile e il cambiamento è un progresso, perché aspettare? Rivolta. Ora. Distruggere! Uccidere! Borghesia contro Proletariato = Rivoluzione = diktat = GOVERNO MONDIALE EBREO. L'ILLUMINATI sponsorizza i marxisti/anarchici.

> Ci sono momenti in cui la creazione può essere raggiunta solo attraverso la distruzione. Il desiderio di distruggere è quindi un desiderio di creare.
> MICHAEL BAKUNIN, marxista.

"Borghesia" è una parola in codice ebraica che indica i goyim di successo, in particolare i bianchi della classe media di successo. Secondo Marx, la borghesia possiede tutto ma non ha diritto a nulla. Il proletariato, invece, non possiede nulla ma ha diritto a tutto. Questo è anche un concetto cristiano: "Gli ultimi saranno i primi". Tuttavia, Marx ha dimenticato di dire che la dialettica insiste sul fatto che anche il proletariato deve essere sostituito! Le masse sono troppo ignoranti per mettere in discussione il pifferaio magico, ma amano l'idea di UGUAGLIANZA immediata (vedi de Tocqueville).

La vittoria del proletariato abolirà tutte le classi tranne una: "Il diktat del proletariato". E cosa o chi è questo? Il diktat è costituito dagli ebrei privilegiati che presiederanno lo Stato proletario. Lo Stato sarà proprietario delle fattorie, delle imprese, delle industrie, dei palazzi, delle ville e delle dacie espropriate alla sporca borghesia! Il Dettato possiederà anche i Gulag, che saranno pieni di proletari. Come George Orwell ha perspicacemente sottolineato nel suo libro *La fattoria degli animali:* siamo *tutti uguali, ma alcuni sono più uguali di altri.*

Il marxismo è sia una vittoria dell'uomo esterno, attivo, sull'uomo interno, passivo, sia una vittoria della ragione sulle credenze... L'America sta subendo una rivoluzione... (che) smaschera la sua obsolescenza... Entro l'anno 2000, si ammetterà che Robespierre e Lenin erano riformatori gentili.

Z. BRZEZINSKI, "Tra due mondi";
CFR/TRILATERALE, professore all'Università di Georgetown,
consigliere del Presidente degli Stati Uniti Jimmy Carter.

Noi ebrei, i distruttori, rimarremo i distruttori per sempre. Nulla di ciò che farete soddisferà i nostri bisogni e le nostre richieste. Distruggeremo sempre perché abbiamo bisogno di un mondo tutto nostro...

MAURICE SAMUELS, "Voi gentili" (1924).

F. P. Yockey, nel suo libro *Imperium*, osserva che il MARXISMO è gravemente difettoso perché MARX, essendo ebreo, non poteva capire le reali differenze tra CAPITALISMO e SOCIALISMO, che provenivano dalla CULTURA-ORGANISMO OCCIDENTALE. *Capitalismo e socialismo sono il modo in cui una nazione (famiglia, popolo, razza) sente, pensa e vive,* e sono in secondo luogo concetti economici. Uno appartiene al passato, l'altro, il SOCIALISMO OCCIDENTALE, rappresenta il futuro dell'Occidente e la fine dell'Ebraismo sul suolo occidentale.

L'età della ragione ha generato in Occidente il CAPITALISMO, l'IDEA del puro individualismo: "Ognuno per sé". Libertà di fronte all'autorità: "Non calpestare i miei piedi!". Allo stesso tempo, paradossalmente, si capiva che questi individui resistenti dovevano agire nell'interesse dello Stato nazionale. Per l'Occidente, il CAPITALISMO ECONOMICO significava libero scambio, nessuna imposta sul reddito, nessuna interferenza dello Stato nelle questioni monetarie, proprietà privata e così via. L'USURA, invece, era relegata all'esterno e bandita.

I capitalisti non vedevano alcun problema nello sconfiggere economicamente i gruppi economici avversari all'interno della legge. Era considerata una "sana concorrenza". Anche gli Stati europei, incoraggiati dai banchieri, erano in concorrenza tra loro. Spesso con risultati disastrosi. Durante la Prima Guerra Mondiale, divenne dolorosamente ovvio che l'idea di "individualismo esacerbato" era contraria alla NAZIONE ARYAN e ai suoi Stati.

Il SOCIALISMO OCCIDENTALE, a differenza del marxismo/comunismo e del capitalismo, non nasce dalla sola ragione, ma dall'ETHOS DEL MONDO OCCIDENTALE, ed esprime i sentimenti istintivi e intuitivi della nazione ariana. La sua idea è il grido dei moschettieri: "Uno per tutti e tutti per uno! L'unione degli Stati-nazione bianchi in un'UNICA ORGANIZZAZIONE CULTURALE - il proprio territorio e il proprio Stato in cui ospitare, proteggere e nutrire la nazione - esclude la guerra di classe e le lotte d'odio di ispirazione marxista tra le sue parti. L'ECONOMIA scaturisce dalla CULTURA. Il denaro diventa un semplice strumento, un mezzo di scambio, una riserva di valore - non un'arma ILLUMINATA.

> Per il socialismo, il possesso di denaro non è il fattore determinante del rango nella società, così come non lo è nell'esercito. Nel socialismo, il rango sociale non dipende dal denaro ma dall'autorità (capacità).
> FRANCIS PARKER YOCKEY, *Imperium*

Pensatori di fama mondiale in tutte le discipline concordano sul fatto che il MARXISMO e l'età della ragione hanno portato a un ignominioso vicolo cieco. Nessuna persona intelligente ha preso sul serio MARX. La sua idea veterotestamentaria che il lavoro sia un male - e l'idea neotestamentaria che gli uomini e le razze siano ugualmente dotati - si oppone alla natura e all'anima stessa dell'Occidente. La carota offerta ai "lavoratori del mondo" era l'UGUAGLIANZA immediata in cambio della loro muta obbedienza. Dopo l'"esproprio", avrebbero "perso le loro catene" e si sarebbero ritirati a "La-La Land", per essere serviti e sostenuti per sempre dai sopravvissuti dell'odiata classe media (come oggi negli Stati Uniti, in Europa e in Sudafrica).

Come propagandista - un seduttore di innocenti, sofisti, liberali e perdenti nati - MARX era superbo. Il suo posto nella storia è assicurato.

Tre milioni di russi della classe media disarmati (sacerdoti, proprietari terrieri, artisti, scienziati, agricoltori, manager, ecc.) furono massacrati nella fase iniziale della RIVOLUZIONE BOLLEVIANA e 31 milioni morirono a causa del suo TERRORE GIOVANILE.

Marxisti, bolscevichi e comunisti denunciano i "maiali capitalisti". Mentre dietro le quinte - nella battaglia in corso per l'attuazione dei

PROTOCOLLI DI ZION - tutte le guerre e le rivoluzioni sono finanziate dai BANCHIERI EBREO.

> Oggi il nipote di Jacob, John Schiff (Kuhn-Loeb Co.), eminente membro della New York Society, stima che il vecchio abbia investito circa 20 milioni di dollari nel trionfo finale del bolscevismo in Russia.
> CHOLLY KNICKERBOCKER,
> "N.Y. Journal-American", 2 3-49.

FREUD

Oggi Sigmund Freud, un ebreo (1856-1939), è conosciuto solo per la sua importanza anticulturale. E per i gravi danni che ha inflitto alla psiche occidentale prima che il suo inganno fosse svelato. Freud, come Marx, cercò di mettere tutti gli uomini sullo stesso piano, spogliandoli di ogni significato nobile o spirituale. I *due ebrei hanno semplicemente usato metodi diversi per raggiungere un unico obiettivo, quello degli ILLUMINATI: la distruzione dell'Occidente.*

Quando Freud era un giovane medico, uno psicologo viennese gli raccontò la storia di una paziente che, sotto ipnosi, aveva raccontato un evento traumatico della sua vita che continuava a renderla ansiosa. Quando uscì dall'ipnosi, la sua ansia era completamente guarita. Freud, come Saulo di Tarso, un ebreo sulla via di Damasco, vide improvvisamente delle "possibilità" e si mise in affari "battendo teste". Abbandonò l'ipnosi e inventò la psicoanalisi. Un metodo di consultazione in cui i pazienti, riluttanti a rivelare i loro problemi personali intimi (resistenza), trasferiscono i loro legami emotivi all'analista.

La PSICOLOGIA è lo studio delle nevrosi, delle psicosi, delle perversioni e della mente normale. La PSICOANALISI è un trattamento. Ma di cosa? I sintomi possono essere diagnosticati, ma la causa sottostante, come il vento, non può essere vista. Le malattie del cervello sono fisiologiche e tangibili. Ma le malattie della mente hanno origine nei geni e nell'anima dell'uomo, due aree di cui Freud non sapeva nulla e si preoccupava ancora meno. Le "sedute sul divano" psichiatriche, come le sedute di rap e le letture del tè, sono avvolte in un'atmosfera di mistero e di nomenclatura occulta. In realtà, l'analisi non è altro che il potere della suggestione. Tutti sanno che "la confessione fa bene all'anima". E un placebo può fare miracoli. Ma la "cura" freudiana si basa sul principio che tutti sono nevrotici: perversi o invertiti. Quindi anche gli ariani sono malati! Proprio come noi ebrei.

> Il problema fondamentale è che la psicoanalisi è il prodotto dell'animosità ebraica verso la civiltà occidentale. Il desiderio inconscio degli ebrei è quello di smascherare la rispettabilità della società europea... che ha escluso gli ebrei... portando alla luce aberrazioni sessuali sordide e infantili.
> HOWARD SACHER, EBREO. Uno dei primi freudiani.

In questo modo, le rivelazioni di pazienti creduloni e ingannati alleviano i complessi di inferiorità degli analisti! Gli ebrei (psicoanalisti) si convertono facilmente al sistema ebraico.

> Essendo incapaci di comprendere o partecipare alla società occidentale, non hanno altra scelta che opporsi ad essa.
> SIGMUND FREUD, ebreo, "Resistenza alla psicoanalisi".

Un altro problema è che gli psicoanalisti ebrei, che sono per lo più anormali mentali, sono autorizzati a determinare chi è "normale". Questo ricorda la storia *dell'uomo cieco e dell'elefante*. C'è poi il "problema del divano". Le cause per paternità e molestie contro gli analisti, la cui pratica consiste nell'alleviare le ansie sessuali di pazienti vulnerabili, sono comuni come gli scippi a Los Angeles. È come assumere i pedofili Woody Allen, ebreo, e Roman Polanski, ebreo, come babysitter.

La follia continua quando Freud rivolge la sua attenzione all'anima occidentale. La trova strettamente meccanica e totalmente prevedibile: *gli impulsi spirituali sono semplicemente impulsi sessuali*. Pertanto, nel cervello talmudico di Freud, tutti gli uomini sono uguali perché sono tutti sessualmente nevrotici. E lui decide cosa è nevrotico! Per Karl Marx, la Nona Sinfonia di Beethoven era la doppiezza della borghesia. Per Freud, esprimeva il desiderio latente di Beethoven per Schiller. Ovviamente, dobbiamo eliminare l'*Uomo Culturale*, il nemico dei Giudei, trasformandolo in un robot economico e in genitali animati!

> Una generazione fa, la principale teoria sulla schizofrenia era... (che fosse) causata da un'educazione materna fredda e distante, di per sé il desiderio inconscio della madre che il suo bambino non fosse mai nato... 20 anni dopo, questo artefatto dell'era freudiana (EBREO) è completamente screditato.

U.S. NEWS & WORLD REPORT, 4-21-97.

Il trucco di Freud di credere che l'anima ariana sia meccanica gli ha permesso di inventare malattie dell'anima che solo lui e i suoi seguaci ebrei potevano diagnosticare e curare: nevrosi, complessi (soprattutto di colpa e di inferiorità), repressione, perversione, fissazione, invidia del pene, ecc. Parte della "cura" era l'ANALISI DEI SOGNI, che contiene schemi comuni ricorrenti. Questi schemi hanno interpretazioni contorte ed esoteriche. Ma solo i membri della *Congrega* li comprendono e sono gli unici che possono eseguire "cure" taumaturgiche. Il MONDO DEI SOGNI riflette l'"ansia" dell'anima. Ad esempio, sognare la morte di un familiare significava odiare uno o entrambi i genitori. I freudiani hanno escogitato un altro "peccato originale": *tutti i bambini sono sessualmente perversi*, quindi, poiché il Bambino è il padre dell'Uomo, tutti sono sessualmente perversi. TUTTI SONO MALATI!

Il freudismo è cabalistico e comprende l'occultismo, il satanismo, il fallismo, la negromanzia, la numerologia e così via, tutti elementi che derivano dalle superstizioni ebraiche, dall'insegnamento talmudico e dal cervello di Freud che si drogava di cocaina.

Hollywood trova materiale per le commedie di buone maniere

Da quando Sigmund Freud dichiarò che tutti i ragazzi volevano uccidere i loro padri e copulare con le loro madri, gli ebrei hanno condotto una guerra contro la famiglia ariana tradizionale... L'ultimo veleno... proviene dai dottori Louise B. Silverstein e Carl P. Auerbach (ebrei) nel loro articolo "Deconstructing the Essential Father". Essi scrivono:

> "Contrariamente alla prospettiva neoconservatrice, i nostri dati sulle coppie paterne dello stesso sesso ci hanno convinto che né la madre né il padre sono essenziali"... riconoscono che i bambini hanno bisogno di un adulto "responsabile", ma che "uno, nessuno o entrambi... possono essere padre o madre" con la stessa efficacia. Inoltre, negano che "il matrimonio eterosessuale sia il contesto sociale in cui è più probabile che si verifichi una paternità responsabile". Silverstein e Auerbach deducono che l'AMORE condiviso dai genitori naturali e dai loro figli non è maggiore di quello condiviso con i genitori adottivi, siano essi omosessuali, eterosessuali o della stessa razza. Nel loro mondo MARXISTA/LIBERALE/TALMUDIANO, tutti i "badanti" sono uguali.

Pertanto, le famiglie naturali non hanno la stessa importanza.
RASSEGNA: THE AMERICAN PSYCHOLOGIST (1-6-99), rivista ufficiale dell'American Psychological Association.

Quando è caduto il muro di Berlino (1990), il marxismo è crollato... Anche il freudismo, nonostante la sua persistente influenza, è crollato. Oggi la posizione ufficiale è che la psicoanalisi non è una vera e propria scienza, ma piuttosto una forma d'arte... paragonabile alla composizione floreale o al macramè?
JOSEPH EPSTEIN, ebreo, editore di *The American Scholar*.

BOASISME

FRANZ BOAS, ebreo (1858-1942), nacque in Germania. Come Marx e Freud, era un KHAZAR, caratterizzato da una bruttezza fisica ripugnante. Non era un antropologo e non si sa dove abbia conseguito il dottorato (Kiel, Germania?). Tuttavia, nel 1899 fu nominato professore di antropologia alla Columbia University, dove rimase per 40 anni. I suoi sponsor erano senza dubbio gli ILLUMINATIRI.

L'obiettivo di Boas era quello di attaccare il cuore della razza ariana, il suo patrimonio genetico. A tal fine, creò la Scuola Boas di ANTROPOLOGIA CULTURALE, che presenta la dottrina secondo cui non esistono razze distinte; *al contrario,* professa che TUTTI gli uomini hanno lo stesso potenziale: le *differenze razziali sono in gran parte il risultato di fattori ambientali piuttosto che di ereditarietà*. Questa ideologia, o pseudoscienza, è sostenuta con entusiasmo da liberali, marxisti ed ebrei, mentre è totalmente confutata dalla scienza naturale dell'antropologia fisica, accettata dalle maggiori autorità mondiali in materia. Boas sostiene che la razza è un mito perché le razze si sono mescolate nel corso dei secoli; che i miscugli di meticci sono migliori dei genitori. Sostengono che tutto il sangue umano è uguale, che tutti i popoli hanno un'origine comune e che le razze sono quindi imparentate. Nessuna razza eccelle perché è più dotata o migliore, ma perché ha beneficiato di un ambiente più favorevole e di una fortuna migliore. Poiché le razze sono uguali, l'incrocio non solo è consentito, ma è auspicabile (per eliminare la maledetta razza bianca). Apparteniamo alla grande famiglia dell'uomo, quindi tutti gli uomini sono uguali.

Le Nazioni Unite hanno approvato incondizionatamente la dottrina

Boas:

> Le prove scientifiche indicano che la gamma di capacità mentali di tutti i gruppi etnici è più o meno la stessa... Per quanto riguarda la personalità e il carattere, si può considerare che non hanno razza... Se ai membri di ogni gruppo etnico vengono offerte opportunità culturali simili per realizzare il loro potenziale, il risultato medio è più o meno lo stesso.
>
> Documenti UNESCO, (estratto) 1950.

Come abbiamo appreso, le SPIROCCHETTE DEL SIFILISMO GIURIDICO (il Boasismo è una di queste) vengono iniettate in ogni società che gli ILLUMINATI vogliono distruggere. Ma lasciatemi dire qui e ora che la Dottrina Boas - nella sua interezza - è stata smascherata come una frode! Torneremo su questo argomento in modo più dettagliato nel Capitolo V, Mendelismo.

I fondatori della scuola antropologica di Boas sono Ashley Montague (Israel Ehrenberg), Raymond Pearl, Melville Herskovitz, Herbert Seligman, Otto Klineberg, Gene Weltfish, Amran Sheinfeld, Isadore Chein, Ruth Benedict, Margaret Meade e Kenneth Clark. *Tutti tranne tre (Meade, Benedict e il negro Clark) sono ebrei*. Boas è stato citato dal Congresso per 46 affiliazioni al Fronte Comunista. Le attività sovversive di Montague, Weltfish, Benedict e Herskovitz sono ben note alla CIA, all'FBI e alle commissioni d'inchiesta del Congresso. Tutti questi marxisti/liberali/ebre, che propagano la sifilide ebraica, hanno creato cattedre di antropologia culturale nelle più prestigiose università americane.

> Nel corso della loro falsa carriera accademica, i boasiani hanno ripetutamente mentito, falsificato ricerche, reso false testimonianze, calunniato e usato qualsiasi mezzo necessario per raggiungere il loro obiettivo finale. Ho conosciuto Franz Boas personalmente. Ho osservato la sua influenza come fondatore della scienza antropologica in America. Ho anche osservato il crescente grado di controllo esercitato dalla setta di Boas su studenti e giovani professori, fino a quando la paura di perdere il lavoro o lo status diventa un luogo comune... se non si mantiene la conformità al dogma dell'uguaglianza razziale...
>
> DR. H. E. GARRETTT, Direttore del Dipartimento di Psicologia, Columbia Univ.

Il professor JOHN R. BAKER, Oxford, ("Science and the Planned State") cita il boasita e studioso comunista Triofim Lysenko, U.S.S.R., il quale dichiarò che la scienza doveva essere portata a sostegno della teoria comunista; che i fatti relativi ai cromosomi e all'ereditarietà dovevano essere soppressi perché "*fin dalla sua concezione [la genetica] porta a idee reazionarie sulla razza... e le false basi del mendelismo possono essere difese solo con la menzogna*". In Unione Sovietica, i sostenitori della genetica venivano giustiziati o imprigionati nei Gulag (l'antisemitismo era considerato un reato). La distinzione tra mendelismo (natura) e marxismo (ideologia) è meglio espressa nelle seguenti righe:

> "La bellezza è verità e la verità è bellezza: questo è tutto ciò che sapete su questa terra e tutto ciò che dovete sapere".
> JOHN KEATS, "Ode su un'urna greca".

Durante la Seconda guerra mondiale, il marxismo, il liberismo e l'ebraismo equipararono il mendelismo al nazismo, al "razzismo" e al cosiddetto "Olocausto". Di conseguenza, in tutto l'Occidente, la Lega Antidiffamazione del B'nai B'rith (Figli dell'Alleanza) *vietò qualsiasi* discussione sulla genetica nei forum pubblici. Negli anni '80, tuttavia, i grandi benefici offerti all'umanità dal mendelismo sono stati descritti nelle più prestigiose riviste scientifiche, nelle conferenze e così via. *Questo fatto inconfutabile colpisce al cuore il MARXISMO, il LIBERALISMO e l'EBRAISMO e i loro sforzi per la miscegenazione delle razze e la creazione di un governo mondiale ILLUMINATI.* Prevedibilmente, i mezzi di comunicazione, la Chiesa cristiana, le università e le università continuano a promulgare le false dottrine del BOASISMO e a ignorare o a condannare il mendelismo.

> I marxisti sono partigiani dichiarati; la loro "scienza" è subordinata al loro impegno (ideologico). Questo non può che danneggiare le loro analisi e i loro dati, ostacolare il libero esame e distorcere le loro conclusioni.
> PROFESSORE A. JAMES GREGOR,
> *The Mankind Quarterly* (primavera 62).

La proposta di BOAS, secondo cui l'umanità è composta da razze intercambiabili ugualmente dotate di coraggio, intelligenza, carattere, capacità, disciplina, ambizione, moralità, ecc. avrebbe spinto i firmatari della Costituzione degli Stati Uniti ad impugnare le armi. Inoltre, i fondatori credevano nella meritocrazia, che non è un sistema invertito: *i soldati dirigono l'esercito e i magnati dei media il Congresso degli Stati Uniti.* I fondatori si aspettavano che l'America fosse sempre un bastione dell'Occidente. Non una discarica razziale. FRANZ BOAS, un ebreo, più di ogni altro individuo, ha distrutto la visione dei Fondatori.

Il BOASISMO cerca l'uguaglianza comunista - non l'uguaglianza di opportunità o di merito, ma l'uguaglianza di *risultato* - che richiede il trasferimento di denaro da chi ha successo, che se lo è guadagnato, agli incapaci, agli indigenti e agli "svantaggiati". Poiché questi ultimi resistono all'espropriazione, al governo vengono conferiti maggiori poteri normativi e di polizia. Gli svantaggiati - che costituiscono un blocco di voti significativo - sono molto entusiasti dell'idea di ricevere i soldi delle loro tasse da politici che sono pronti a dare qualsiasi cosa (la vostra) per ottenere un voto. Come possono altrimenti rimanere in carica degenerati come il senatore statunitense Ted Kennedy? Oggi, negli Stati Uniti, il 60% del bilancio nazionale viene speso per la protezione sociale. I distributori di questa immensa ricchezza sono neri con un basso quoziente intellettivo (la "classe media in ascesa") impiegati dalle autorità locali, statali e federali con stipendi normalmente riservati a quozienti intellettivi elevati.

> La mia casa è una casa fatiscente, e sul davanzale siede l'ebreo, il padrone di casa, nato in un estaminet di Anversa, gonfiato a Bruxelles, rattoppato e scrostato a Londra...
> T.S. ELIOT, estratto da "Gerontion".

La dichiarazione dell'UNESCO del 1950 che negava la razza come fattore (vedi sopra) fu denunciata dai più eminenti scienziati del mondo e dagli uomini della strada che riconoscevano la razza quando la vedevano. Nel 1952, l'UNESCO ha invertito la sua dichiarazione, riconoscendo finalmente che "le razze sono 'reali' e non semplici 'artefatti di classificazione'". Ma, fedele al suo orientamento marxista, l'UNESCO dimenticò opportunamente le sue scuse. La sua posizione originaria (1950), così come è stata dichiarata, appare oggi in quasi tutte le opere di riferimento.

Una simile disinformazione (menzogna) si è verificata nel cruciale e tragico caso della Corte Suprema degli Stati Uniti, *Brown v. The Board of Education*, del 1954, che si è pronunciato contro la segregazione dei neri. Il caso fu portato avanti da Thurgood Marshall, un nero, console della NAACP, sostenuto dal team legale ebraico della NAACP. Il professore di BOASIST Kenneth B. Clark, nero, fu il testimone principale. Clark presentò i risultati dei suoi esperimenti con bambole bianche e nere e la reazione dei bambini neri a questi test, "dimostrando che la segregazione infligge ferite ai neri". Ha quasi portato i giudici alle lacrime. Il problema era che le ricerche erano state condotte in modo errato e le conclusioni erano state fatte a tavolino.

Sono costretto a concludere che il professor Clark ha ingannato la corte... In breve, se i test del professor Clark mostrano danni ai bambini neri, essi dimostrano che il danno è minore con la segregazione e maggiore con la congregazione (integrazione)... Il professor Clark sapeva che i suoi test precedenti indicano che, secondo i suoi stessi standard, i bambini neri sono meno danneggiati dalla segregazione che dalla congregazione? Dagli esperimenti del professor Clark, dalla sua testimonianza e infine dal suo saggio... la migliore conclusione che si può trarre è che non sapeva quello che stava facendo; la peggiore è che lo sapeva.
DR. ERNEST VAN DEN HAAG, professore di filosofia sociale, NYU,
Villanova Law Review (VI, 1960).

Il problema che abbiamo affrontato non era la scoperta della verità da parte dello storico... non era che stavamo formulando bugie... stavamo usando i fatti... stavamo sorvolando sui fatti... stavamo tranquillamente ignorando i fatti e soprattutto stavamo interpretando i fatti in un modo... che ci ha permesso di non vedere questi ragazzi.
DR. A. H. KELLY, un esperto alle dipendenze della NAACP, in una confessione all'American Historical Assoc. del 1961, riguardante la famosa vicenda della desegregazione.

Marshall divenne poi membro della Corte Suprema degli Stati Uniti, dove i suoi colleghi considerarono le sue opinioni le peggiori nella storia della Corte. Clarke continuò a usare lo strumento ebraico fino alla fine.

I disastri subiti dall'America bianca a causa dei neri, e quelli che verranno in seguito alla decisione della Corte Suprema di mescolare le razze, sono quasi incalcolabili.

CAPITOLO 6

LA BUFALA DELL'OLOCAUSTO

Spirochete della sifilide GIUDAISMO (segue)

L'Olocausto è stato l'occasione per l'uccisione di 6 milioni di ebrei, tra cui 2 milioni di bambini. Negare l'Olocausto è un secondo omicidio di quegli stessi 6 milioni. Prima è stata posta fine alle loro vite, poi alla loro morte. Chi nega l'Olocausto partecipa al crimine dell'Olocausto stesso.
DAVID MATAS, EBREO, consulente senior,
"Lega per i diritti umani, B'nai B'rith".

La politica perseguita dal Terzo Reich ha portato alla morte di 6 milioni di ebrei, 4 milioni dei quali sono stati uccisi nelle istituzioni di sterminio.
TRIBUNALE MILITARE INTERNAZIONALE,
Norimberga, Germania.

La mia obiezione al processo di Norimberga era che, sebbene rivestito di giustizia, era in realtà uno strumento della politica governativa precedentemente determinata a Teheran e a Yalta... una macchia sulla storia americana che rimpiangeremo a lungo... che viola il principio fondamentale della legge americana secondo cui un uomo non può essere processato in base a leggi ex post facto.
SEN. ROBERT TAFT, "Profili di coraggio", di J. F. Kennedy.

Per quanto riguarda il processo di Norimberga... non mi piace affatto quando viene rivestito di una falsa facciata di legalità.
HARLAN FISKE STONE, Presidente della Corte Suprema degli Stati Uniti.
della Corte Suprema degli Stati Uniti.

Le dichiarazioni ammesse come prova furono ottenute da uomini che erano stati prima tenuti in isolamento (fino a) cinque mesi... Gli investigatori mettevano una cuffia nera sulla testa dell'accusato, poi lo colpivano in faccia con tirapugni, lo prendevano a calci e lo picchiavano con tubi di gomma... A 137 tedeschi su 139 furono rotti i testicoli in modo irreparabile... (Altri metodi utilizzati furono: fingersi sacerdoti per ascoltare confessioni e assoluzioni; tortura con fiammiferi infilati sotto le unghie; strappo di denti e rottura di ossa; somministrazione di razioni da fame; minaccia di deportare le famiglie degli accusati nella parte sovietica...). Gli investigatori "americani" responsabili (che in seguito svolsero il ruolo di pubblici ministeri ai processi di Norimberga) erano il tenente colonnello Burton Ellis (capo della commissione per i crimini di guerra) e i suoi assistenti: il capitano Raphael Shumacher, ebreo; il tenente Robert E. Byrne; il tenente Wm. R. Perl, ebreo; il signor Morris Ellpowitz, ebreo; il signor Harry Thon; il signor D. Kirschbaum, ebreo; il col. A.H. Rosenfield, JUIF, consulente legale della corte.

E. L. VAN RHODEN,
Commissione dell'esercito Simpson, Dachau, 1948.

L'atmosfera qui è malsana... Sono stati assunti avvocati, impiegati, interpreti e ricercatori (ebrei) - divenuti americani solo di recente - il cui background era intriso di odio e pregiudizio europeo.

GIUSTIZIA WENNERSTRUM,
Tribunale militare di Norimberga.

All'ebreo contro il goy è permesso stuprare, imbrogliare e giurare il falso.

Babba Kama.

TOB SHEBBE GOYIM HAROG (Il migliore dei gentili deve essere ucciso).

TALMUD: Sinedrio.

L'"Olocausto" deve essere collocato nel suo contesto: quello della storia mondiale, della Torah, della TALMUD e del Movimento Rivoluzionario Mondiale (MRM) di Rothschild. È necessario comprendere l'odio congenito degli Ebrei del KHAZAR verso i gentili, il cui odio più rabbioso è riservato alla nazione ariana.

Gli ILLUMINATI prepararono il terreno per la Prima Guerra Mondiale, con i loro profitti assicurati, quando un corrotto Congresso degli Stati Uniti promulgò il Federal Reserve Act (1913). L'assassinio dell'arciduca Francesco Ferdinando e di sua moglie da parte di Gavrilo Princip, un massone serbo, fece precipitare la guerra. Il tradimento dei bolscevichi distrusse la capacità della Russia di continuare la guerra. Le truppe tedesche furono quindi trasferite dalla Russia al fronte occidentale. La guerra stava per essere vinta dalla Germania quando Chaïm Weizmann, un Ebreo (poi primo presidente di Israele) fece un accordo con la Gran Bretagna: *gli Ebrei avrebbero portato gli Stati Uniti in guerra se la Gran Bretagna avesse garantito agli Ebrei (KHAZAR) una "patria in Palestina" (la Gran Bretagna fece il doppio gioco con gli Arabi con la Dichiarazione Balfour, 1917).* Le bugie dei giudei sulle "atrocità" tedesche trascinarono l'America in guerra. Dopo l'"armistizio", il tradimento e la sconfitta della Germania, i termini del famigerato Trattato di Versailles (il "Trattato Kosher") hanno quasi distrutto il popolo tedesco. I bolscevichi entrarono nella mischia, cercando di instaurare una dittatura sovietica in Germania, come avevano fatto in Russia. Ma il popolo tedesco li cacciò. Poi, tra lo stupore del mondo, il cancelliere Adolph Hitler, con la sua enfasi sulla genetica e sull'omogeneità della razza ariana, condusse la Germania a una sorprendente ripresa spirituale ed economica. Tuttavia, gli ebrei vedevano il nazionalismo, l'orgoglio razziale e la famiglia come minacce al loro status di "eletti", cioè al loro "diritto" di ingraziarsi il bestiame e di succhiarne la ricchezza senza essere scoperti. Il CONGRESSO MONDIALE Ebraico (organizzato a Ginevra, in Svizzera, dal rabbino "americano" Stephen Wise) dichiarò guerra alla Germania (1933): manipolazione del denaro, calunnia, diffamazione, omicidio, boicottaggio dei prodotti tedeschi, sabotaggio, ecc. Le malefatte degli ebrei si possono vedere nel caso del rapimento e dell'assassinio di Lindbergh (vedi: Isador Fisch, EBREO); la tragedia dello zeppelin Hindenburg e altri crimini contro gli ariani di origine tedesca qui e all'estero, mentre gli ILLUMINATI si preparavano alla Seconda Guerra Mondiale. In seguito, i tedeschi considerarono gli ebrei non solo come intrusi stranieri, ma anche come nemici dello Stato. Lo scisma culturale tra ariani ed ebrei favorì i sionisti nei loro sforzi per incitare gli ebrei khazari a "tornare" in Palestina. *Così i sionisti collaborarono con il Terzo Reich e altri governi europei per eliminare gli ebrei dall'Europa, che presto sarebbe stata incenerita.*

Il "peccato imperdonabile" di Hitler non fu la sua politica di colonizzazione degli ebrei, che erano stati cacciati da tutti gli Stati europei, prima o poi. La Seconda guerra mondiale è iniziata perché la POLITICA MONETARIA di Hitler, che si è occupato *dei Juden Frei*, ha completamente scavalcato il sistema bancario centrale dei Rothschild. La nuova Banca del Reich abbandonò le riserve auree internazionali ed emise la propria moneta senza interessi (come aveva fatto Lincoln), sostenuta solo dalla capacità produttiva del popolo tedesco. Per rappresaglia, i BANCHIERI INTERNAZIONALI rifiutarono di accettare il marco tedesco sul mercato dei cambi. *La Germania si limitò a barattare i suoi prodotti, aggirando gli intermediari.* Sotto gli occhi di tutto il mondo, la Germania aveva sfidato gli ILLUMINATI, era uscita da un abisso di debiti e disperazione, si era liberata dalle catene ed era diventata lo Stato più prospero d'Europa. Gli ebrei sapevano che il loro impero bancario globale era in pericolo. Il generale George Catlett Marshall, Segretario di Stato americano, racconta nelle sue memorie che nel 1938 - tre anni prima di Pearl Harbor - l'"americano" Bernard Baruch, ebreo e confidente di Wilson, Roosevelt, Eisenhower, Churchill e molti altri potenti, disse: *"Prenderemo quel tizio, Hitler! Non gliela faremo passare liscia... distruggeremo il sistema di baratto della Germania!* Ma altri leader mondiali resero a Hitler un meritato omaggio:

> Un cambiamento nel sistema monetario tedesco permise alla Germania di passare da una depressione abissale a un'economia gloriosa... portando il leader britannico della Prima Guerra Mondiale, Lloyd George, a definire Hitler "il più grande statista vivente e il popolo tedesco il più felice del mondo".
> HUGOR FLACK, "Il grande tradimento".

> Mentre in Europa avvenivano tutte queste tremende trasformazioni, il caporale Hitler conduceva la sua lunga battaglia per conquistare il cuore del popolo tedesco. La storia di questa lotta non può essere letta senza ammirazione... Se il nostro Paese fosse sconfitto, spero che troveremmo un campione così indomito che ci dia coraggio e ci restituisca il nostro posto tra le nazioni.
> WINSTON CHURCHILL, "Discorso diretto".
> di Francis Neilson.

> Mariner Eccles, della Federal Reserve statunitense, e Montague Norman, ebreo, della Banca d'Inghilterra, decisero, al più tardi nel 1935, una politica comune volta a porre fine all'esperimento finanziario di Hitler con tutti i metodi, compresa la guerra se necessario. Il compito di Norman era quello di porre Hitler di fronte al dilemma di dover invertire la sua politica finanziaria o commettere un atto di aggressione.
> LA PAROLA, mensile inglese, C. C. Vieth.

> La lotta contro la Germania è stata condotta per mesi... da tutti gli ebrei del mondo... Stiamo per scatenare una guerra spirituale e materiale di tutto il mondo contro la Germania. L'ambizione della Germania è quella di tornare a essere una grande nazione... i nostri interessi ebraici, invece, esigono la completa distruzione della Germania. La nazione tedesca è collettivamente e individualmente un pericolo per noi ebrei.
> V. JABLONSKY, ebreo, rappresentante del Congresso sionista francese, estratto dal suo articolo in "Natcha Retch", 1932.

> Lasciate che vi riporti al 1913... Se fossi stato qui a dirvi che l'arciduca sarebbe stato ucciso e che da tutto ciò che ne sarebbe seguito sarebbe scaturita l'occasione, l'opportunità, la possibilità di stabilire un focolare

nazionale per gli ebrei in Palestina... mi avreste guardato come un inutile sognatore. Avete mai pensato a quanto sia straordinario che, in questo bagno di sangue globale, si sia presentata questa opportunità? Pensate davvero che sia stato un caso?

LORD MELCHETTE, EBREO,
Presidente della Federazione sionista inglese, 1928.

Come ricorderete, Rothschild ha impiantato lo STATO BOLSHEVICO/COMUNISTA in Russia (1917), totalmente dipendente dal suo sistema bancario centrale. L'URSS era un pugnale bolscevico nel cuore dell'Europa. La strategia di Hitler era quella di sconfiggere l'URSS, liberare il grande popolo russo dalla dominazione khazara/ebraica e creare un nuovo partner commerciale euro-slavo. Poi, deportando le razze straniere, Hitler intendeva creare un'Europa unita con una base di popolazione ariana.

I tedeschi disprezzavano e temevano il comunismo. Avevano assistito agli orrori della rivoluzione bolscevica, durante la quale il substrato culturale della Russia e dell'Europa orientale era stato praticamente spazzato via. I tedeschi erano anche irritati dal massacro (1918) della famiglia reale russa: lo zar, la zarina (una principessa cattolica tedesca), le loro quattro giovani figlie e il figlio di 12 anni. Tutti erano stati uccisi dagli ebrei, i loro corpi smembrati, gettati in una fossa e poi ricoperti di calce (i resti scheletrici sono stati ritrovati intorno al 1990).

> Prima della Seconda guerra mondiale, Hitler si era imposto come nemico giurato del liberalismo, del marxismo e dell'ebraismo - proprio le tre forze trainanti che erano salite al potere con il New Deal di Franklin Roosevelt (Democratici).
> WILMOT ROBERTSON, *La maggioranza diseredata*, 1976.

Il primo spettacolare trionfo dei democratici non cristiani dell'Europa orientale fu il riconoscimento da parte di Roosevelt, meno di 9 mesi dopo la sua investitura, del governo sovietico in Russia... Il 16 novembre 1933 - a mezzanotte! ... una data che i nostri figli ricorderanno a lungo con tragedia. Fu in questa data che il commissario sovietico per gli affari esteri, Maxim Litvinoff (Finkelstein), ebreo, saccheggiatore dell'Estonia e primo agente sovietico a socializzare l'Inghilterra, si sedette al tavolo con il presidente Roosevelt - dopo che Dean Acheson (il "decano rosso") e Henry Morgenthau, ebreo, avevano fatto il lavoro di propaganda e stretto l'accordo che portò il popolo americano e le sue risorse, un tempo immense, alla calamità sociale ed economica....

PROF. JOHN O. BEATY, *The Iron Curtain Over America*, citato da V. La Varre, American Legion Magazine, agosto 1951. V. La Varre, *American Legion* Magazine, agosto 1951.

Alcuni dei miei migliori amici sono comunisti.
FRANKLIN DELANO ROOSEVELT.

L'ho già detto prima, ma lo ripeterò ancora e ancora. I vostri ragazzi non saranno mandati in guerre straniere! (L'America elesse FDR tre settimane dopo).
FRANKLIN D. ROOSEVELT, 1940.

La storia completa della richiesta di negoziati da parte della Germania e del nostro categorico rifiuto e della rottura delle relazioni diplomatiche non fu pubblicata nel 1937 e nel 1938, quando la Germania fece la sua richiesta, ma fu nascosta al pubblico fino a quando la Commissione della Camera per le Attività Antiamericane la scoprì dopo la Seconda Guerra Mondiale... e la rese pubblica più di dieci anni dopo che i fatti erano stati così criminalmente soppressi.
DR. JOHN O. BEATY, colonnello dei servizi segreti.

La vittoria del comunismo nel mondo sarebbe molto più pericolosa per gli Stati Uniti della vittoria del fascismo. Non c'è mai stato il minimo pericolo che il popolo di questo Paese abbracciasse un giorno il bundismo o il nazismo... Ma il comunismo si camuffa, spesso con successo, sotto le vesti della democrazia.
SEN. HOWARD TAFT, *Human Events*, 28 marzo 1951.

Il cosiddetto "problema ebraico" è apparso per la prima volta. Non si tratta di razza, religione, etica, nazionalità o appartenenza politica, ma di qualcosa che li racchiude tutti e che separa l'ebreo dall'Occidente: la cultura.
FRANCIS PARKER YOCKEY, *Imperium*.

Ci sono prove schiaccianti che Hitler non voleva una guerra europea. Cercò ripetutamente di convincere la Gran Bretagna a unirsi alla Germania per distruggere il comunismo e l'Unione Sovietica e riunificare l'Europa ariana. Ma sono gli ILLUMINATI - non il popolo britannico - a controllare la Gran Bretagna. In America, l'ambasciatore polacco, il conte Jerzy Potacki, si lamentava del fatto che la radio, il cinema e la stampa americani erano "controllati quasi al 100% dagli ebrei" e che questi ultimi "invocavano la guerra contro la Germania". Volevano esacerbare la disputa sul corridoio polacco che Hitler stava negoziando con loro. Potacki identificò gli "americani" dietro la campagna: Herbert Lehman, ebreo e governatore di New York; Bernard Baruch, ebreo e consigliere del Presidente; Henry Morgenthau, ebreo e Segretario al Tesoro; Felix Frankfurter, ebreo e giudice della Corte Suprema degli Stati Uniti; e il rabbino Steven Wise. Secondo Potacki, essi agivano come difensori della democrazia, ma erano "legati da vincoli indissolubili all'ebraismo internazionale".

Dopo la dichiarazione di guerra alla Germania (Seconda Guerra Mondiale), si è creata una pausa inquietante. Entrambe le parti, perseguitate dai fantasmi della Prima guerra mondiale, aspettano, sperando che qualcuno, qualcosa, impedisca un ulteriore spargimento di sangue. Al fronte, i "nemici" fraternizzano. David Irving (*Churchill's War*) documenta la frustrazione del Primo Ministro per la "Phoney War". Voleva sangue e gloria - e aveva promesse da mantenere. Il suo consigliere, il professor Frederick Lindemann, un ebreo "tedesco", propose che gli inglesi lanciassero bombardamenti terroristici sui civili. Questa proposta fu considerata una "priorità dal governo britannico". Hitler, che aveva protestato contro le campagne aeree dirette a obiettivi civili, fu costretto a reagire.

> Il Primo Ministro Neville Chamberlain dichiarò che "l'America e gli ebrei del mondo avevano costretto l'Inghilterra alla guerra".
> JAMES FORRESTAL, Segretario della Marina degli Stati Uniti,
> *I diari di Forrestal.*

Inizialmente, la "guerra di Churchill" andò male per la Gran Bretagna. Fu allora che Chaïm Weizmann, ebreo, sionista, uomo di punta degli ILLUMINATI, tornò sulla scena.

> Siamo riusciti a trascinare gli Stati Uniti nella Prima Guerra Mondiale e se ci seguite sulla questione della Palestina e della forza combattente ebraica, possiamo convincere gli ebrei negli Stati Uniti a trascinarli anche questa volta.
> Lettera di WEIZMANN a Churchill, Archivio Weizmann, Tel-Aviv.

Il successo degli ebrei può essere misurato dal numero di croci che segnano i morti ariani nei cimiteri dei campi di battaglia di tutto il mondo.

Con questo scorcio, negatoci dai media, dell'ordine di battaglia degli ILLUMINATI, cioè il POTERE DEI SOLDI, gli SPIROCHETTI del

SIFILISMO GIUDAICO e l'intreccio di MARXISMO/LIBERALISMO/GIUDAISMO, siamo ora in grado di comprendere meglio la bufala dell'OLOCAUSTO nel suo contesto. INFAMIA!

L'"OLOCAUSTO" è definito come segue: Lo sterminio di circa 6 milioni o più di ebrei come risultato della politica nazista.

Dalla Seconda Guerra Mondiale, tonnellate di prove relative all'"Olocausto" sono state studiate da ricercatori di fama mondiale. Non esiste alcuna prova a sostegno dell'"Olocausto" così come è stato definito:

NON ESISTEVA UNA POLITICA DI STERMINIO DI MASSA DEGLI EBREI. Non c'è stato alcun ordine di uccidere in massa gli ebrei, non c'è stato alcun budget per attuare tale politica, non ci sono stati mezzi (caldaie a gas, ecc.) per compiere omicidi di massa.

Gli storici revisionisti hanno concluso che un totale di circa 300.000 ebrei sono morti per tutte le cause durante la Seconda Guerra Mondiale. *Non c'è* stato *alcun* "olocausto" ebraico. Ma c'è stato un Olocausto tedesco!

"Le bugie sull'Olocausto sono state inventate per i seguenti motivi:

1) Fase iniziale (intorno al 1930): inventare le atrocità tedesche per preparare l'America alla guerra. Creare solidarietà ebraica dietro il sionismo. Nascondere le atrocità commesse dagli ebrei bolscevichi nella Russia di Lenin.

2) Fase della seconda guerra mondiale (intorno al 1940): inventare l'"olocausto" per trasformare la Germania nella PARIA delle nazioni; giustificare l'incenerimento della Germania; giustificare a posteriori i processi di Norimberga. Impiccare, e quindi mettere a tacere, i leader tedeschi.

3) Fase postbellica (in corso) : Coprire le attività degli ILLUMINATI... Coprire le atrocità e le ragioni degli ebrei/alleati della Prima e della Seconda Guerra Mondiale. Per fornire una ragion d'essere agli ebrei europei "scomparsi" (ora negli USA). Per estorcere alla Germania oltre 100 miliardi di dollari in "risarcimenti". Per screditare la CIVILTA' OCCIDENTALE di fronte al mondo intero. Paralizzare la volontà dell'Occidente di agire nel proprio interesse. Creare le

Nazioni Unite. Permettere ai GIULLARI di dominare gli Stati Uniti. Inculcare il senso di colpa nei bambini dell'Occidente, riducendo così la resistenza alla droga, all'immoralità, al miscegenismo, al marxismo e ad altre forme di sifilide giudaica. Assimilare l'amore per la razza, la famiglia, la nazione, al nazismo, quindi: "odioso". Istituire lo Stato di Israele: genocidio dei palestinesi. Creare un'industria della religione dell'"olocausto". Gettare le basi per la Terza Guerra Mondiale.

Inizialmente, l'umanità fu contagiata dalla SIFILIDE dell'"OLOCAUSTO" durante i GIORNI SANTI DEGLI EBREI nell'ottobre 1942. Il rabbino Steven Wise, presidente del World Jewish Congress (WJC) e confidente dei presidenti americani Wilson e Franklin D. Roosevelt, annunciò pubblicamente: La Germania ha intrapreso un programma di sterminio degli ebrei europei... ma, per ragioni economiche, ha abbandonato le gassificazioni di massa a favore dell'iniezione di veleno tramite siringa! Milioni di ebrei morti furono poi trasformati in saponette!

Gli Alleati (USA, URSS, Gran Bretagna e Francia), non presentando alcuna prova di buona fede, rilasciarono una dichiarazione congiunta nel dicembre 1943, sostenendo le oltraggiose bugie raccontate dal rabbino Wise. In privato, alti funzionari britannici e americani, come ora sappiamo, cercarono senza successo di revocare la dichiarazione che puzzava di propaganda per le atrocità della Prima Guerra Mondiale (compresa la menzogna del sapone) per le quali gli Alleati si erano scusati con la Germania.

Dobbiamo SEMPRE ricordare che fu RABBI STEPHEN WISE, leader khazar della comunità ebraica americana e del WORLD EBREO CONGRESS, a creare il mito dell'Olocausto, con l'aiuto dei leader alleati (Churchill, Roosevelt e Eisenhower) con i quali Bernard Baruch, un ebreo, negoziò, preparò ed elevò al rango di protagonista della guerra ILLUMINATA volta a distruggere l'Occidente.

> Da sempre... gli ebrei sanno meglio di chiunque altro come sfruttare le menzogne e le calunnie... che la GRANDE BUGIA ha sempre una certa forza di credibilità... la loro stessa esistenza non è forse fondata su una grande bugia... che sono una comunità religiosa e non una razza... Schopenhauer chiamava gli ebrei "i grandi maestri della menzogna".
> ADOLPH HITLER, Cancelliere della Germania, *Mein Kampf*.

Circa due mesi dopo la Dichiarazione congiunta, il Ministero dell'Informazione britannico inviò (2-29-44) una lettera top secret alla British Broadcasting Corp (BBC) e ad alti ministri della Chiesa d'Inghilterra sulla necessità di distogliere l'attenzione del pubblico dalle atrocità commesse dall'Armata Rossa simulando i crimini di guerra dell'Asse.

Conosciamo i metodi impiegati dal dittatore bolscevico nella stessa Russia (U.R.S.S.)... dagli scritti e dai discorsi dello stesso Primo Ministro negli ultimi 20 anni. Sappiamo come l'Armata Rossa si è comportata in Polonia nel 1920 e in Finlandia, Estonia, Lettonia, Galacia e Bessarabia più recentemente. Dobbiamo quindi tenere conto di come si comporterà l'Armata Rossa quando invaderà l'Europa centrale. Se non si prendono precauzioni, gli inevitabili orrori che ne deriveranno metteranno a dura prova l'opinione pubblica di quel Paese. Non possiamo riformare i bolscevichi, ma possiamo fare del nostro meglio per salvare loro - e noi stessi ("Perfida Albione!") - dalle conseguenze delle loro azioni. Le rivelazioni dell'ultimo quarto di secolo renderanno il negazionismo poco convincente. L'unica alternativa alla negazione è quella di distogliere l'attenzione del pubblico dall'intero argomento. L'esperienza ha dimostrato che la migliore distrazione è l'atroce propaganda diretta contro il nemico... La vostra cooperazione è quindi vivamente sollecitata a distogliere l'attenzione del pubblico dalle azioni dell'Armata Rossa sostenendo senza riserve le varie accuse contro i tedeschi e i giapponesi che sono state e saranno messe in circolazione dal Ministero.
PROCESSO ZUNDEL "OLOCAUSTO",
Reperto della difesa, Toronto (1-785).

È stato accuratamente osservato che il cuore della bufala dell'"Olocausto" è il complesso dei "campi di sterminio" di AUSCHWITZ-BIRKENAU-MAJDANEK. È qui che è stato ucciso il maggior numero di ebrei (4 milioni): è qui che l'apparato omicida nazista è stato più efficace. È qui che la Germania ha rivelato la sua diabolica anima razziale. "La testimonianza dei numerosi sopravvissuti di Auschwitz fornì al Tribunale di Norimberga la giustificazione "morale" necessaria per dichiarare la Germania nazista colpevole di "crimini contro l'umanità". Ad Auschwitz, il mito dell'"Olocausto" divenne realtà e la Germania, gioiello culturale dell'Occidente, divenne un paria tra le nazioni del mondo.

Nella sua *sentenza di Norimberga*, il Tribunale Militare Internazionale ha citato a lungo la dichiarazione giurata di Rudolf Hoess a sostegno della bufala dello sterminio. Eppure il sergente Bernard Clarke, dei servizi segreti britannici, ha descritto come lui e altri cinque soldati abbiano brutalmente torturato Hoess (4-5-46), l'ex comandante di Auschwitz, per ottenere la sua "confessione", in cui Hoess affermava: "Gli Ebrei furono sterminati già nel 1941 in tre campi: Treblinka, Belsec e Wolzek; e da 2 a 3 milioni di Ebrei perirono ad Auschwitz".

> "È vero che ho firmato una dichiarazione in cui dico di aver ucciso due milioni e mezzo di ebrei. Avrei potuto tranquillamente dire cinque milioni di ebrei. Ci sono certi metodi per ottenere confessioni, vere o false che siano".
> RUDOLF HOESS, nazista, prima della sua impiccagione.

Sotto tortura e sotto la minaccia di deportare moglie e figli in Siberia, Hoess inventò il nome "Wolzek" per informare i posteri (VOI) che le sue "confessioni" erano false: il campo di sterminio "Wolzek" non è mai esistito!

Il Tribunale di Norimberga considerò essenziale anche la testimonianza di Rudolf Vrba, un ebreo che fu prigioniero per due anni a Majdanek e Auschwitz prima di fuggire. Il suo rapporto dettato al Consiglio degli ebrei in Slovacchia, che confermava lo scenario dell'"Olocausto", costituì la base del rapporto della Commissione per i rifugiati di guerra (1944). Il professor Vrba, che ha scritto un'autobiografia intitolata "Non posso perdonare", insegna oggi nella British Columbia (è morto nel 2000). I recensori del libro hanno lodato Vrba per il suo "meticoloso e quasi fanatico rispetto per l'accuratezza". Ma durante il processo ZUNDEL, Vrba ammise di aver fabbricato la sua tesi sulle "camere a gas". Non aveva mai visto una camera a gas. "Ho preso la licentia poetarium", si lamenta. Questo tipico "testimone oculare" ebreo fu creduto a Norimberga quando calcolò che in 24 mesi (aprile 1942-aprile 1944), 1.765.000 ebrei furono "gasati" solo a Birkenau, compresi 150.000 ebrei francesi! Oggi tutti gli storici (compreso lo specialista dell'Olocausto Serge Klarsfeld, un ebreo, nel suo "Mémorial de la déportation des Juifs de France") concordano sul fatto che meno di 75.000 ebrei "francesi" furono deportati in tutti i campi tedeschi. Se Vrba non ha visto camere a gas, è perché non c'erano camere a gas - da nessuna parte - come imparerete presto. Ciononostante, gli Spielberg continuano a mentire ai nostri figli.

A Norimberga, il procuratore generale degli Stati Uniti Robert Jackson (sposato con una donna ebrea) annunciò al mondo che i tedeschi avevano usato un "dispositivo di nuova invenzione" per "gasare" istantaneamente 20.000 ebrei nei pressi di Auschwitz "... in modo che di loro non rimanesse alcuna traccia". Il Washington Daily News. D.C. (2-2-45) cita "testimonianze oculari" secondo cui i tedeschi ad Auschwitz avrebbero usato un "nastro trasportatore elettrico sul quale centinaia di persone venivano fulminate simultaneamente... prima di essere trasportate nei forni. Venivano bruciate quasi istantaneamente, producendo fertilizzante per i vicini campi di cavoli". Bugie vere. Il sopravvissuto ebreo di Auschwitz Arnold Friedman, che ha testimoniato per la Corona (l'accusa) nel recente processo canadese a Zundel, ha testimoniato sotto giuramento che "fiamme alte due metri" e nuvole di fumo si alzavano dalle ciminiere dei forni crematori; che il fumo grasso e la puzza di carne umana bruciata si sono protratti per settimane nel campo; che si poteva capire se erano stati gassati ebrei polacchi magri o ebrei ungheresi grassi dal colore del fumo! Quando la difesa ha prodotto le descrizioni dei brevetti della Topf & Sons di Erfurt riguardanti i crematori di Auschwitz, ha dimostrato - come per TUTTI i crematori moderni - l'impossibilità di emettere fumo, fiamme e cattivo odore. Questo demolisce quindi le descrizioni dei "testimoni oculari" che compaiono praticamente in ogni storia dell'orrore dell'"Olocausto".

Auschwitz fu sottoposto a un'intensa sorveglianza aerea per tutta la durata della guerra a causa della produzione di gomma Buna, un brevetto tedesco, e di altri materiali bellici. Fotografie aeree dettagliate del complesso di Auschwitz non rivelano file di prigionieri in attesa di essere giustiziati, né mucchi di cadaveri, né enormi cumuli di carbone, né camini che sprigionano fiamme e fumo, né altri segni del massacro descritto da "testimoni oculari" ebrei e bugiardi congeniti come i tamudisti Elie Wiesel, Simon Wiesenthal, Steven Spielberg di Hollywood e così via.

IVAN LAGACE, direttore di un grande crematorio di Calgary (Canada), dichiarò sotto giuramento (processo Zundel) che la storia della cremazione ad Auschwitz era tecnicamente impossibile. "È assurdo" e "al di là delle possibilità" che 10.000 o 20.000 cadaveri possano essere stati bruciati quotidianamente nelle fosse aperte e nei forni crematori di Auschwitz. Il professor Raul Hillberg, ebreo, ha detto che a Birkenau, 46 crematori potevano incenerire 4.000 corpi al giorno, il che è "ridicolo". Lagace ha testimoniato che a Birkenau potevano essere cremati al massimo 184 corpi al giorno. Ci vogliono circa 2 ore e mezza per bruciare un singolo corpo. I crematori non possono funzionare per 24 ore alla volta.

Nel 1988, FRED A. LEUCHTER ha condotto esami forensi in loco di presunte CAMERE A GAS nei "campi di sterminio" di Auschwitz-Birkenau Majdanek in Polonia. Leuchter, ingegnere statale del Massachusetts, è considerato il principale esperto americano di camere a gas. È consulente dei sistemi carcerari del Missouri e della Carolina del Sud. Al processo ZUNDEL, con una testimonianza giurata, supportata da video girati sul posto e da una relazione tecnica, Leuchter ha demolito l'Olocausto dimostrando che i siti non erano stati usati e non potevano essere usati come camere a gas per le esecuzioni: la loro costruzione era del tutto inadeguata: non erano adeguatamente sigillati o ventilati, con impianti idraulici primitivi e nessun mezzo per introdurre efficacemente il gas. Se le cosiddette "camere a gas" fossero state utilizzate, i fumi che sarebbero fuoriusciti avrebbero ucciso i pazienti tedeschi del vicino ospedale, i prigionieri al lavoro e il personale del campo tedesco. L'analisi di laboratorio indipendente di campioni forensi prelevati da Leuchter dalle pareti e dai pavimenti delle "camere a gas" ha dimostrato che il pesticida ZYKLON-B (acido cianidrico) non era stato usato - come riferito dai testimoni oculari - per gasare milioni di ebrei nel complesso di Auschwitz. Leuchter ha sottolineato che le tracce di cianuro (acido prussico), introdotte nelle rocce, nel cemento e nel metallo, sarebbero durate per eoni.

DR. W.B. LINDSEY, chimico ricercatore per 33 anni presso la DuPont Corp. ha testimoniato che, sulla base di un approfondito esame in loco del complesso di Auschwitz:

> "Sono giunto alla conclusione che nessuno è stato ucciso deliberatamente o intenzionalmente con lo Zyklon-B in questo modo. Lo ritengo assolutamente impossibile da un punto di vista tecnico".

Un esame forense confidenziale e un rapporto commissionato dal Museo di Stato di Auschwitz (JUIFS) e realizzato dall'Istituto di Ricerca Forense di Cracovia hanno confermato le conclusioni di Leuchter, secondo cui nei siti che si presumeva fossero camere a gas si potevano trovare solo tracce minime, se non addirittura nulle, di cianuro.

WALTER LUFTL, ingegnere austriaco ed ex presidente dell'Associazione professionale austriaca degli ingegneri, ha indagato sul sito del complesso di Auschwitz. In un rapporto del 1992, ha dichiarato che il presunto sterminio di massa degli ebrei nelle "camere" di Auschwitz era "tecnicamente impossibile".

Ad Auschwitz, ma probabilmente in generale, sono stati uccisi più ebrei per "cause naturali" che per cause "innaturali".
DR. A. MAYER, EBREO, Princeton U.
"Perché il cielo non si è oscurato?".

Il rabbino capo britannico vuole rivedere la cifra di "6 milioni": è importante sapere quante persone presunte morte sono ancora vive. È molto più importante unire le famiglie che convivere con una cifra raggiunta in modo arbitrario.
DR. JONATHAN H. SACKS, EBREO,
Rivista Crescent, 515-96

Per 45 anni dopo la seconda guerra mondiale, il monumento di Auschwitz recitava:

"QUATTRO MILIONI DI PERSONE HANNO SOFFERTO E SONO MORTE QUI PER MANO DEGLI ASSASSINI NAZISTI TRA IL 1940 E IL 1945".

Nel 1982, Papa Giovanni Paolo si genufletté davanti al monumento e benedisse i "4 milioni di morti". Imbarazzato, non ricevette alcuna indicazione da Yahweh che, otto anni dopo, il Centro dell'Olocausto Yad Vashem in Israele e il Museo Statale di Auschwitz avrebbero ammesso: "La cifra di 4 milioni è stata notevolmente esagerata". Il numero di morti iscritto sul monumento fu frettolosamente rimosso. Gli ebrei suggerirono che la cifra di 1,1 milioni di morti era più probabile.

Nonostante una riduzione di quasi 3 milioni del numero di ebrei "assassinati", la cifra cabalistica di 6 milioni rimane inviolata per mantenere intatto il pagamento dei risarcimenti della Germania a Israele. Strangamente, gli ebrei sembrano esasperati nell'apprendere che i loro parenti NON sono stati gassati, ma sono vivi e vegeti, e che molti di loro lavorano nei media e nel Dipartimento di Stato degli Stati Uniti.

In seguito (1995), la Russia ha pubblicato i registri ufficiali dei morti di Auschwitz (mancava un mese), che mostrano un totale di 74.000 morti per tutte le cause (compreso il personale tedesco che è morto lì).

Nulla di tutto ciò è stato riportato dai media marxisti/liberali/ebraici (vedi capitolo 10, Parassitismo, USA).

Forse ricorderete la testimonianza di Joseph G. Burg, un testimone di difesa ebreo al processo Zundel. Burg, un testimone della difesa ebreo al processo Zundel. Burg dichiarò che gli ebrei sopravvissuti all'"Olocausto" avevano inventato le storie delle camere a gas:

> Se questi ebrei avessero giurato davanti a un rabbino con lo zucchetto, queste dichiarazioni false, queste dichiarazioni malsane, sarebbero diminuite del 99,5%, perché il giuramento superficiale non era moralmente vincolante per gli ebrei.
>
> J. G. BURG

> ... le mie promesse (a un pagano) non saranno vincolanti ... i miei voti non saranno considerati come voti ... né i miei giuramenti come giuramenti ... tutti i giuramenti che farò in futuro saranno nulli da questo giorno dell'Espiazione fino al prossimo.
>
> TALMUD: Giuramento del Kol Nidre.

Elie Wiesel, ebreo premio Nobel per la pace e confidente del Presidente Clinton, ha testimoniato che per mesi, dopo che le truppe tedesche in Ucraina avevano sparato ai partigiani ebrei, "geyser di sangue sgorgavano dalle loro tombe e la terra tremava" ("Spielbergismo").

Un tribunale tedesco, pronunciandosi a favore della difesa in una causa sull'autenticità del Diario di Anne Frank, ha concluso che il diario è stato scritto da una sola persona, presumibilmente Anne Frank. Alcuni anni dopo, l'Ufficio federale tedesco per la lotta contro il crimine (BKA) ha certificato che ampie parti del diario sono state scritte con una biro, una penna che è stata commercializzata solo nel 1950!

Questo inganno, insieme alle discrepanze e alle impossibilità del diario stesso, rivelano la menzogna. Anne è stata semplicemente sfruttata, come tutti i bambini che sono obbligati a leggere il Diario a scuola. David Irving, uno storico britannico, descrive il diario come "materiale di ricerca senza valore". Va notato che Anne e suo padre furono imprigionati ad Auschwitz. Con l'avvicinarsi delle truppe sovietiche, Anne fu mandata a Bergen-Belsen per la sua sicurezza. Purtroppo morì di tifo. Suo padre, Otto Frank, ebreo, sopravvisse. Senza alcuna fonte di reddito visibile, morì molti anni dopo in Svizzera - un uomo ricco.

L'Autorità per la Memoria dell'Olocausto Yad Vashem ammette

che il sapone NON è stato prodotto con cadaveri di ebrei. "Perché dare loro qualcosa da usare contro la verità?", chiede il VIP Schmuel Krakpowski, un ebreo.

La Commissione di Guerra Alleata stabilì molto presto che non esistevano camere a gas per le esecuzioni in nessuno dei 13 campi di concentramento in Germania e Austria. La Commissione firmò un documento ufficiale in tal senso, datato 1° ottobre 1948 (sono disponibili copie ufficiali). I cosiddetti "CAMPI DI MORTE" erano convenientemente situati dietro la cortina di ferro. Le indagini su questi campi sono state ufficialmente autorizzate solo dopo il crollo dell'URSS nel 1990. A quel tempo, l'"Olocausto" era considerato una verità dalle pecore goyim.

E che dire di tutte quelle foto di cadaveri con cui la televisione vi minaccia ogni giorno?

Negli ultimi mesi di guerra, gli Alleati presero il controllo dei cieli. Furono presi di mira autostrade, ponti, ferrovie, centrali elettriche, bestiame, contadini nei loro campi. "Uccidete tutto ciò che si muove" (il generale dell'USAF Chuck Yaeger denunciò l'ordine come un'atrocità). I trasporti tedeschi vengono severamente limitati. I rifornimenti vitali non raggiungono i campi. Mentre il fronte orientale si ritirava, i prigionieri di queste regioni, in particolare le donne, sceglievano di essere trasferiti nei campi tedeschi piuttosto che cadere nelle mani dei sovietici. Bergen-Belsen, ad esempio, progettato per contenere 3.000 persone, fu sopraffatto da *più di 50.000 prigionieri*. I sistemi di TUTTI i campi si guastarono. Quando gli Alleati presero il controllo, furono accolti da scene di orrore (riproposte innumerevoli volte sullo schermo, sul palcoscenico e in televisione): cadaveri malati, morenti ed emaciati coprivano il terreno. Tragico. Ma non erano stati assassinati come siamo stati condizionati a credere. Morivano lentamente per la fame, la mancanza di medicine e le malattie - il TIFO imperversava in quasi tutti i campi. Per completare questa macabra scena, la 45ª Divisione dell'esercito americano, che liberò Dachau, radunò 560 guardie tedesche, *infermieri* e *medici* in uniforme e li uccise con le mitragliatrici.

Il COMITATO INTERNAZIONALE DELLA CROCE ROSSA (CICR) e la Chiesa cattolica, i cui membri frequentavano tutti i campi, non riportarono alcuna esecuzione di massa e non fecero alcuna menzione delle camere a gas. Adolph Hitler, cattolico, non fu scomunicato! Churchill, Truman, Eisenhower, Marshall, De Gaulle e altri leader alleati non fanno alcun riferimento all'"Olocausto" nelle loro memorie.

Il rifiuto del Dipartimento di Stato americano, nel 1939, di permettere agli ebrei a bordo del transatlantico *St. Louis* di sbarcare nelle acque territoriali statunitensi era, come oggi sappiamo, una cortina fumogena progettata per distogliere l'attenzione dell'America dall'immigrazione di massa, *sub rosa*, di ebrei sulle nostre coste. La stragrande maggioranza degli americani, come tutti, non voleva gli ebrei d'Europa. Ma gli ebrei d'Europa volevano gli Stati Uniti. Franklin D. Roosevelt, il traditore della Ivy League, amava dire: "Alcuni dei miei migliori amici sono comunisti". Ne aveva molti. Prima, durante e dopo la Seconda guerra mondiale, le navi Liberty e i cargo americani, dopo aver scaricato truppe e rifornimenti nei porti europei, tornavano negli Stati Uniti pieni di KHAZAR "gasati". Sbarcavano semplicemente, confondendosi nei vicoli, senza subire alcun processo di naturalizzazione. E non si trattava di persone povere. Come descritto in precedenza, Harry Dexter White, un sottosegretario al Tesoro ebreo, rubò delle lastre di incisione dal Tesoro degli Stati Uniti, poi le diede all'Unione Sovietica che stampò milioni (miliardi?) di dollari in cartamoneta statunitense. Questo denaro finì nelle tasche dei nuovi ebrei "americani". Dopo la guerra, White, smascherato come agente sovietico, doveva comparire davanti a una commissione ristretta del Senato quando, opportunamente, morì! Il braccio destro di FDR, Henry Morgenthau Jr, un segretario al Tesoro americano ebreo, sponsorizzò il *Piano Morgenthau*, che prevedeva il trapianto dell'industria tedesca nell'Unione Sovietica. Quando gli fu detto che questo avrebbe portato alla fame di massa tra i tedeschi, rispose: "Chi diavolo se ne frega dei tedeschi? "Chi diavolo se ne frega del popolo tedesco?".

Frederick Lindemann (Lord Cherwell), un ebreo, cane da guardia sionista di Churchill, ci teneva molto! Solo tre mesi prima della resa della Germania (5-5-45), su ordine di Lindemann, aerei britannici e americani attaccarono DRESDE, in Germania (2-13-45), una città indifesa e piena di rifugiati, che stava celebrando il mercoledì delle ceneri cristiano. Più di 200.000 uomini, donne e bambini furono inceneriti dalle tempeste di fuoco generate dalle bombe a concussione e al fosforo. In seguito, le foto delle vittime, accatastate come legna da ardere, furono sovrapposte a quelle del "campo di sterminio" di

Auschwitz (altro spielberghiano). La maggior parte degli aviatori non sapeva che la Sassonia era il luogo di nascita dei loro antenati anglosassoni.

Il "cane pazzo" Ilya Ehrenburg, ebreo e ministro della propaganda sovietica sotto Stalin, incoraggiò lo stupro delle donne tedesche promettendo alle truppe che "quella bionda strega tedesca avrebbe avuto una giornata campale". Il suo obiettivo era quello di sterminare il popolo tedesco nel suo complesso. "I tedeschi non sono esseri umani... Niente ci dà tanto piacere quanto i cadaveri tedeschi!" (*Pravda* 4-14-45).

> Soldati dell'Armata Rossa! Uccidete i tedeschi! Uccidete tutti i tedeschi! Uccideteli! Fino alla morte! Uccideteli!
> ILYA EHRENBURG, insignita dell'Ordine di Lenin e del Premio Stalin. Ha lasciato in eredità i suoi documenti al Museo dell'Olocausto Yad Vashem in Israele.

> Gli interessi della rivoluzione esigono l'annientamento fisico della classe borghese... Senza pietà, senza misericordia, uccideremo i nostri nemici a decine di migliaia... che anneghino nel loro stesso sangue. Per il sangue di Lenin, Uritzky, Ziniviev e Volodarsky, ci siano fiumi di sangue borghese - più sangue! Il più possibile!
> GRIGORY APFELBAUM (Zinoviev), ebreo,
> Polizia segreta sovietica.

> Più a lungo vivrà la società borghese marcia, più l'antisemitismo barbaro (antiebraico) diventerà ovunque.
> LEON TROTSKY, EBREO,
> Comandante supremo dell'Armata Rossa sovietica.

Il generale DWIGHT EISENHOWER (soprannominato "l'ebreo svedese" dai suoi compagni di West Point) fu promosso rispetto a molti ufficiali più qualificati per un motivo. Pare che abbia accettato di barattare l'onore dell'America con 5 stelle e la gloria. Dopo la guerra, all'inaugurazione di un parco di New York in onore della famiglia Bernard Baruch, il generale Dwight D. Eisenhower (USA-Ret.) ammise che l'onore dell'America non era lo stesso degli Stati Uniti:

> Da giovane laureato sconosciuto, ho fatto il passo più saggio della mia vita. Ho consultato il signor Baruch.
> (Generale Dwight D. Eisenhower, esercito statunitense),
> citato da A.K. CHESTERTON,

op. cit, *I nuovi signori infelici*.

[10]Bernard Baruch, membro della KEHILLA , ha fatto fortuna vendendo materiale bellico ("Glielo disse un uccellino"). Le guerre erano la sua specialità. Durante la Seconda guerra mondiale, fu descritto come "la persona più potente d'America" (Congressional Record). Anche Winston Churchill prese questa "saggia decisione". L'ipoteca sulla proprietà di Winnie a Chartwell fu inspiegabilmente pagata dal commerciante d'oro ebreo sudafricano Sir Henry Strakosch (confidente di Baruch) dopo che Winnie aveva trascorso un fine settimana nella villa di Bernie a New York. Poi arrivò la Seconda guerra mondiale (vedi: *Churchill's War*, di David Irving).

EISENHOWER stupì e fece infuriare i generali alleati quando ordinò alle truppe americane vittoriose di fermarsi all'Elba, in conformità all'accordo con Bernie Baruch e i suoi padroni KEHILLA, permettendo così agli ebrei e agli asiatici, per la prima volta nella storia, di saccheggiare e violentare il cuore dell'Europa. Questa azione divise la Germania (baluardo della cristianità), fece precipitare la Guerra Fredda e portò all'uccisione di oltre 10 milioni di tedeschi etnici dopo la resa incondizionata della Germania. L'America consegnò ai marxisti non solo l'antica città di Berlino e i suoi inestimabili archivi, ma anche il grande impianto di produzione di razzi a Nordhausen, le grandi fabbriche di ottica e strumenti di precisione Zeiss a Jena e la prima fabbrica di aerei a reazione a Kahla. Ovunque, l'America cedette ai marxisti migliaia di aerei, carri armati e caccia a reazione, le fabbriche di sottomarini di Schnorchel, nonché centri di ricerca, personale scientifico, brevetti e altri tesori (*Congressional Record*, 3-19-1951). Gli scienziati tedeschi catturati, NON i sovietici, hanno battuto gli Stati Uniti nello spazio! Gli ebrei (Beria, Andropov) avevano ucciso tutti i bravi scienziati. Non c'era nessuna tecnologia avanzata. I sovietici non erano in grado di produrre motori per i propri carri armati, per non parlare di razzi e sofisticati motori a reazione (gli Stati Uniti progettarono e costruirono quasi tutti i motori dei carri armati sovietici, che permisero all'URSS di vincere la battaglia chiave di Kursk). Armare l'URSS con tecnologie all'avanguardia, secondo le istruzioni di Baruch/Roosevelt/Truman, portò alla Guerra Fredda - una manna per i banchieri - contrapponendo il portafoglio statunitense alla minaccia

---

[10] Organo di comando della comunità ebraica organizzata.

sovietica.

Eisenhower, consapevole dei suoi obblighi, ordinò a tradimento alle truppe americane e britanniche di portare a termine l'OPERAZIONE KEELHAUL, spingendo milioni di anticomunisti russi dagli Stati Uniti e dall'Europa verso la tortura e la morte in Unione Sovietica. Gli statistici ufficiali sovietici (10-11945) affermano che un totale di 5.236.130 anticomunisti sono stati consegnati da Ike e ammettono che tre milioni di loro sono stati immediatamente assassinati DOPO LA GUERRA. Le vittime erano anticomunisti: soldati, prigionieri di guerra e uomini che erano stati reclutati nel servizio americano, combattendo valorosamente sotto la nostra bandiera; e civili: vecchi, donne e bambini che avevano cercato di fuggire dai BOLSHEVIKS. Tutti si erano arresi volontariamente alle forze americane dopo aver ricevuto la promessa di protezione degli articoli della Convenzione di Ginevra.

> Pochi crimini nella storia sono stati più brutali e più estesi di questo rimpatrio forzato di anticomunisti, per il quale Dwight Eisenhower ha impegnato l'onore degli Stati Uniti. Trascinare l'onore e la reputazione del nostro Paese in un mare di sanguinosi tradimenti...
> ROBERT WELCH, *il politico*,
> Presidente della John Birch Society.

I media annunciarono che 40.000 ufficiali dell'esercito polacco e l'élite civile erano stati uccisi nella FORESTA DI KATYN. I tedeschi, accusati di questo crimine, furono condannati a Norimberga e imprigionati o impiccati. In seguito fu dimostrato che il massacro di Katyn era un crimine bolscevico. Il numero di persone uccise si ridusse a 14.300. Le prove (come nel caso della famiglia dello zar) indicano omicidi rituali ebraici.

Le vittime dei processi di Norimberga furono processate durante i giorni sacri ebraici e impiccate il 16 ottobre 1946, giorno in cui YAWEH pronuncia il giudizio finale.

Mentre il Tribunale di Norimberga si preparava a condannare la Germania per "crimini contro l'umanità", gli aerei americani sganciavano bombe atomiche sulle città giapponesi indifese di Hiroshima e Nagasaki, uccidendo più di 110.000 non combattenti. Lo stesso numero di persone morì successivamente per avvelenamento da radiazioni.

All'ebreo contro il goy è permesso stuprare, imbrogliare e giurare il falso.

Babha Kama.

Israeliani ed ebrei americani sono completamente d'accordo sul fatto che la memoria dell'Olocausto è un'arma indispensabile... un'arma che deve essere usata senza sosta contro il nostro nemico comune... Le organizzazioni e gli individui ebrei si sforzano quindi continuamente di ricordarlo al mondo. In America, perpetuare la memoria dell'Olocausto è oggi un business da 110 milioni di dollari l'anno, in parte finanziato dal governo americano.

MOSHE LEDHEM, GIU', *La maledizione di Balaam*.

Gli inglesi (Banca d'Inghilterra) offrirono di fermare la guerra (1939-40) se la Germania avesse accettato il gold standard e l'usura internazionale. La Germania si offrì di fermare la guerra se gli inglesi le avessero permesso di sviluppare il suo sistema di baratto e di restituire parte delle sue colonie e del suo territorio.

C. C. VIETH, deputato britannico.

L'improvviso crollo dell'URSS (intorno al 1990) ha permesso al pubblico di accedere ai file segreti, ai cosiddetti "campi di sterminio" e agli ex agenti sovietici. Le continue ricerche hanno permesso di aggiornare le statistiche sulle morti degli ebrei durante la Seconda guerra mondiale:

Il Centro Mondiale di Documentazione Ebraica di Parigi, incapace di dire tutta la verità, ha comunque rivisto le cifre al ribasso: 1.485.292 Ebrei sono morti per tutte le cause durante la Seconda Guerra Mondiale. Il Congresso Ebraico Mondiale e Yad Vashem insistono sul fatto che 6 milioni di ebrei sono stati uccisi dai tedeschi, anche se ammettono che quasi 3 milioni di ebrei in meno sono morti ad Auschwitz rispetto a quanto affermato in precedenza! Più di 4 milioni di ebrei chiedono risarcimenti. Eppure non ci sono mai stati più di 3 milioni di ebrei sotto il controllo tedesco.

Die Tat, Zurigo (1-19-95), basandosi sulle statistiche fornite dal Comitato Internazionale della Croce Rossa, stima che tra i 300.000 e i 350.000 civili (non tutti ebrei) siano morti a causa della persecuzione politica, religiosa e razziale della Germania nazista.

Gli storici revisionisti concludono che il numero totale di morti ebrei per tutte le cause durante la Seconda guerra mondiale fu tra i 250.000 e i 300.000. La maggior parte di loro morì di tifo (si veda The Patton Papers (pagg. 35-4) sul tema della contaminazione ebraica). La maggior parte di loro morì di tifo (si veda *The Patton Papers* (pagg. 353-4) sul tema della contaminazione ebraica).

Per mettere queste cifre in prospettiva, circa 700.000 civili morirono durante l'assedio di Leningrado e oltre 200.000 a Dresda ("mitragliate tutto ciò che si muove!"). Si stima che durante la Seconda guerra mondiale siano morti tra i 10 e i 15 milioni di tedeschi.

POPOLAZIONE MONDIALE EGIZIANA Dati pubblicati

- 1938 - 16.599.250 (*Almanacco mondiale*)[11]
- 1948 - da 15.600.000 a 18.700.000 (*New York Times*)

Il professor Arthur R. Butz, della Northwestern University di Evanston, Illinois, è stato il primo a ricercare e documentare professionalmente lo sfollamento della popolazione ebraica europea durante la Seconda Guerra Mondiale e a dimostrare l'impossibilità del cosiddetto "Olocausto". Nel suo acclamato libro, *The Hoax of the Twentieth Century* (1975), Butz conclude che circa un milione di ebrei morirono per tutte le cause durante la Seconda Guerra Mondiale. Scrisse il suo libro dieci anni prima del processo Zundel che, tra le altre rivelazioni, demolì il mito delle camere di esecuzione.

[12]I monumenti all'"OLOCAUSTO" eretti dagli ILLUMINATI in tutto il mondo per gettare un'onta permanente sulla razza ariana sono, al contrario, MONUMENTI ai più grandi BUGIARDI DELL'UMANITA': LA RAZZA EROGA.

Nel corso della storia, gli ebrei sono stati diagnosticati come bugiardi congeniti. Non a caso, il loro libro sacro testimonia il falso, accusando i Romani di aver commesso l'OLOCAUSTO:

> La TALMUD... (sostiene) che il numero di ebrei uccisi dai Romani dopo la caduta della fortezza (Bethar) (135 d.C.) fu di 4 miliardi, "o come

---

[11] Si veda anche il Guinness dei primati.

[12] Hitler anticipò la "grande menzogna" degli ebrei, capitolo X, *Mein Kampf*.

dicono alcuni" 40 milioni, mentre la MIDRASH RABBAH parla di 800 milioni di ebrei martirizzati. Per rassicurarci sulla serietà di queste cifre, presentiamo gli eventi che necessariamente le accompagnano: Il sangue degli Ebrei uccisi raggiunse le narici dei cavalli dei Romani, poi, come un'onda anomala, si tuffò in mare per una distanza di un miglio o quattro miglia, portando con sé grandi blocchi di pietra e macchiando il mare per una distanza di quattro miglia. I bambini ebrei di Betar, secondo la letteratura talmudica, non furono ovviamente risparmiati dai Romani, che si dice abbiano avvolto ciascuno di loro in un rotolo e li abbiano bruciati tutti; il numero di questi scolari è di 64 milioni o almeno 150.000...
ARTHUR R. BUTZ, professore assistente di ingegneria, Northwestern U.,
La bufala del ventesimo secolo.

93 PERSONE SCELGONO
IL SUICIDIO PRIMA DELLA VERGOGNA NAZISTA
93 ragazze e giovani donne ebree, allieve dell'insegnante della scuola Beth Jacob di Varsavia, in Polonia, hanno scelto il suicidio di massa per sfuggire alla prostituzione forzata da parte dei soldati tedeschi, secondo una lettera dell'insegnante, resa pubblica ieri dal rabbino Seth Jung del New York Jewish Centre.
ASSOCIATED PRESS, 8 gennaio 1943.

Ho mentito. Mento sempre. Mi hanno insegnato a mentire. Mi è stato detto che era il modo per affrontare la vita.
MONICA LEWINSKI, EBREA,
Compagna di ufficio di Bill Clinton, 1998.

La storia ci insegna che gli ebrei sono bugiardi compulsivi. È una caratteristica genetica che tutti gli ebrei condividono. Tutti gli ebrei sanno che l'"Olocausto" è una menzogna - perché si capiscono. Pertanto, tutti gli ebrei devono essere ritenuti responsabili. Considerate attentamente il seguente articolo di giornale contemporaneo:

UN DOCUMENTARIO SUL CANALE PBS SOSTIENE CHE UN'UNITÀ NERA DELL'ESERCITO AMERICANO HA LIBERATO PRIGIONIERI EBREI DAI CAMPI DI CONCENTRAMENTO TEDESCHI. BELLA STORIA, MA NON VERA, DICONO I SOLDATI.

È stato un momento raro: Jessie Jackson circondata da sopravvissuti all'Olocausto con i capelli bianchi. Era una celebrazione nero-ebraica di "The Liberators", il documentario della PBS sulle unità nere dell'esercito americano che, secondo il film, contribuirono alla cattura di Buchenwald e

Dachau. Gli sponsor della proiezione, TIME-WARNER e un gran numero di ricchi e influenti newyorkesi, hanno presentato il film come uno strumento importante per ricostruire un'alleanza tra ebrei e neri... E. G. McConnell, uno dei primi membri del 761° battaglione carri armati (che compare nel film) dice: "È una bugia: non eravamo affatto vicini a quei campi quando furono liberati". Nina Rosenbloom, che ha coprodotto il film, afferma che non ci si può fidare di McConnell. "Non si può parlare con lui perché è incrinato. È stato colpito alla testa da schegge e ha subito gravi danni cerebrali". McConnell, meccanico in pensione della Trans World Airlines, ride quando gli si chiede della sua dichiarazione. "Se ero così disturbato, perché mi hanno usato nel film? È totalmente inesatto", afferma Charles Gates, l'ex capitano che comandava la Compagnia C. "Gli uomini non potevano essere così soddisfatti di loro stessi. Gli uomini non potevano essere lì perché il campo era a 60 miglia da dove ci trovavamo il giorno della liberazione". Secondo lui, i carri armati della 761ª erano assegnati alla 71ª Divisione di Fanteria, il cui percorso di combattimento era a 100-160 chilometri dai campi. Nel film vengono citati diversi sopravvissuti all'Olocausto che affermano di essere stati liberati dai neri di queste unità. La signora Rosenbloom denuncia con rabbia i critici del film come revisionisti dell'Olocausto e razzisti. "Queste persone hanno la stessa mentalità di chi dice che l'Olocausto non è avvenuto"... La campagna dei "liberatori", alimentata dal successo delle pubbliche relazioni, sta prendendo piede. Copie del documentario saranno distribuite a tutte le scuole secondarie di New York. Il costo del progetto scolastico è stato sostenuto dal banchiere d'investimento Felix Rohatyn... anche se diversi filantropi si contendono l'onore di acquistare le cassette per le scuole. Il film verrà utilizzato per "esaminare gli effetti del razzismo sui soldati afroamericani e sugli ebrei che si trovavano nei campi di concentramento... per spiegare il ruolo dei soldati afroamericani nella liberazione degli ebrei dai campi di concentramento nazisti e per rivelare il coinvolgimento degli ebrei come 'soldati' nel movimento per i diritti civili". Peggy Tishman, ex presidente del Council on Jewish Community Relations, sostiene il documentario. Dice: "Il documentario è un bene per l'Olocausto. Perché qualcuno dovrebbe voler sfruttare l'idea che il film sia una frode? Quello che stiamo cercando di fare è rendere New York un posto migliore per voi e per me". L'autrice afferma che l'accuratezza del film non è un problema. "Ciò che è importante è come possiamo far dialogare ebrei e neri. Ci sono molte verità che sono molto necessarie. Questa", dice, "non è una verità necessaria!".

JEFFREY GOLDBERG, EBREO, *The New Republic*.

Il più grande inganno è l'autoinganno. Esploreremo questa vulnerabilità ebraica esaminando la GENETICA. Perché è la NATURA che distruggerà inevitabilmente il "popolo eletto" di YAHVÉ.

CAPITOLO 7

MENDELISMO

Tutto è razza, non c'è altra verità. Questa è la chiave della storia. E ogni razza che permette incautamente al proprio sangue di mescolarsi deve scomparire.
BENJAMIN DISRAELI, ebreo, primo ministro inglese.

Il liberalismo è una malattia il cui primo sintomo è l'incapacità di credere alle cospirazioni.
FRIEDRICH WILHELM IV (1795-1861).

Ho conosciuto personalmente Franz Boas. Ho osservato la sua influenza come fondatore della scienza antropologica in America. Ho anche osservato il crescente grado di controllo esercitato dalla setta di Boas su studenti e giovani professori, fino a quando la paura di perdere il lavoro o lo status diventa un luogo comune... se non si mantiene la conformità al dogma dell'uguaglianza razziale...
DR. H. E. GARRETTT, Direttore del Dipartimento di Psicologia, Columbia Univ.

Per studiare le differenze razziali negli esseri umani viventi, gli antropologi fisici si affidano sempre più alle ricerche sui gruppi sanguigni, sull'emoglobina e su altre caratteristiche biochimiche... Negli esseri umani viventi sono state scoperte differenze razziali altrettanto importanti delle più note differenze anatomiche... non solo le variazioni ossee e dentali, evidenti nell'uomo fossile, e le variazioni di superficie nell'uomo vivente... che ci permettono di distinguere le razze quasi a colpo d'occhio. non solo le variazioni ossee e dentali che sono evidenti nell'uomo fossile e le variazioni superficiali nell'uomo vivente... che ci permettono di distinguere le razze quasi a colpo d'occhio, ma anche differenze più sottili che sono visibili solo sul tavolo di dissezione o attraverso l'oculare di un microscopio. DR. C.S. COON, Presidente dell'Associazione Americana dei Fisici-Antropologi. Associazione dei Fisici-Antropologi. Antropologi.

Qualunque sia il valore sociologico della finzione giuridica secondo cui "tutti gli uomini nascono liberi e uguali", non c'è dubbio che... nella sua applicazione biologica... questa affermazione è una delle più stupefacenti falsità mai pronunciate...
DR. EARNEST A. WOOTEN, professore di antropologia,

Università di Harvard.

Il patrimonio genetico dell'uomo determina il suo ambiente. L'uovo viene prima della gallina. Qualcuno crede che una zona della città abitata da cinesi diventerebbe una baraccopoli dove regnano povertà, criminalità e immoralità?
PROFESSOR HENRY E. GARRETT.

L'intero campo egualitario degli antropologi... è in gran parte ebraico e quasi interamente legato alla cospirazione comunista per... distruggere il nostro intero ordine sociale. L'alta percentuale di ebrei nel campo egualitario è molto sospetta perché, in tutta la storia dell'umanità, nessun'altra razza ha creduto nella propria superiorità in modo così fanatico come gli ebrei.
W. G. SIMPSON, *Che strada per l'uomo occidentale* (1970).

GREGOR MENDEL (1822-1884) era un monaco agostiniano nato a Brunn, in Austria. La sua scoperta delle prime leggi sull'ereditarietà (1865) ha gettato le basi della scienza della genetica. Egli dimostrò che il materiale ereditario trasmesso dai genitori alla prole è particellare (in relazione alle minuscole particelle presenti in natura) e consiste in un'organizzazione di *unità viventi*. Queste unità, oggi chiamate geni, si trovano in tutte le forme di vita, dai virus agli esseri umani. I geni, disposti nel nucleo di ogni cellula, comprese quelle sessuali, trasmettono un assortimento di geni dai genitori alla prole. *Interagendo tra loro, i geni determinano lo sviluppo e il carattere specifico di ogni individuo.* L'ambiente gioca un ruolo nello sviluppo di ogni individuo, ma è un ruolo minimo. Il vecchio adagio recita così: *Non si può fare una borsa di seta con un orecchio di maiale.*

L'intero GENOMA, il "manuale di istruzioni biologiche" dell'organismo, è costituito da 50.000-130.000 geni disposti lungo 46 cromosomi (tra cui due cromosomi, x e y, che determinano il sesso) che sono composti da 3 miliardi di coppie di nucleotidi, gli elementi costitutivi del DNA (acido desossiribonucleico) che, in ogni cellula, trasmette i modelli ereditari. Quando gli scienziati molecolari dividono i nucleotidi, ci avviciniamo al regno della fisica nucleare e della meccanica quantistica, in cui le molecole vengono scomposte in infinitesimi di quark (milionesimi di milionesimo di pollice) - e in particelle di materia ancora più piccole - che si trasformano in diverse lunghezze d'onda di energia elettrica. A questo punto, la scienza entra nel regno della metafisica dove (suppongo) la materia di cui sono fatti i geni scambia energia con la Forza Universale (probabilmente in modo direttamente proporzionale al proprio grado nella scala evolutiva). Se questo è vero, questo scambio di energia non è forse l'ANIMA dell'uomo?

GEMELLI IDENTICI. L'esplosione tecnologica ha reso possibili molti fatti nuovi. Le tecniche di massa, ad esempio, che consentono studi di gruppo a livello genetico, rivelano gli effetti dei geni nell'interazione razziale. Oggi gli *scienziati attribuiscono all'ereditarietà ben il novanta per cento (90%) delle differenze nelle nostre ABILITÀ*. Gli studi su un gran numero di "gemelli identici" dimostrano *ciò che i nostri antenati ariani sapevano intuitivamente*: la natura prevale sull'educazione. I gemelli identici iniziano la loro vita con una disposizione identica dei geni nel loro germoplasma. Se cresciuti separatamente - nutriti, alloggiati ed educati *in ambienti completamente diversi* - studi esaustivi dimostrano che i *gemelli identici sviluppano invariabilmente le stesse malattie, condividono gli stessi interessi e hanno, tra le altre somiglianze, lo stesso livello di proprietà emotive e mentali* che determinano il loro comportamento sociale, il carattere e lo sviluppo. Queste qualità non sono praticamente influenzate dall'ambiente. Questi studi, da soli, hanno inferto un colpo mortale alle SPIROCETTE DELLA SIFILIDE EBREO. I geni ci rendono ciò che siamo. E ci rendono diseguali: individualmente e razzialmente.

MUTAZIONI

Ricerche approfondite dimostrano che le mutazioni genetiche, la maggior parte delle quali sono fatali (oltre il 90%), sono presenti in qualche misura in tutti gli esseri umani. Tuttavia, alcuni gruppi etnici non solo hanno una maggiore frequenza di difetti genetici, ma *possono anche soffrire di mutazioni genetiche specifiche della loro razza*. Per esempio, la malattia di Tay-Sachs e l'anemia falciforme sono malattie genetiche rispettivamente degli ebrei e dei neri. Sebbene ai liberali piaccia credere che tutte le persone siano state create uguali, sembra che alcune razze, almeno geneticamente, siano "più uguali di altre".

4-F. Durante la Prima guerra mondiale, il 30% degli uomini americani idonei fu dichiarato non idoneo al servizio militare perché non soddisfaceva i criteri fisici e mentali. Durante la Seconda Guerra Mondiale, questa cifra è salita al 40%, includendo più di un milione di psico-neurotici; per ragioni simili, 300.000 soldati sono stati eliminati lungo le linee di battaglia. Durante la guerra di Corea, la percentuale salì al 52%, anche se *gli standard dovettero essere abbassati! Forse è per questo che la Stella di Davide appare così raramente sulle croci bianche che segnano gli eroi americani caduti.*

NASCITE

Negli Stati Uniti, 25 bambini su 100 nascono deformi al punto da essere descritti come mostri, spesso a causa di una *regressione*. Dei settantacinque che sopravvivono, ventotto sono fallimenti sociali entro quindici anni, in gran parte a causa di malattie genetiche degenerative. *Ciò si traduce in un tasso di fallimento riproduttivo del 53%! I casi di malattie degenerative stanno aumentando in modo esponenziale, mentre la carnagione dell'America si scurisce.*

SALUTE MENTALE

Nel 1960, il 47% di tutti i letti degli ospedali americani era occupato da malati di mente. Michael Gorman, direttore esecutivo del National Committee for Mental Health, stimava che non meno del 10% della popolazione totale avrebbe trascorso del tempo negli ospedali psichiatrici. Ha descritto questa situazione come "un'epidemia che sta spazzando il paese". Altrettanto preoccupante è il problema del ritardo mentale (una mente che non riesce a svilupparsi): L'adulto idiota ha l'intelligenza di un bambino tra i 2 e i 4 anni; l'imbecille tra i 3 e i 7; il deficiente tra i 7 e i 12 anni. Un livello di intelligenza superiore a questi gruppi è rappresentato dai "noiosi normali", che possono ricoprire incarichi governativi e votare. L'ereditarietà della debolezza mentale è ampiamente riconosciuta. Peggio ancora, questi *degenerati si riproducono all'interno del gruppo, producendo un numero di coppie intelligenti tre volte superiore a quello delle coppie intelligenti.* È significativo che nel 1960 la percentuale di persone deboli di mente negli Stati Uniti fosse trenta (30) volte superiore a quella della Germania (a quanto pare le truppe d'élite delle Waffen-SS di Hitler, prima di essere impiccate, hanno procreato bambini Alpha). Presumibilmente le statistiche americane mostrano che il problema è peggiorato. È risaputo che i nostri manicomi sono stracolmi. I liberali lo considerano un problema di "discriminazione".

Gli idioti dall'aspetto grottesco e dal comportamento grottesco vengono rilasciati nel loro ambiente originario, dove vagano per il quartiere come folletti ad Halloween.

Gli ILLUMINATI hanno cercato di sopprimere tutte le informazioni sulla genetica, ma la "cortina di ferro" si è aperta a quasi tutti i livelli di comunicazione. I media ebraici non possono più nascondere i FATTI devastanti. L'uguaglianza è una menzogna marxista, liberale ed ebraica. I geni, non i programmi sociali ambientali, determinano la qualità della vita umana: fisiologicamente, psicologicamente, comportamentalmente, intellettualmente e culturalmente. Soprattutto, i geni sono legati all'essenza spirituale dell'uomo in un modo che possiamo percepire ma non vedere, sentire ma non toccare. I contributi dell'ambiente sono incidentali e trascurabili in confronto.

La vostra repubblica sarà saccheggiata e devastata dai barbari nel XX secolo come lo fu l'Impero Romano nel V secolo, solo che gli Unni e i Vandali saranno stati generati nel vostro paese dalle vostre stesse istituzioni.
LORD MACAULAY, rivolgendosi agli Stati Uniti 150 anni fa.

La verità della sua convinzione (Brandeis, giudice della Corte Suprema, ebreo) che la filosofia individualista (americana) non potesse più fornire una base adeguata per affrontare i problemi della vita economica moderna è ora generalmente riconosciuta... egli prevede un ordine cooperativo... Brandeis ritiene che la Costituzione americana debba essere interpretata in modo liberale.
ENCICLOPEDIA UNIVERSALE Ebraica (Vol. II).

Gli scienziati devono confrontarsi regolarmente con queste differenze razziali o etniche e affrontarle onestamente per scoprirne le origini e le implicazioni. Negare che alcuni gruppi siano geneticamente diversi da altri è ingenuo... Quanti ebrei ashkenaziti ci sono nella National Basketball League?
R. D. BURKE, EBREO, professore di epidemiologia, Einstein College,
NY. Citato da Robin M. Henig, *Washington Post.*

Garland Allen (professore di biologia) è preoccupato per la possibilità di un nuovo movimento eugenetico che riecheggi l'ondata di restrizioni all'immigrazione e di sterilizzazione forzata che ha attraversato l'Europa e l'America negli anni '20 e '30, culminando negli orrori del Terzo Reich.
CANDICE O'CONNOR Università di Washington, St. Louis, Mo.

HITLER aveva ragione nel valutare l'importanza ultima della genetica. Attraverso l'eugenetica applicata (miglioramento del pool genetico ariano), egli intendeva creare una super razza ariana. La religione dell'"Olocausto" fu inventata dagli ILLUMINATI per molte ragioni, una delle quali era quella di dissuadere la nazione bianca dal perseguire il darwinismo sociale di Hitler e l'antropologia fisica applicata, la genetica e l'eugenetica.

Venite a noi, figli dell'Occidente! Non aspirate più a sogni di coraggio, conquista e gloria. I vostri vecchi eroi ed eroine non erano altro che genitali in movimento. Non c'è anima. E la vita? La vita è solo denaro, lussuria e fratellanza. Venite da noi, figli d'oro dell'Occidente!
MARXISMO/LIBERALISMO/GIUDAISMO.

L'umanità non solo deve continuare, ma deve crescere! Il SOVRANO che ho nel cuore... non è l'uomo: Né il vicino, né il più povero, né il più sfortunato, né il migliore... Ciò che amo dell'uomo è che è sia sull'abisso che nell'abisso, che cerca di creare al di là di se stesso e che a questo scopo è pronto a soccombere... Le razze purificate diventano sempre più forti e più belle... I deboli e i falliti periranno: questo è il primo principio dell'umanità.
FRIEDRICH NIETZSCHE.

Ogni cellula, ogni organismo, ogni razza deve espellere i propri rifiuti o morire!
WILLIAM GAYLEY SIMPSON, *Quale percorso per l'uomo occidentale?*

E.A. HOOTEN, professore di antropologia ad Harvard, che collega la criminalità a fattori genetici, dichiara: Lo *"stock di criminali"* del Paese *deve essere eliminato. L'*unico modo per fermare la proliferazione del crimine è *"creare una razza migliore"*.

Mentre ASHLEY MONTAGU (pseudonimo di Israel Ehrenberg), un ebreo boasite, dichiara: *"Non c'è la minima prova per credere che qualcuno erediti la tendenza a commettere atti criminali"*. Questo nonostante le montagne di prove che collegano i difetti genetici alla criminalità. La verità è che la criminalità è aumentata negli Stati Uniti proprio perché la Scuola di antropologia di Boas ha stabilito le linee guida della criminologia negli Stati Uniti.

Se ciò che temo è vero... i nostri programmi di welfare, nelle loro nobili intenzioni, potrebbero incoraggiare... l'evoluzione all'indietro attraverso

una riproduzione sproporzionata delle persone geneticamente svantaggiate.
WILLIAM SHOCKLEY, premio Nobel,
Stanford Univ. in *Scientific American* (gennaio 1971).

Un cane che sa contare fino a dieci è un cane straordinario, non un grande matematico.
Nonno, da "Down on the Farm".

La natura insegna che tutto il progresso passa attraverso il miglioramento fisico della razza. Gli uomini non sono intelligenze disincarnate, denazionalizzate, che agiscono senza alcun rapporto con i loro antenati o con la posterità. Tutta l'evoluzione naturale è avvenuta attraverso alcune razze: finché hanno mantenuto intatta la loro virilità, le conquiste umane sono rimaste cumulative. Ma non appena la purezza del sangue e la sana capacità riproduttiva di un popolo sono state compromesse, sia da condizioni malsane che da miscele, la razza si è deteriorata e la qualità dell'individuo è diminuita con essa.
PROF. ARTHUR BRYANT, "Vittoria incompiuta".

Gli ebrei sono perfettamente felici, se questo giova alla loro tribù, di mandare giovani ariani a morire in guerre senza speranza in tutto il mondo. Ma gli ebrei impazziscono non appena si suggerisce che la sterilizzazione di persone geneticamente non idonee possa giovare all'umanità. Improvvisamente, tutta la vita umana - anche gli imbecilli che non sono ancora stati concepiti - diventa sacrosanta. L'*ultima cosa che gli ebrei vogliono è una nazione ariana forte e sana*. La posizione cattolica sull'eugenetica forzata è impantanata nella stessa arroganza del confronto con Galileo. Dopo tutto, fu il SOLE di Dio a vincere quella battaglia, non i cardinali!

Nel famoso caso *Buck v. Bell, Corte Suprema degli Stati Uniti, 1927*, la Corte confermò la legge dello Stato della Virginia che autorizzava la sterilizzazione obbligatoria dei "deboli di mente". Oliver Wendell Holmes Jr. affermò che le leggi sulla sterilizzazione rientravano nei poteri di polizia dello Stato e che "tre generazioni di stupidi sono sufficienti".
W.G. SIMPSON, *Quale cammino per l'uomo occidentale?*

I Paesi scandinavi seguirono nel 1929, 1934 e 1935. Dall'inizio del secolo fino ai primi anni '60, gli Stati Uniti d'America ebbero un proprio movimento eugenetico, promosso da numerosi educatori, scienziati e giudici di alto rango della Corte Suprema che chiedevano la sterilizzazione di ispanici e neri con difetti genetici.

Le leggi per prevenire la trasmissione di malattie ereditarie sono state promulgate dai nazisti (luglio 1933) per prevedere la sterilizzazione di persone affette da debolezza mentale congenita, da alcune malattie mentali come la schizofrenia e la depressione maniacale, da epilessia ereditaria, da cecità, sordità-mutismo e da gravi malformazioni. L'abbattimento di animali non idonei è stato praticato da nazioni vigorose nel corso della storia. Tutti gli agricoltori e gli allevatori comprendono l'importanza di un buon allevamento. Per ottenere un giardino vigoroso e produttivo, è necessario iniziare con semi sani, quindi preparare il terreno, eliminare le piante difettose e tutte le erbacce. "Le erbacce *sono negli occhi di chi le guarda*", protestano gli egualitari. È vero. Ogni razza ha sentimenti istintivi su ciò che è bello, produttivo, importante. La nostra rosa può essere la vostra erbaccia. *Il tè di un uomo è il veleno di un altro.* È ovvio che razze diverse non possono esistere in modo armonioso e produttivo sotto lo stesso governo. *La civiltà occidentale - la civiltà bianca - se vuole sopravvivere, deve eliminare le erbacce dal suo giardino. Così come deve eliminare dalla sua mente gli SPIROCETTI DELLA SIFILIDE EBREO.* Un primo passo necessario è la sterilizzazione delle persone non idonee, mediante l'inserimento di un chip contraccettivo sotto la pelle del ricevente. A questo deve seguire immediatamente la remigrazione della popolazione non bianca degli Stati Uniti.

GENETICA E RAZZA

Come antropologo sociale, naturalmente accetto e addirittura insisto sul fatto che ci sono grandi differenze, sia mentali che psicologiche, che separano le diverse razze dell'umanità. Anzi, sarei propenso a suggerire che, a prescindere dalle differenze fisiche tra razze come quella europea e quella nera, le differenze mentali e psicologiche sono ancora maggiori.
L.S.B. LEAKY, *Progresso ed evoluzione umana in Africa.*

Dall'inizio degli anni Trenta, quasi nessuno al di fuori della Germania e dei suoi alleati ha osato suggerire che una razza potesse essere superiore a un'altra in qualche modo, per paura di dare l'impressione che l'autore sostenesse o condonasse la causa nazista. Coloro che credevano nell'uguaglianza di tutte le razze erano liberi di scrivere ciò che volevano senza timore di essere contraddetti. Nei decenni successivi sfruttarono appieno questa opportunità.
DR. JOHN R. BAKER, biologo, Oxford,
membro della Royal Society.

Se tutte le razze hanno un'origine comune, come mai alcuni popoli, come i Tasmaniani e molti aborigeni australiani, vivevano ancora nel XIX secolo in modo paragonabile a quello degli europei di oltre 100.000 anni fa?

CARLTON S. COON, professore di antropologia ad Harvard.

Nonostante i resoconti entusiastici delle conquiste africane degli ultimi 5000 anni, la storia dell'Africa nera è culturalmente vergine. A sud del deserto del Sahara, fino all'arrivo delle altre razze, non esisteva alcuna civiltà alfabetizzata. (Nessuna lingua scritta, nessun numero, nessun calendario, nessun sistema di misurazione). Gli africani neri non avevano inventato l'aratro o la ruota, né avevano addomesticato alcun animale o cultura).

PROFESSORE HENRY GARRETT,
Direttore del Dipartimento di Psicologia, Columbia U.

Le razze umane si differenziano allo stesso modo delle specie animali chiaramente definite.

SIR ARTHUR KEITH, M.D., Rettore,
Università di Edimburgo.

W. G. Simpson ("In che modo l'uomo occidentale") sottolinea che l'obiettivo primario di ogni nazione NON è produrre un greggre servile di pecore lobotomizzate, *ma produrre il maggior numero di uomini superiori*. Uomini di grande istinto e intuizione, di potente intelletto capace di analisi e creatività, di grande coraggio e nobili propositi, uomini di abbondante salute ed energia, di personalità imponente e spirito magnanimo, che si considerano con *"amore e disprezzo"* di Nietzsche. Sono gli uomini che preferiscono "morire in sella piuttosto che al fuoco". Sono Titani, metà Dio e metà Uomo: sono il ponte tra l'animale e il Superuomo che verrà. Solo comprendendo e applicando le leggi della natura una grande nazione può continuare a produrre uomini e donne superiori e salvarsi dall'estinzione.

GREGOR MENDEL, studiando la riproduzione dei piselli nel giardino del suo monastero, *scoprì gli elementi costitutivi di tutti gli esseri viventi*, giustificando (in larga misura) *la teoria dell'evoluzione di* Darwin. In seguito, il decreto suicida di Geova, secondo cui l'uomo avrebbe dovuto *"dominare"* la natura, fu relegato nella terra della fantasia. L'umanità è soggetta alle leggi della natura. Il compito dell'uomo è imparare le leggi della natura e obbedirvi; così facendo, l'uomo diventerà sempre più perfetto. *Il dono di Mendel all'umanità è la scienza che permette di creare esseri viventi sempre più perfetti!* IL

DONO DI DIO ALL'UMANITÀ È MENDEL!

Come abbiamo appreso, l'APPARATO DELL'ODIO GIURIDICO si è abbattuto sul MENDELISMO, seppellendo la verità per 100 anni. Alla fine, la natura ha trionfato sull'ideologia, come sempre, distruggendo Marx, Freud e Boas. È ormai un FATTO INCONTESTABILE: l'ambiente non crea alcuna capacità innata, ma può solo decidere se una capacità innata debba essere sviluppata o meno. L'ABILITÀ È EREDITATA!!! *SVEGLIATEVI ALL'ERA MENDELIANA!*

> Se esaminiamo tutti gli esperimenti genetici in cui l'ereditarietà era costante e l'ambiente variabile, non è esagerato dire che i risultati sono trascurabili.
> DR. EDWARD M. EAST, professore di genetica all'Università di Harvard.

> Non cercate mai di insegnare a un maiale a cantare: vi rovinerà la giornata e lo infastidirà.
> Nonno, da "Down on the Farm".

L'EUGENICA è la scienza che applica le leggi della genetica al miglioramento delle razze. L'uomo è in grado di trasmettere tratti genetici favorevoli alle generazioni successive, eliminando al contempo molte qualità sfavorevoli. L'uomo può ottenere risultati ancora più straordinari di quelli ottenuti nell'allevamento di cereali, frutta, verdura, fiori, bovini, cavalli e animali domestici. Non lasciatevi scioccare da questo. L'uomo è in parte un animale. Diamo quindi un'occhiata ad alcune pratiche di allevamento dell'uomo.

La consanguineità è stata praticata fin dall'inizio della storia umana. Comporta l'accoppiamento di parenti stretti: genitori e fratelli, fratelli e cugini di primo grado. Contrariamente a quanto si sostiene in modo distorto, l'unico danno dell'inbreeding deriva dall'eredità difettosa ricevuta: difetti che persistono nel ceppo per molte generazioni, ma che sono stati nascosti da tratti più dominanti. Affinché la consanguineità abbia successo, è necessario evitare che i tratti difettosi si riproducano.

> Invece di essere condannata, la consanguineità dovrebbe essere elogiata. Dopo una continua consanguineità e l'eliminazione degli indesiderabili, una razza consanguinea viene purificata e liberata da anomalie, mostruosità e gravi debolezze...

EDWARD M. EAST, Ph.D., LL.D.,
Professore di genetica ad Harvard.

La consanguineità è disastrosa solo se gli ingredienti della catastrofe sono già presenti nell'animale... La consanguineità stretta di un animale sano, se combinata con l'eliminazione intelligente dei soggetti deboli e anormali, può essere praticata per molte generazioni senza conseguenze indesiderate.

A. A. F. CREW, M.D., D.Sc, Ph.D., F.R.S.E., U. Edimburgo.

L'India antica prosperava grazie alla consanguineità. Quando il sistema delle caste è stato abbandonato, l'India è andata incontro a un precipitoso declino. Gli Spartani, considerati la più grande razza dal punto di vista fisico, praticavano la consanguineità, così come i loro straordinari cugini attici, gli Ateniesi, che, su una popolazione di 45.000 uomini nati liberi (530-430 a.C. circa), hanno prodotto quattordici degli uomini più illustri della storia. In Persia, le mogli preferite erano le cugine da parte del padre. Gli Egizi e gli Inca sposavano padri e figlie, figli e madri, fratelli e sorelle; quest'ultima era considerata la migliore delle unioni matrimoniali. Durante la più grande dinastia egizia (la 18a), ci furono sette matrimoni tra fratelli e sorelle. Gli Ebrei non solo erano endogami, ma spesso si sposavano all'interno della *famiglia*. Per esempio, Abramo sposò Sara, sua sorellastra; Giacobbe sposò Rachele e Lia, entrambe cugine di primo grado. Lot sposò le sue due figlie (o era il contrario?). Il Dizionario della Bibbia di Hasting afferma che gli Ebrei hanno una probabilità tre volte superiore rispetto alle altre razze di sposare cugini. Gli Ebrei producono anche un alto tasso di difetti perché la LEGGE TALMUDI incoraggia le persone geneticamente inadatte a riprodursi; questa politica fatale ha seriamente contaminato il pool genetico ebraico.

La consanguineità è il modo più rapido per far emergere i difetti latenti in modo che possano essere identificati ed eliminati. È anche il metodo migliore per ottenere l'uniformità e le qualità desiderate.

> La consanguineità incanala e isola la salute e altre qualità desiderabili, così come incanala e isola la cattiva salute e altre qualità indesiderabili. Stabilizza il germoplasma, rendendo calcolabili i fattori ereditari. In questo modo, l'aspetto è una guida per l'equipaggiamento ereditario dell'individuo... agisce come purificatore di un ceppo o di una famiglia.
> A. M. LUDOVICI, "La ricerca della qualità umana".

L'esogamia è l'accoppiamento di individui non imparentati o imparentati alla lontana, ma appartenenti allo stesso pool genetico razziale. L'inbreeding è un mezzo per ampliare e arricchire le combinazioni di tratti ereditari che un successivo inbreeding può essere chiamato a isolare, stabilizzare e far emergere nella prole. Il risultato è la cosiddetta eterosi o VIGORE IBRIDO, dovuto alla combinazione delle qualità dei genitori. Le carenze di un genitore possono essere annullate dalle eccellenze dell'altro. Oppure le qualità di un genitore possono essere rafforzate da quelle dell'altro. I tre fattori più importanti che riguardano gli IBRIDI, come già detto, sono i seguenti:

1) Per ottenere un vigore ibrido, entrambi i genitori devono essere non imparentati e di razza pura. Le qualità dei genitori devono essere compensative e complementari.

2) Il vigore degli ibridi, quando si verifica, è specifico del primo incrocio. Gli incroci successivi di ibridi comportano una forte perdita di vigore. In breve, gli ibridi utilizzati per la riproduzione sono inutili: non possono nemmeno trasmettere le proprie dimensioni e il proprio vigore.

3) Ibridi di vigore pari o superiore a quelli appena descritti possono essere ottenuti incrociando ceppi familiari diversi ma distinti all'interno della stessa razza o pool genetico. Si tratta di un tipo di consanguineità molto diffusa in America, dove le antiche tribù ariane (tedeschi, celti, slavi, ecc.) si sono incrociate, creando un patrimonio genetico non europeo. Questo grande patrimonio genetico bianco (da cui provengono i fondatori e i costruttori dell'America) sta per essere distrutto dai nostri antichi NEMICI.

Ricordiamo (tranne nel caso dell'autofecondazione o della clonazione) che l'endogamia deriva dal restringimento delle linee delle qualità ereditarie e l'esogamia dall'allargamento della rete ereditaria.

La mescolanza, l'esempio più estremo di sovrapproduzione, si verifica quando si accoppiano coppie provenienti da pool genetici completamente diversi, come giapponesi e negri, o ariani ed ebrei.

I disturbi genetici che spesso derivano dalla sovrapproduzione estrema e dagli incroci sono ben documentati e comprendono disturbi fisiologici, istintivi e psicologici. I disturbi più evidenti sono le aberrazioni fisiche. I fattori ereditari vengono trasmessi alla prole in modo indipendente. Per esempio, un bambino può ricevere una pelle pallida da un genitore e mantenere capelli lanosi e caratteristiche da negro dall'altro; oppure la prole può ricevere organi interni troppo piccoli o troppo grandi per il resto del corpo; o ancora braccia e gambe che sono in contrasto con il busto, rendendo difficile il funzionamento del corpo come un'unità sintetizzata. Come minimo, la salute e l'efficienza sono compromesse e la simmetria è persa. Mescolare personaggi intellettualmente superiori con altri mentalmente inferiori degrada il pool genetico superiore. Ma il problema è ancora più grave:

La reversione all'interno della specie è talvolta il risultato di incroci estremi. La prole ritorna a uno stadio evolutivo molto precedente. Questi degenerati, spesso mostri, rappresentano l'evoluzione al contrario e non si vedono mai nei programmi televisivi marxisti/liberali/ebraici.

Le diverse razze hanno impiegato milioni di anni per evolversi: alcune razze si sono evolute più lentamente o hanno iniziato più tardi di altre. *L'incrocio con razze meno evolute fa perdere alla razza superiore centinaia di migliaia di anni di evoluzione e impone anomalie fisiologiche e psicologiche che, allo stato attuale della ricerca clinica, sembrano catastrofiche.*

Il fatto che esistano differenze ereditarie nelle dimensioni di organi e parti assume un significato profondo se ricordiamo che implica l'inevitabile conseguenza che gli incroci razziali e di altro tipo possono portare a gravi disadattamenti... tra i denti e le mascelle, tra le dimensioni del corpo e quelle di uno o più organi importanti, discordanza tra i vari componenti della catena endocrina... la discordanza si manifesta comunemente con un parto difficile causato da una sproporzione nelle... dimensioni del tratto materno...
A.A.E. CREW, Università di Edimburgo.

Le famiglie veramente sane ed efficienti sono troppo preziose per essere mescolate con quelle malate e morbose; esse dovrebbero quindi, per quanto possibile, sposarsi tra loro, così come le meno desiderabili.
Dr. FRITZ LENZ, citato da A.M. Ludovici.

La consanguineità è il modo più sicuro per creare famiglie che, nel loro insieme, siano di grande valore per la comunità.
Dr. E.M. EAST e Dr. D. F. JONES,
"Inbreeding e sovrappopolazione".

Gli incroci si sono verificati nel corso della storia. Anche le malattie si sono verificate nel corso della storia. La frequenza degli incroci e delle malattie non ne determina la desiderabilità. *La storia dimostra che gli invidiosi e i meno dotati vogliono distruggere coloro che non saranno mai in grado di imitare, oppure perdere la propria identità incrociandosi con una razza superiore, il che in entrambi i casi costituisce una forma di genocidio. Per i meno dotati, il miscegenariato è il desiderio di afferrare e tenere in mano una farfalla d'oro dalla bellezza allettante. Ma quando la afferrano, si accorgono che i suoi bellissimi colori si cancellano dalle loro dita. Il figlio bastardo di una donna svedese dai capelli d'oro e dagli arti lunghi non sarà mai bello o in forma come sua madre. La gloria svanisce per sempre.*

I bambini sono individui... dal momento in cui nascono. In effetti, molte delle loro caratteristiche individuali sono definite molto prima della nascita... Ogni bambino nasce con una natura che colora e struttura le sue esperienze... Ha tratti e tendenze costituzionali in gran parte innati che determinano come, cosa e, in una certa misura, quando imparerà. Queste caratteristiche sono sia razziali che familiari... Le differenze razziali sono riconoscibili già al quarto mese di vita del feto... Esistono vere e proprie differenze individuali che già preannunciano la diversità che caratterizza la famiglia umana.
PROF. ARNOLD GESELL, Università di Yale, Pediatria.

... si era giunti a riconoscere che il fattore razziale nelle trasfusioni di sangue era di tale importanza pratica che il dottor John Scudder, che aveva avuto una carriera di primissimo piano come chirurgo, ematologo, professore di medicina e direttore di banche del sangue in varie parti del mondo, e come consulente in materia di banche del sangue per il nostro governo e per diversi governi stranieri, nello stabilire le regole per la selezione dei donatori di sangue... ha specificato che devono essere "della stessa razza del paziente" e preferibilmente "dello stesso gruppo etnico del paziente".
WILLIAM G. SIMPSON, "Quale strada per l'uomo occidentale".

Quando si parla di gruppi sanguigni, emoglobine e altre caratteristiche biochimiche, si è scoperto che le differenze razziali sono altrettanto importanti delle più note e visibili variazioni anatomiche. Essendo invisibili a occhio nudo, sono molto meno controverse di queste ultime in un mondo sempre più consapevole dell'esistenza della razza. Almeno per me, è incoraggiante sapere che la biochimica ci divide ancora in sottospecie che da tempo riconosciamo sulla base di altri criteri.
DR. CARLTON S. COON, professore di antropologia all'Università di Harvard.

Nel suo acclamato libro "L'origine delle razze", il dottor Carlton Coon cita i quattro fattori più importanti nella formazione delle razze: Ricombinazione Mutazione Selezione - Isolamento. La ricombinazione è uno scambio inspiegabile di geni da cromosomi omologhi, che forma nella prole una combinazione indipendente di geni che non è presente nei genitori.

La MUTAZIONE è un cambiamento inspiegabile nella composizione chimica di un gene che lo porta a produrre un effetto diverso da quello prodotto dal gene da cui deriva. In altre parole, si tratta di un cambiamento chimico nei geni che produce un gene completamente nuovo, non ereditato, che entra nel pool genetico razziale. Il 90% delle mutazioni non sono necessarie o dannose per l'organismo e vengono eliminate per *SELEZIONE NATURALE* (Madre Natura è premurosa, mai gentile). Altre mutazioni dannose, invece, possono perpetuarsi e produrre disturbi organici, come la malattia di Tay-Sachs, l'anemia falciforme, i gozzi, le palatoschisi, le deturpazioni e molte altre afflizioni fisiologiche e psicologiche che, tra l'altro, possono essere virtualmente eliminate con l'applicazione dell'eugenetica. Inoltre, e questo è il punto importante, la *MUTAZIONE* è *"l'elemento principale dell'evoluzione" delle specie!* *"Senza la mutazione, l'evoluzione non avrebbe mai potuto avere luogo.* Prima che una popolazione potesse svilupparsi in una razza, doveva comparire un gene mutato riccamente dotato. Questo gene speciale viene introdotto nel pool genetico razziale e si crea un ORGANISMO CULTURALE SPIRITUALE, che dà a questa razza la padronanza sulle popolazioni concorrenti.

    L'ISOLAMENTO *del pool genetico protegge l'ORGANISMO CULTURALE dalla contaminazione di forze extra-razziali.* L'ISOLAMENTO, sia esso geografico o socioculturale, è il mezzo con cui una particolare unità di popolazione o pool genetico viene sottoposto alle forze selettive differenziali del proprio ambiente climatico e culturale. Le variazioni e le differenze genetiche che possono verificarsi all'interno di un gruppo di popolazione vengono preservate e diventano caratteristiche del gruppo (cioè elementi di un "tipo di razza") limitando l'accoppiamento ai membri del gruppo. La continuazione dell'isolamento e della consanguineità... perpetua e stabilizza le differenze tra i gruppi.
    DONALD A. SWAN, "The Mankind Quarterly" (Vol. IV, No. 4).

L'isolamento è stato il fattore principale, o almeno un fattore essenziale, nella differenziazione delle razze.
    DR. R. R. GATES, professore emerito di botanica,

Università di Londra.

A meno che una popolazione riproduttiva non sia confinata (isolata), la selezione naturale potrebbe non essere in grado di eliminare i geni vecchi e sfavorevoli dal suo pool.
DR. CARLTON S. COON, professore di antropologia all'Università di Harvard.

Come si vede, le prove sono inconfutabili. Tutti gli antropologi, i genetisti e gli storici credibili concordano: le *razze sono geneticamente uniche: fisiologicamente, psicologicamente, intellettualmente, comportamentalmente e intuitivamente. I geni determinano la razza. La razza determina l'abilità. La capacità determina la cultura. La cultura determina l'ambiente.* Di conseguenza, le culture non sono uguali tra loro. *I geni sono intrinseci alla FORZA VITA, sono entità viventi, in evoluzione, razziali, date da Dio!*

ADOLPH HITLER è stato il primo grande leader politico a comprendere e sottoscrivere i principi del MENDELISMO: i geni unici che hanno prodotto la cultura occidentale.

La cultura occidentale è stata prodotta da geni ariani. Pertanto, i geni ariani sono geni unici. (A:B): :(B:C) = (C:A).

Seguendo questo sillogismo, che si basa sulle leggi della natura, Adolph Hitler concluse che la *funzione primaria dello Stato ariano (Reich) era quella di proteggere e nutrire la nazione ariana (il pool genetico bianco).* Hitler intendeva lanciare il suo programma *politico/eugenetico in Germania, riunendo gradualmente la famiglia ariana sotto un unico Stato; un concetto che i GIECI consideravano "antisemita" (una minaccia al parassitismo) e nazionalista (una minaccia al Nuovo Ordine Mondiale PLUTOCRATICO). I marxisti, i liberali e i giudei (sostenuti dalla Chiesa cattolica) si rifiutano di promulgare il mendelismo e demonizzano coloro che lo fanno (la fede e la religione si oppongono sempre all'istinto e alla conoscenza).*

50 anni dopo che l'America ha incenerito il Terzo Reich, la comunità scientifica bianca, aiutata da INTERNET, ha liberato il GENIO dalla bottiglia (avendo perso il controllo del gene attraverso i MEDIA, i GIudei stanno ora cercando freneticamente di controllarne l'uso). Oggi il MENDELISMO migliora la vita di tutti gli abitanti del pianeta. Di conseguenza, le aziende farmaceutiche, i laboratori di

ricerca universitari, i patologi, gli eugenisti, i capi di Stato (che cercano di migliorare le loro popolazioni), ecc. acquistano attivamente i geni bianchi sul mercato. Nel settore privato, le studentesse ariane, ad esempio, sono assediate da offerte per le loro ovaie in cambio di borse di studio e altri benefici (si sa della contaminazione hollywoodiana dell'utero ariano). Gli islandesi, la cui eredità vichinga è notevole per il suo patrimonio genetico incontaminato, commercializzano i loro geni e le loro uova in tutto il mondo. La vendita di geni e ovuli ariani sarà presto il più grande business dell'Islanda (quanti genitori sterili si affannano a comprare ovuli ebrei o portoricani?).

L'aspetto satanico della commercializzazione della vita (TEST TUBING) è l'incrocio *in vitro* dei geni bianchi: esso priva il bambino bianco che non nascerà mai del suo patrimonio naturale, mentre affligge la prole bastarda con una perdita di identità razziale, una personalità sdoppiata e un'anima torturata.

La SELEZIONE NATURALE (legge di Dio) inizia con il processo di accoppiamento, in cui una coppia compatibile si sposa e genera figli che ama *e nutre e che glorifica la famiglia*. Questo processo di *pool intra-genetico* elimina le qualità genetiche indesiderate e perpetua le qualità desiderabili, prodotte dalla ricombinazione o mutazione dei geni.

> La fede deve essere minata, i principi stessi di Dio e dell'anima devono essere estirpati dalle menti dei gentili e sostituiti da calcoli matematici e desideri materiali.
> PROTOCOLLO numero quattro.

Nell'era moderna, la cultura occidentale (cultura ariana), che ha dato i contributi più significativi all'umanità, è ora minacciata da una patologia culturale sotto forma di crescita parassitaria aliena all'interno dello stesso Stato nazionale. Se i parassiti non vengono eliminati, l'Occidente morirà. Non si tratta di un'osservazione melodrammatica, ma della lezione della storia.

Nell'ultimo decennio, il tasso di fertilità totale (TFR) in Europa è sceso del 21%, da livelli già incredibilmente bassi, a 1,45 figli per donna (sono necessari 2,1 figli per donna perché una popolazione rimanga stabile nel tempo). Negli Stati Uniti, il tasso di fertilità è diminuito in ciascuno degli ultimi sei anni, arrivando a una stima di 1,98.

La popolazione mondiale attuale è di 5,8 miliardi di persone. Secondo le proiezioni minime delle Nazioni Unite, la popolazione mondiale raggiungerà i 9,4 miliardi nel 2050, con un aumento del 62%. E prevede che raggiungerà i 10,7 miliardi subito dopo l'anno 2200, con un aumento dell'84%.
NAZIONI UNITE "Prospettive della popolazione mondiale Revisioni 1996".

Il comitato dell'UNESCO elabora linee guida per la ricerca genetica.... dichiara che il materiale genetico di ogni essere umano è "patrimonio comune dell'umanità".

... La dichiarazione afferma che la ricerca genetica umana ha un grande potenziale, ma che deve essere regolamentata per proteggere la salute pubblica e prevenire qualsiasi pratica "contraria alla dignità umana e ai diritti umani".
AGENZIA STAMPA REUTERS, Parigi, *Washington Times*.

L'intero processo di naturalizzazione è stato talmente annacquato negli ultimi anni da rendere la cittadinanza una farsa... Nella fretta di assicurarsi un maggior numero di elettori democratici... i funzionari della Casa Bianca hanno esercitato una pressione senza precedenti sul Servizio di Immigrazione e Naturalizzazione per elaborare le domande di cittadinanza. Di conseguenza, nel 1996, più di un milione di nuovi cittadini hanno prestato giuramento, un numero record, ma circa 180.000 di loro non sono mai stati sottoposti a un controllo dell'FBI, come richiesto dalla legge... Non ci sono standard uniformi per testare (qualificare) i candidati.
LINDA CHAVEZ, *Washington Times*, 3-16-97.

Che cos'ha il nero americano? Il suo passato è uno stigma, il suo colore è uno stigma, e la sua visione del futuro è la speranza di cancellare questo stigma rendendo il colore irrilevante, facendolo scomparire come fatto di coscienza... Condivido questa speranza, ma non vedo come possa mai essere realizzata a meno che il colore non scompaia davvero: e questo non significa integrazione, ma assimilazione, cioè, lasciando uscire la brutale parola *miscegenation*. *Credo che la fusione totale delle due razze sia la soluzione più auspicabile per tutti gli interessati...* A mio avviso, il problema dei neri in questo Paese non può essere risolto in altro modo.
NORMAN PODHORETZ, ebreo, direttore della rivista Commentary. È anche associato alla conservatrice *Heritage Foundation* e sua moglie, Midge Dichter, ebrea, è membro del consiglio di amministrazione di questa organizzazione.

Lo sviluppo della società non è soggetto a leggi biologiche, ma a leggi sociali superiori. Il tentativo di diffondere le leggi del regno animale

all'umanità è un tentativo di abbassare gli esseri umani al livello delle bestie.
ISTITUTO DI GENETICA DELL'ACCADEMIA DELLE SCIENZE, U.S.S.R.

Love Across Color Lines a Biography: ... Maria Diedrich sostiene che Frederick Douglass, lungi dall'essersi liberato dalla coscienza del colore, era "lacerato tra due razze, torturato dalla doppia coscienza di essere l'uno e l'altro". Vede in lui un "desiderio estremo di identificarsi con la bianchezza di suo padre". L'amore di Douglass per le donne bianche gli permise di "rivendicare come suo il territorio da cui il padre-padrone lo aveva esiliato... (territorio) che poteva percepire solo come bianco". Sottolineando che Otillie Assing (l'amante di Douglass) era per metà ebrea... (si rivolse a Douglass)... "come una donna bianca con tutti i privilegi della bianchezza, ma con la saggezza di una mezzosangue". (Assing si è suicidata).
MARIA DIEDRICH, "Love Across Color Lines" (dalla rassegna stampa del *Washington Post*, 6-25-99).

Papa Giovanni Paolo II ha ceduto alla tirannia degli scienziati evoluzionisti che sostengono che siamo imparentati con le scimmie... In una dichiarazione, il Papa ha detto che "le nuove conoscenze ci permettono di riconoscere che la teoria dell'evoluzione è più di una semplice ipotesi".
CAL THOMAS, editorialista del *Washington Times*.

L'evoluzione è un fatto. D'altra parte... Se l'uomo deriva dalle scimmie, perché le scimmie vivono ancora sugli alberi e non indossano i pantaloni?
Nonno, "giù alla fattoria".

Per ridurre le agonie disgeniche sia per i geneticamente svantaggiati che per i contribuenti sovraccarichi (consiglio)... sterilizzazione volontaria... attraverso bonus... magari 1000 dollari per ogni punto sotto il 100 di QI.
PROF. WILLIAM SHOCKLEY, Premio Nobel, Stanford U.

CAPITOLO 8

LE NÉGR E

Non c'è assolutamente alcuna differenza genetica: il potenziale di intelligenza è distribuito tra i bambini neri nelle stesse proporzioni e secondo lo stesso schema degli islandesi, dei cinesi o di qualsiasi altro gruppo.
SENATORE USA DANIEL P. MOYNIHAN, democratico/cattolico.

L'intelligenza astratta è la *conditio sine qua non* per l'esistenza di una società civilizzata. Cinquant'anni di ricerche negli Stati Uniti hanno rivelato differenze medie regolari, persistenti e statisticamente significative tra bianchi e neri.
DR. HENRY GARRETT, Direttore del Dipartimento di Psicologia della Columbia University.

Oggi i test psicologici e genetici mettono al di là di ogni dubbio la disuguaglianza mentale tra la razza bianca e quella nera... il livello di intelligenza dei neri è molto più basso di quello dei bianchi.
EDWARD M. EAST, professore di genetica all'Università di Harvard.

... le dimensioni del cervello in relazione alle dimensioni o al peso del corpo sono di importanza cruciale per collocare ogni specie o sottospecie al posto giusto nelle tabelle dei geni avanzati o meno avanzati... il cervello medio del negro differisce in peso, essendo inferiore di circa 100 grammi rispetto alla media del caucasoide... è del tutto impossibile sostenere che i cervelli sono uguali quando troviamo una differenza distinta di questo tipo.
ROBERT GAYRE, M.A., D.Phil., D.Sc, Ed. *"The Mankind Quarterly"*.

1.Il quoziente intellettivo dei neri americani è in media di 15-20 punti inferiore a quello dei bianchi americani.

2.La sovrapposizione del QI mediano tra bianchi e neri varia dal 10 al 25% (l'uguaglianza richiederebbe una sovrapposizione del 50%).

3.Circa sei volte più neri che bianchi hanno un QI inferiore a 70 (gruppo di deboli).

4.I bianchi hanno circa sei volte più probabilità di rientrare nella categoria dei "bambini dotati".

5.I neri sono più indietro nei test di natura astratta: ragionamento, deduzione, comprensione, ecc.

6. Le differenze tra bianchi e neri aumentano con l'età e il divario di rendimento è maggiore nella scuola secondaria e all'università.

7. Sono state riscontrate differenze significative a favore dei bianchi, anche quando i fattori economici sono stati inclusi nell'equazione.

Le statistiche sopra riportate sono tratte da *"The Testing of Negro Intelligence"*, (Social Science Press), della professoressa Audrey M. Shuey, Dipartimento di Psicologia del Randolph-Macon College. Il test comprende 382 confronti, per i quali sono stati utilizzati 81 test diversi, che coprono un ampio campione di centinaia di migliaia di persone. I test sono stati progettati per misurare il tipo di abilità mentale necessaria per avere successo in una civiltà moderna, urbana e altamente alfabetizzata.

I test furono elogiati da Garrett, Gayre, Josey, Baker, Woodsworth e altri importanti scienziati. Tuttavia, *sei case editrici universitarie si rifiutarono di pubblicarli, rischiando di perdere le sovvenzioni governative.*

Il rapporto *COLEMAN* (1966) è stato finanziato dal governo federale con un milione di dollari. Ha studiato 600.000 bambini dalla scuola materna alla dodicesima classe in 4.000 scuole demograficamente rappresentative in ogni regione del Paese. *Circa il 15% dei bambini neri ha raggiunto o superato la media dei bianchi; l'85% è risultato al di sotto della media dei bianchi. In ordine di razza, i bianchi erano al primo posto, gli orientali al secondo, i nativi americani (i più poveri di tutti) al terzo, i messicani al secondo, i portoricani al terzo e i neri al quarto.* Il rapporto Coleman è stato insabbiato da liberali, marxisti ed ebrei.

Durante la guerra civile americana, diverse migliaia di neri fuggirono in Canada attraverso la "Underground Railroad". Da allora, i loro discendenti vivono in Canada "senza discriminazioni". Eppure i risultati dei loro test mentali sono gli stessi dei neri americani "oppressi".

> Le dimensioni del cervello umano sono legate alla capacità di pensare, pianificare, comunicare e comportarsi in gruppo, come leader, seguace o entrambi... Negli individui e nelle popolazioni viventi esistono differenze nella dimensione regolare dei lobi e nella superficie della corteccia; la dimensione della superficie varia in base alla complessità e alla profondità

delle pieghe sulla superficie interna ed esterna degli emisferi. Più grande è il cervello, maggiore è la superficie corticale, sia in proporzione che in valore assoluto.
DR. CARLTON COON, professore di antropologia ad Harvard.

La corteccia cerebrale umana è l'organo specifico della civiltà... La lungimiranza, gli obiettivi e gli ideali verso cui tendiamo come individui e come nazioni sono funzioni di questa materia grigia corticale.
PROF. C. JUDSON HERRICK, Università del Texas.

F. W. Vint, del Medical Research Laboratory, Kenya, Africa, ha pubblicato (1934) un rapporto sull'"esame della corteccia cerebrale di 100 cervelli adulti indigeni rappresentativi (esclusi i campioni provenienti da prigioni o ospedali psichiatrici) che sono stati confrontati con cervelli europei". Egli scoprì che "lo strato sopragranulare della corteccia negra era circa il 14% più sottile di quello dei bianchi".

L'intera area frontale anteriore di uno o entrambi i lati può essere rimossa senza perdita di coscienza. Durante l'amputazione, l'individuo può continuare a parlare, senza rendersi conto di essere stato privato dell'area che più distingue il suo cervello da quello di uno scimpanzé. Dopo l'amputazione, ci sarà un difetto, ma *l'individuo potrebbe non rendersene conto*. Questo difetto riguarderà la sua capacità di pianificare e prendere iniziative... anche se potrà rispondere alle domande degli altri con la stessa precisione di prima.
DR. WILDER PENFIELD, Professore di Neurologia e Neurochirurgia, Università McGill, "il miglior chirurgo cerebrale del mondo".

Albert Schweitzer abbandonò la carriera di teologo, autore, organista e autorità di fama mondiale su Bach in Germania per conseguire un dottorato in medicina. Ha poi fondato un ospedale a Lamberne, in Africa. Lì, grazie al suo cristianesimo e al suo umanesimo, dedicò 40 anni della sua vita alla cura dei neri. Il dottor Schweitzer, idolatrato dai "liberali", ricevette il Premio Nobel. Nel suo discorso di accettazione, dichiarò: *"L'uomo nero è nostro fratello, ma è il nostro piccolo fratello... e con i bambini non si può fare nulla senza ricorrere all'autorità...". La combinazione di cordialità e autorità è il grande segreto di un rapporto di successo con i neri"*. In seguito a questa dichiarazione, il dottor Schweitzer cadde in disgrazia liberale, così come Solzhenitsyn quando chiamò i bolscevichi animali.

Nessun medico nero formato in Occidente si offrì mai volontario per aiutare il dottor Schweitzer, e la sua esperienza lo convinse a tal punto dell'assenza di standard mentali e di carattere nei neri puri... che non ritenne mai opportuno formare neri per responsabilità più elevate nel suo ospedale africano.

      H. B. ISHERWOOOD, "Ai margini della foresta vergine".

Se classifichiamo l'umanità in base al colore, vedremo che l'unica razza primaria che non ha dato alcun contributo creativo a nessuna delle nostre civiltà è la razza nera.

      DR. ARNOLD TOYNBEE, "Lo studio della storia".

È necessario trovare una soluzione a questi problemi, ma non sarà mai possibile ottenerla falsificando i fatti della storia ereditaria e razziale.

      ROBERT GAYRE, editore. "Mankind Quarterly.

Le razze umane si differenziano allo stesso modo delle specie animali chiaramente definite.

      SIR ARTHUR KEITH.

Lo studente nero medio (QI 80,7) non può andare oltre un programma di seconda media che soddisfi gli standard nazionali; per la metà del gruppo nero, la quinta elementare è il massimo... Solo l'1% dei neri (QI 110 e oltre) è intellettualmente attrezzato per svolgere un lavoro universitario accettabile. Il trenta (30%) dei bianchi è così equipaggiato.

      DR. HENRY E. GARRETT. Direttore del Dipartimento
      di Psicologia, Columbia U.

La differenza di spessore degli strati sopra-granulari della corteccia dei cervelli bianchi e neri è la differenza tra civiltà e barbarie.

      DR. WESLEY CRITZ GEORGE,
      Capo del Dipartimento di Anatomia, U. N. Carolina.

Gli strati sopragranulari dei cani sono spessi la metà di quelli delle scimmie e quelli delle scimmie sono tre volte più sottili di quelli degli uomini bianchi. Gli strati sopragranulari dei neri sono più sottili del 14% rispetto a quelli dei bianchi.

      CARLTON PUTNAM, LLD, Princeton, "Razza e realtà".

I neri sono più intelligenti in modo direttamente proporzionale alla quantità di geni bianchi di cui sono portatori (le prove suggeriscono che il QI medio delle popolazioni nere aumenta di circa un (1) punto di QI per ogni 1% di geni caucasici.

      DR. WILLIAM SHOCKLEY, Premio Nobel, Stanford U.

Curt Stern, professore di genetica all'Università della California, riferisce che *"il nero americano medio trae 3/4 dei suoi geni dal patrimonio africano e 1/4 dai geni bianchi"*. I geni bianchi aumentano il quoziente intellettivo dei neri; al contrario, i geni neri rendono meno intelligenti le razze superiori. *L'espressione "quasi bianco"* è un ossimoro, perché non esiste una razza quasi bianca. O si è bianchi o non lo si è.

Come antropologo sociale, naturalmente accetto e addirittura insisto sul fatto che ci sono grandi differenze, sia mentali che psicologiche, che separano le diverse razze dell'umanità. Anzi, sarei propenso a suggerire che, a prescindere dalle differenze fisiche tra razze come quella europea e quella nera, le differenze mentali e psicologiche sono ancora maggiori.
L. S. B. LEAKY, "Progresso ed evoluzione dell'uomo in Africa".

Mi ha commosso il messaggio di umanità inscritto nelle sue pareti. La Gola di Olduvai ci insegna che, a prescindere dalle apparenti differenze tra gli esseri umani, alla fine proveniamo dallo stesso luogo. Condividiamo una casa ancestrale comune. E in fin dei conti, a prescindere dal sesso, dal colore della pelle o dal Dio in cui crediamo, dai vasti oceani o dalle distese di terra che ci separano, siamo tutti parte della stessa famiglia umana.
HILLARY RODHAM CLINTON, Washington Times (4-3-97).

Non è nelle nostre stelle, caro Bruto, che siamo servi, ma in noi stessi.
WILLIAM SHAKESPEARE, "Giulio Cesare".

Sempre più sudafricani bianchi stanno fuggendo dal Paese, soprattutto a causa della criminalità violenta, ha dichiarato il governo questa settimana... Una recente indagine sulla criminalità condotta da un gruppo bancario sudafricano ha rilevato che in un giorno tipico 52 persone vengono uccise, 470 vengono gravemente ferite in aggressioni, più di 100 donne vengono violentate, 270 auto vengono sequestrate... e 590 case vengono violate.
WASHINGTON TIMES (10-17-96), Johannesburg Wire Services.

Non riesco a pensare a una calamità più grande dell'assimilazione dell'uomo nero alla nostra vita sociale e politica, come un pari.
ABRAHAM LINCOLN.

Non c'è niente di più terribile di una classe di schiavi barbari che ha imparato a considerare la propria esistenza come un'ingiustizia e si prepara a vendicarsi, non solo su se stessa, ma su tutte le generazioni future. Di fronte a queste tempeste minacciose, chi oserebbe appellarsi con fiducia alle nostre pallide ed esauste religioni?
FRIEDRICH NIETZSCHE, "La nascita della tragedia".

Le Americhe erano popolate esclusivamente da Amerindi fino a quando i conquistadores spagnoli e gli esploratori portoghesi introdussero gli schiavi negri che mescolarono i loro geni africani con quelli degli indiani. Nel 1619, una ventina di schiavi neri arrivarono a Jamestown, in Virginia, insieme ai coloni britannici e ai servitori indentured. Fin dall'inizio, ciascuna delle tredici colonie americane riconobbe la schiavitù. Ai fini del censimento, i neri venivano contati come 3/5 di un uomo, mentre i nativi americani non lo erano. Jefferson, che possedeva più di 200 schiavi, dichiarò nella *Dichiarazione di indipendenza* che *"tutti gli uomini sono creati uguali"*. Quello che ovviamente intendeva era *"uguali davanti alla legge"*: né i neri né la democrazia sono menzionati nella Costituzione. Con l'avvento della *rivoluzione industriale*, le fabbriche tessili britanniche offrirono un mercato in espansione ai coltivatori di cotone americani. Per soddisfare la crescente domanda, erano necessari più lavoratori agricoli. I nordici rifiutarono questi lavori. Non erano fisicamente o mentalmente adatti a lavorare sotto il sole cocente del Sud, come invece lo erano i negri. Inoltre, erano facili da reperire. I capi tribù africani erano i fornitori. La loro tattica consisteva nell'incendiare i villaggi vicini per poi radunare i neri in fuga, come i rancheros radunano il bestiame impaurito. I prigionieri - uomini, donne e bambini - venivano poi incatenati e venduti a commercianti di schiavi arabi, ebrei e bianchi. La principale unità di scambio per i neri spediti in America era il rum a basso costo. I capi tribù erano così dipendenti dalla "coppa rossa" che vendevano regolarmente membri della loro famiglia e della loro tribù per ottenerla. Il maggior numero di velieri (15) utilizzati per trasportare gli schiavi apparteneva agli ebrei.

La schiavitù, ovviamente, è comparsa in quasi tutte le società umane fin dall'inizio della storia. L'Africa nera non fa eccezione. Oggi, infatti, i negri praticano un fiorente commercio di schiavi in Sudan, Somaliland, ecc.

> La schiavitù era una parte importante della vita sociale ed economica africana.
>
> JOHN HOPE FRANKLIN, NEGRO,
> "Dalla schiavitù alla libertà.

Negli Stati Uniti, i proprietari di piantagioni del Sud pagavano fior di quattrini per i negri. *In quanto merce preziosa, gli schiavi venivano accuditi dai proprietari dalla nascita alla morte.* Nella stragrande maggioranza dei casi, gli schiavi venivano trattati umanamente e spesso con affetto. Tuttavia, i neri portavano con sé i loro geni selvaggi dall'Africa. Per questo motivo, l'igiene, la disciplina e l'ordine dovevano essere inculcati e mantenuti; in questo senso, la vita dei neri era regolamentata. Erano disponibili scuole di piantagione e studi biblici. Dovevano essere istruiti sul lavoro, sull'uso degli attrezzi, sul giardinaggio e sulle faccende domestiche. Nonostante ciò, le *condizioni di vita erano molto migliori nelle piantagioni rispetto all'Africa nera e l'aspettativa di vita individuale era più lunga.* La guerra, apparentemente combattuta per *"liberare gli schiavi"*, fu in realtà *combattuta* per espandere l'impero bancario dei Rothschild. Ormai libero, l'uomo nero, in ritardo di 200.000 anni sulla scala evolutiva, si trovò improvvisamente alla deriva nel mondo bianco del XIX secolo. Tutti gli uomini intelligenti e coscienziosi, bianchi e neri, sapevano (e sanno) che l'uomo nero doveva essere rimandato in Africa, la sua patria, e lì colonizzato con il sostegno finanziario del governo degli Stati Uniti. Quattro forze principali hanno aggirato la colonizzazione:

1) L'assassinio di Lincoln.
2) La nazione era gravata da debiti di guerra.
3) I neri erano una fonte di manodopera a basso costo e non dovevano più essere assistiti "dalla culla alla tomba".
4) Gli ILLUMINATI progettavano di usare i neri come "quinta colonna" per distruggere la cultura occidentale/cristiana.

> Nel Libro del Destino non c'è nulla di più certo che questi popoli debbano essere liberi; non è meno certo che due razze ugualmente libere non possano vivere sotto lo stesso governo.
> (La frase incisa sul Jefferson Memorial, a Washington, si ferma fraudolentemente al punto e virgola).
> TOMMASO JEFFERSON.

> Ho insistito sulla colonizzazione dei neri e continuerò a farlo. Il mio Proclama di Emancipazione era legato a questo piano. Non c'è posto per due razze distinte di uomini bianchi in America (bianchi ed ebrei), tanto meno per due razze distinte di bianchi e neri... Entro vent'anni possiamo colonizzare pacificamente il negro... in condizioni che gli consentiranno di raggiungere la piena virilità. Qui non sarà mai in grado di farlo. Non saremo mai in grado di realizzare l'unione ideale che i nostri padri sognavano, con milioni di persone di una razza straniera e inferiore tra noi, la cui assimilazione non è né auspicabile né possibile.
> ABRAHAM LINCOLN,
> *Opere raccolte* di Lincoln.

Tra noi c'è una differenza maggiore di quella che esiste tra quasi tutte le altre razze... Se accettiamo questo, c'è almeno una ragione per cui dovremmo essere separati.

ABRAHAM LINCOLN, Sandburg,
"Abraham Lincoln, gli anni della guerra

Le relazioni sociali implicano sempre il sesso.
E. A. HOOTEN, professore di antropologia presso l'Università di Harvard.

L'ho fatto (lo stupro) consapevolmente, deliberatamente, volontariamente, metodicamente... Ero felice di sfidare e calpestare la legge dell'uomo bianco, il suo sistema di valori, per contaminare le sue donne.

ELDRIDGE CLEAVER, *"Soul On Ice"*.

Il risultato inevitabile della mescolanza delle razze... è una massiccia riduzione della percentuale di prole intelligente.
NATHANIAL WEYL, ebrea, educatrice e scrittrice.

Alcune razze sono chiaramente superiori ad altre. Un migliore adattamento alle condizioni dell'esistenza ha dato loro spirito, vitalità, ampiezza e relativa stabilità... È quindi della massima importanza non oscurare questa superiorità con matrimoni con razze inferiori, annullando così il progresso fatto da una dolorosa evoluzione e da un prolungato vaglio delle anime. La ragione protesta tanto quanto l'istinto contro qualsiasi fusione, ad esempio, tra popoli bianchi e neri... La grandezza (bianca) scompare ogni volta che il contatto porta a (tale) fusione.

GEO. SANTAYANA,
Filosofo americano, *"La vita della ragione"*.

Se il negro non viene eliminato dagli Stati Uniti, l'America del futuro sarà meticcia, come i popoli dell'Egitto (oggi), dell'India e di alcuni Paesi dell'America Latina... quando due razze entrano in contatto, una espelle l'altra... o aggiusta le sue differenze con un processo di riproduzione interrazziale... il carattere della razza superiore tenderà a cancellarsi nei meticci.

ERNEST SEVIER COX, *"America bianca"*.

Il dottor Carlton Coon... afferma che mentre le razze bianca e gialla si evolvevano faticosamente, il negro africano "è rimasto immobile per mezzo milione di anni"... Per essere più precisi, il cervello del negro è più piccolo e leggero, meno complicato, meno sviluppato... La primitività del suo cervello si rivela nella rapidità con cui si sviluppa dopo la nascita, per poi cessare bruscamente di svilupparsi, lasciandolo come un "europeo

lobotomizzato".
>WILLIAM G. SIMPSON, *"Quale strada per l'uomo occidentale"*.

Gli australiani, primitivi secondo i loro criteri morfologici, non sono andati oltre lo stadio di raccolta del cibo di propria iniziativa, così come non lo hanno fatto i Boscimani o i Sanidi, classici prototipi diedomorfosi. Una conclusione parallela emerge se si esaminano i risultati dei test di cognizione e di realizzazione condotti su varie razze che vivono in condizioni di vita civilizzata. I mongoloidi e gli europidi hanno ottenuto i risultati migliori in entrambi i tipi di test, seguiti (di gran lunga) dagli indianidi, mentre i negridi hanno fatto ancora peggio. In base a questi risultati, le razze in cui è nata e progredita la civiltà sono i mongoloidi e gli europidi... La capacità cranica è, ovviamente, direttamente collegata al problema etnico, poiché stabilisce un limite alle dimensioni del cervello nei diversi taxa; ma tutte le differenze morfologiche sono ugualmente rilevanti...
>DR. JOHN R. BAKER, biologo, Oxford, Fellow della Royal Society, estratto dal suo acclamato (ma soppresso) libro "RACE".

Sarebbe assurdo affermare la superiorità di tutti gli europidi rispetto ai negri sulla base dei risultati ottenuti in campo intellettuale; bisogna però ammettere che i contributi dei negri al mondo dell'istruzione sono stati nel complesso deludenti, nonostante tutti i miglioramenti apportati ai mezzi di istruzione. I neri d'America sono più conosciuti per il loro appeal di massa negli affari pubblici e nell'intrattenimento popolare che per i loro grandi risultati in campi come la filosofia, la matematica, la scienza o la tecnologia.
>DR. JOHN R. BAKER, biologo, Oxford.

LO STORICO DI WELLESLEY CHIAMA L'AFROCENTRISMO UN MITO: Né Cleopatra né Socrate erano neri. Gli antichi greci non hanno rubato la loro filosofia ai sacerdoti egiziani e Aristotele non ha saccheggiato la biblioteca di Alessandria. Le radici della civiltà occidentale non affondano in Africa. Eppure queste sono alcune delle affermazioni del movimento afrocentrico che prospera in molti campus.
>MARY LEFKOWITZ, EBREA,
>Professore di greco classico a Wellesley,
>Estratto dal *Washington Times*, 1996.

... l'ideale si realizza solo quando una particolare regione è abitata esclusivamente da un popolo di un unico ceppo etnico che compete solo nelle scuole e nei college, con il risultato che emerge un'élite che assume la guida del popolo... i popoli negri sono vittime di una filosofia politica mascherata dal desiderio di promuovere il loro benessere, che distorcerà il loro sviluppo naturale, li priverà del rispetto di se stessi e della

soddisfazione per i propri risultati e modi di vita, e causerà loro danni incalcolabili...
ROBERT GAYRE, *"The Mankind Quarterly"* VI 4-1966.

Oltre il 70% (1996) dei bambini neri nasce fuori dal matrimonio. Il loro tasso di illegittimità pro capite è più di cinque (5) volte superiore a quello dei bianchi. I neri commettono 15 volte più omicidi dei bianchi, 19 volte più furti, 10 volte più stupri e aggressioni. *Nel 1985 ci sono state 629.000 aggressioni razziali, il 90% delle quali commesse da neri contro bianchi.* Secondo l'FBI, queste cifre variano di anno in anno, ma rappresentano una tendenza all'aumento in tutti gli Stati Uniti. *Il crimine più preoccupante è il numero crescente di donne bianche violentate da uomini neri (nell'Africa subsahariana lo stupro è considerato un comportamento normale).*

L'ho fatto (lo stupro) consapevolmente, deliberatamente, volontariamente, metodicamente... Ero felice di sfidare e calpestare la legge dell'uomo bianco, il suo sistema di valori, per contaminare le sue donne.
ELDRIDGE CLEAVER, *"Soul On Ice"*.

Se, per ipotesi, domani tutti i neri e gli ebrei dovessero scomparire dagli Stati Uniti, assisteremmo a un'immediata e gloriosa rinascita dell'America prevista dai nostri Padri fondatori. D'altra parte, se la razza bianca dovesse scomparire, *"la terra dei liberi e dei coraggiosi"* non potrebbe sopravvivere un solo giorno!

I neri hanno molto da offrire. Ma non potrà mai realizzare il suo potenziale, la sua virilità o raggiungere la felicità vivendo in una società bianca. Non è un parassita per scelta. Ha una dignità che un ebreo non potrà mai avere. *Il nero americano avrebbe dovuto essere incoraggiato e aiutato a sviluppare un proprio Stato-nazione in Africa, la sua patria ancestrale. Invece, è stato manipolato dagli ebrei: usato nei loro negozi di abbigliamento, usato per affittare le loro baraccopoli, usato come parte civile nelle cause per i diritti civili per distruggere le enclavi bianche che gli ebrei non avevano il coraggio di attaccare, e usato per fare l'anarchico nelle strade per aiutare a portare avanti le aspirazioni degli ILLUMINATI.* Solo Louis Farrakhan sembra comprendere ciò che W. E. B. Du Bois aveva immaginato e Martin Luther King aveva distrutto.

I risultati dei test del QI *non sono affatto gli unici determinanti della vitalità e del valore di una razza, per quanto importanti possano essere per la cultura occidentale. Il* buon senso, la percezione extrasensoriale, il coraggio, la lealtà, la perseveranza e l'*anima* - quell'indefinibile essenza mistica che dà a ogni razza il suo carattere distintivo - tutte queste qualità e altre ancora, che l'uomo nero possiede in larga misura, possono essere trasformate nel proprio Stato-nazione. *L'anima razziale può compiere il suo destino solo nel proprio territorio, tra la propria gente, dove stabilisce la propria cultura e il proprio rapporto con l'universo.* Non tutte le razze devono volare sulla luna. Pochi uomini sono Titani. Tutti gli uomini sono meno di Dio. Tuttavia, affinché la graziosa palma e la gigantesca sequoia compiano il loro destino nel grande disegno della natura, *ciascuna deve crescere nel proprio ambiente!*

I FATTI sono inconfutabili: l'integrazione con le razze scure non solo distruggerà la razza bianca - una TRAGEDIA genocida - ma priverà l'umanità del suo più grande benefattore, la civiltà occidentale. Quando la razza bianca sarà lobotomizzata, chi si prenderà cura delle popolazioni malate e affamate del mondo? Certamente non gli ebrei, la cui pratica è quella di spennare le pecore, non di nutrirle. L'obiettivo degli ILLUMINATI è quello di realizzare i *Protocolli degli Anziani di Sion*, non il pietoso sogno di uguaglianza di Martin Luther King.

> Stiamo sterminando la borghesia (ariana) come classe.
> VLADMIR LÉNINE, ebreo, comunista,
> Dittatore supremo, U.R.S.S.

Nathaniel Weyl, JEW, *("The Mankind Quarterly"*, XI, n. 3, gennaio 1971), utilizzando i calcoli forniti dall'eminente genetista britannico Sir Julian Huxley, ha concluso come segue:

> Se, negli Stati Uniti, i neri (QI medio 80-85) si incrociano casualmente con i bianchi (QI medio 100), la prossima generazione di americani avrà un QI medio di 98,46. Che piccolo prezzo da pagare per l'Uguaglianza! Eppure questo calo dell'1,5% dell'intelligenza media porterebbe a una diminuzione del 50% del numero di persone con un QI superiore a 160! In breve, si dimezzerebbe la produzione di persone con le capacità intellettuali necessarie per la leadership e lo sforzo creativo nelle società avanzate. A ciò si aggiunge l'enorme effetto negativo causato dal passaggio dalla riproduzione assistita alla riproduzione casuale in termini di intelligenza.

Resta da vedere se i neri che vivono in America abbiano o meno la

VOLONTA' di chiedere un proprio Stato nazionale unico in Africa o di rimanere per sempre schiavi del LIBERALISMO/MARXISMO/GIUDAISMO.

> L'unica condizione per accentrare il potere in una comunità democratica è professare l'uguaglianza.
> ALESSIO DI TOCQUEVILLE.

> Ero molto attratto dalle ragazze olandesi. Volevo disperatamente fare l'amore con loro... per esercitare una forma di superiorità sulla razza bianca. È sempre questo il punto, no? Gli uomini con la pelle scura devono dominare i bianchi!
> PRESIDENTE SUKARNO, Indonesia.

> ... Vogliamo poesie come pugni che picchiano i negri o poesie che pugnalano le viscide pance dei padroni di casa ebrei...
> ... incendiare e uccidere culi bianchi. Guardate come il portavoce liberale degli ebrei si stringe la gola e vomita nell'eternità....
> Scrivigli una poesia. Mettetela a nudo perché tutto il mondo la veda! Un'altra brutta poesia che fa scrocchiare i pugni d'acciaio nella bocca di un gioielliere...
> LEROI JONES, Nero, "Arte nera".

> Dell'Occidente puzzolente il cui tempo è passato,
> puzzolente e barcollante nel suo letame,
> In Africa, in Cina, sulle coste dell'India,
> Dove sorgono il Kenya e l'Himalaya
> Dove scorrono il Nilo e lo Yangtze:
> Volteggia su tutti i volti languidi dell'uomo.
> Vieni con noi, America oscura:
> La feccia dell'Europa si è ingrassata qui e ha affogato un sogno,
> Ha fatto delle fetide paludi un rifugio:
> Ha ridotto in schiavitù i neri e ucciso i rossi e ha armato i ricchi per saccheggiare i morti;
> Veneravano le puttane di Hollywood, dove un tempo si trovava la Vergine Maria, e linciavano Cristo.
> Svegliati, svegliati, o mondo addormentato. Onora il sole;
> Adorare le stelle, i grandi soli che governano la notte
> Dove il nero è luminoso
> E tutto il lavoro disinteressato è giusto
> E l'avidità è un peccato.
> E l'Africa continua. Pan Africa!
> W.E.B. Du BOIS, Mulâtre, "Ghana Calls".

Sapete qual è il vero sogno americano? 10 milioni di neri che nuotano verso l'Africa con un ebreo sottobraccio.
STANLEY KUBRICK, EBREO, "Vanity Fair" (7-1-99).

Gli uomini bianchi sono disposti a tutto. Lo farebbero anche all'alba, se potessero raggiungere quell'altezza.
Nonno, da *"Down on the Farm"*.

Le ragazze nere sono sempre più leggere. Le ragazze nere portano i tacchi alti.
ANONIMO.

Se vi sposate, sposate la luce!
CREDO HARLEM.

CAPITOLO 9

FORZA ARYAN

Le lingue indoeuropee (ariane) erano un tempo associate a un unico tipo razziale, sebbene composito, e questo tipo razziale era un tipo nordico ancestrale.
CARLTON COON, professore di antropologia ad Harvard, tratto dal suo monumentale successo *"Origine delle razze"*.

L'unica cosa buona per una nazione è quella che proviene dal proprio patrimonio, senza trarre ispirazione da un'altra. Infatti, ciò che è benefico per un popolo in una certa fase della storia può rivelarsi velenoso per un altro. Tutti i tentativi di introdurre una novità straniera a un popolo che non ne ha bisogno nel profondo del cuore sono sciocchi, e tutti i progetti di intenti rivoluzionari sono vani, perché privi di Dio, che si tiene lontano da questi errori.
GOETHE, *"Conversazioni con Eckermann"*, 4 gennaio 1824.

La prosperità materiale incoraggia la conservazione, il coccolamento e la riproduzione di elementi inferiori che parassitano le civiltà ricche. Possiamo scegliere se potare i nostri rami marci o sottometterci allo spietato taglio e sfoltimento dei geni conquistatori più vigorosi.
DR. ERNEST A. HOOTEN, professore di antropologia ad Harvard.

Sono d'accordo con lei che esiste un'aristocrazia naturale tra gli uomini. Le basi naturali di questa aristocrazia sono la virtù e il talento... Considero l'aristocrazia naturale come il dono più prezioso della natura per l'istruzione, la fiducia e il governo della società...
Non possiamo dire che questa forma di governo è il modo migliore per eleggere semplicemente questi aristocratici naturali alla carica di governo?
THOMAS JEFFERSON, lettera ad Adams, 28 ottobre 1813.

L'aristocrazia non ha nulla a che vedere con la plutocrazia. I migliori NON sono i ricchi... i migliori si trovano piuttosto tra i più poveri... il carattere e le capacità sono ciò che conta.
W. GAYLEY SIMPSON, "Quale strada per l'uomo occidentale?".

OSWALD SPENGLER (1880-1936) uscirà dall'oblio in cui è stato relegato dai marxisti/liberisti/ebraici, per diventare il filosofo del XXI secolo. Spengler ha dimostrato che la storia della civiltà mondiale NON è progredita in modo lineare, iniziando in Mesopotamia in un lontano periodo successivo al diluvio biblico, producendo poi una sequenza di eventi storicamente correlati (tralasciando la storia dell'Estremo Oriente), mentre *"migliorava di giorno in giorno e in ogni modo"* fino a quando l'umanità è arrivata all'odierna *civiltà occidentale "moderna"*, il prodotto di tutte le civiltà che l'hanno preceduta. Al contrario, Spengler (*pur non conoscendo il mendelismo*) dimostra che *ogni civiltà apparsa sul panorama mondiale è nata da un'ALTA CULTURA:* l'ESPRESSIONE UNICA DI UN POPOLO ISPIRATO:

> Ogni cultura ha le sue possibilità di espressione... Non c'è una sola scultura, una sola pittura, una sola matematica, una sola fisica, ma diverse, ognuna nella sua essenza più profonda diversa dalle altre, ognuna limitata nel tempo e autonoma, così come ogni specie di pianta ha i suoi fiori o frutti particolari, il suo tipo speciale di crescita e di declino (SPENGLER).

Poiché le culture sono organiche, condividono lo stesso GENERE; di conseguenza, ogni Alta Cultura, per quanto distante dalle altre nel calendario della storia, sperimenta analoghi *"fenomeni contemporanei"* che si verificano nelle stesse posizioni relative durante i cicli di vita delle Culture e *quindi "hanno un significato corrispondente"*. Spengler mostra, ad esempio, che la *"Via"* come simbolo principale dell'anima egizia, la *"Pianura"* che rappresenta la visione del mondo russa, la cultura *"magica"* araba e *l'*idea *"faustiana"* dell'Occidente *sono inevitabilmente analoghe nel carattere, ma uniche nell'espressione.* Altre caratteristiche culturali analoghe sono: gli atteggiamenti razziali, la religiosità, le tecniche, la morfologia, la patologia e i cicli di vita: gestazione, nascita, giovinezza, maturità, vecchiaia e morte. Di conseguenza, sebbene le ALTE CULTURE appartengano allo stesso genere, Ognuna è l'ESPRESSIONE UNICA di un popolo ispirato. *Ogni membro di questo popolo, uomo, donna e bambino, è una cellula nella morfologia dell'ORGANISMO DI ALTA CULTURA. L'anima dell'organismo di alta cultura è l'anima collettiva del popolo. In breve, un'alta cultura è un organismo spiritualmente dotato con una propria espressione unica:* "*La sua autobiografia storica è lo ZIETGEISTA*" (YOCKEY).

Le ALTE CULTURE creano Idee, religioni, uno Spirito, autorità, imperativi, eserciti, guerre, eroi, miti, leggende, musica, arte, poesie, letteratura, forme architettoniche, leggi, filosofie, scienze, tecniche e Stati. Mentre alcune forme di conoscenza e tecniche possono essere trasferite nel tempo e nello spazio da una cultura all'altra, ogni Alta

Cultura persegue istintivamente e senza sosta la propria unica IDEA SPIRITUALE: *questa pulsione interiore dell'organismo è il suo DESTINO.*

La CULTURA OCCIDENTALE esprime l'IDEA di un *progresso illimitato!* Spengler definisce l'anima dell'Occidente come *"l'anima faustiana il cui simbolo primario è lo spazio puro e illimitato".* La ricerca dell'infinito. Mentre molti scienziati ritengono che l'universo non sarà mai pienamente compreso razionalmente, il destino dell'uomo ariano risiede in questo tentativo. Ma perché? Sir Edmund Hillary, guardando il monte Everest, rispose: *"Perché è lì". L'*antico simbolo che rappresenta l'*imperativo occidentale* è visibile nelle forme gotiche delle grandi cattedrali europee, le cui guglie svettano verso il cielo (Sigmund Freud, ebreo, *credeva che le guglie delle cattedrali rappresentassero il culto del pene scolpito nella pietra).* Norman Mailer, uno scrittore ebreo, ha descritto l'*esplorazione spaziale occidentale come insensata e immorale).*

Il continuo sviluppo e la custodia della cultura occidentale sono nelle mani di un gruppo relativamente piccolo di persone straordinarie. Possono provenire dalle circostanze più umili o più prestigiose, ma una combinazione fortuita di geni parentali *li ha dotati di carattere, capacità e intense qualità spirituali* che li distinguono dai loro coetanei e dalle altre razze. *Essi sono per la nazione ciò che il lievito è per la birra.*

All'interno di questo raffinato *strato culturale* si trovano i creatori, gli apprezzatori e i custodi delle numerose forme di espressione della nazione. Sono anche i "Precursori e Scopritori" di Nietzsche, i martiri, i guerrieri della razza, i protettori dell'IDEA occidentale. Così, Yockey osserva che l'organismo dell'alta cultura comprende quattro strati: 1) l'idea (l'anima); 2) lo strato portatore di cultura che trasmette l'idea (il cervello). 3) I destinatari dell'idea che la comprendono, la apprezzano e agiscono in base ad essa (CORPO). 4) Coloro che non riescono a raggiungere la cultura, *"la bestia a più teste"* (Shakespeare).

> La vita dell'individuo è importante solo per se stesso: si tratta di sapere se vuole sfuggire alla storia o dare la vita per essa. La storia non ha nulla a che fare con la vita umana.
>
> OSWALD SPENGLER.

Lo STATO è un termine politico. Yockey lo definisce *"la nazione in azione"*. È una struttura creata dall'organismo culturale per contenere, nutrire e proteggere il popolo e il suo territorio. Cambia forma man mano che la cultura si sviluppa. Una metafora appropriata per lo Stato è quella della *"nave" o "nave di Stato"*. Quando lo Stato non funziona più o non protegge più il popolo che lo ha creato, deve essere cambiato o sostituito!

> Gli uomini sono stanchi fino al disgusto dell'economia del denaro. Sperano di essere salvati da un luogo o da un altro, da una cosa reale di onore e cavalleria, di nobiltà interiore, altruismo e dovere.
> OSWALD SPENGLER.

Le CIVILTA', che sacrificano la qualità della vita all'indulgenza, si sviluppano a partire dalle alte culture e le fagocitano gradualmente, trascinandole nel loro declino. La posterità ha solo una memoria corta. *I conquistatori e i creatori sono seguiti da una progenie senza scopo. Sono presto espropriati dai PARASSITI COSMOPOLITI, che temono le alte culture (razza, famiglia, nazione) e desiderano invece democrazie aperte e poliglotte, in cui sono meno visibili.* Il denaro sostituisce la lealtà, il dovere e il rango; l'*usura* produce schiavitù; la legge sostituisce il successo; gli intermediari sostituiscono i produttori. L'eroismo lascia il posto all'acquisizione di beni; l'opportunismo sostituisce l'onore; il tradimento prospera nelle alte sfere. *I distorsori della cultura* controllano l'istruzione e la stampa; il patriottismo viene ribattezzato "razzismo"; gli "spielberghiani" diventano "storia"; l'edonismo, la bestialità, la promiscuità e l'*ebraismo* sostituiscono l'utilità, la cavalleria e l'etica. La famiglia, il popolo e lo Stato sono stati sostituiti dall'*EGALITARISMO/UNIVERSIZZAZIONE/CATOLICISMO*.
Esplodono le guerre razziali. Il MECCANISMO distrugge il patrimonio genetico. LA CULTURA/ORGANISMO MUORE.

> È strano che il nostro sangue, con i suoi diversi colori, pesi e calori, quando viene versato insieme, si fonde fino a diventare indistinguibile, eppure si distingue per differenze così marcate.
> SHAKESPEARE, "Tutto è bene quel che finisce bene".

Le POPOLAZIONI sono razzialmente diverse, miste, frammentate, disgiunte, orientate all'attrito, controproducenti, senza scopo nel paesaggio. Le popolazioni sono spesso resti misti di grandi culture che sono decadute e morte. Altre popolazioni, per ignoranza, forse per motivi religiosi, hanno propagato per secoli difetti genetici che le rendono incapaci di grandezza. Altre ancora, prive di cervello fin dall'inizio, si sono a malapena evolute nella scala evolutiva.

Le persone non danno alcun contributo alla cultura mondiale. *Gli ILLUMINATI li vedono come unità di consumo.* (vedi *Senza scuse*, Barry Goldwater, EBREO).

Un POPOLO *è una famiglia, una tribù, un clan, una nazione, che proviene dallo stesso POLE GENETICO* e quindi è dotato di istinti simili, tra cui: l'amore per la famiglia, la razza, la nazione, il paese; l'aggressività, la sopravvivenza, il bisogno di esclusività territoriale; il senso di discriminazione e il *senso di alta finalità*. Un popolo condivide anche: l'apprezzamento estetico, l'aspetto fisico, *l'esprit de corps*, i modelli intellettuali e comportamentali, nonché le somiglianze psicologiche, fisiologiche e SPIRITUALI. *Solo un popolo può creare una CULTURA ALTA.* La CULTURA OCCIDENTALE è CULTURA ARIANA, ed è per questo che *il POLE GENE BIANCO è il nostro bene più prezioso*. I geni bianchi ci rendono ciò che siamo e determinano il nostro destino. *Coloro che cercano di distruggere il pool genetico bianco, con qualsiasi mezzo, stanno commettendo un genocidio e devono essere trattati come assassini.* Sono i nostri più pericolosi *NEMICI*.

La razza è una grande divisione della specie umana le cui caratteristiche distintive sono più evidenti sul piano fisico, ma si manifestano anche nello sviluppo intellettuale ed emotivo, nel comportamento, nel temperamento, nel carattere e nell'ANIMA. Queste caratteristiche razziali, come sappiamo, si trasmettono sostanzialmente immutate, salvo mutazioni, attraverso generazioni successive che si riproducono da eoni. Nonostante la negazione dei sostenitori del SIFILISMO Ebraico, non c'è assolutamente alcun dubbio sull'*esistenza di razze distinte*. Esse sono *"la materia prima che contribuisce all'evoluzione umana"*.

Quando le razze si incrociano, i loro figli tendono a soffrire dei ben noti difetti fisiologici, nonché di handicap e conflitti psicologici, come schizofrenia, depressione maniacale, instabilità, disorientamento e mancanza di un carattere fermo e definito. *Hanno un'anima divisa.* Se si guarda a un atlante mondiale, le regioni in cui gli incroci sono stati più estremi sono proprio quelle in cui le popolazioni sono notoriamente miserabili, inaffidabili, irresponsabili e povere. Queste regioni apportano poco o nessun valore all'umanità, ad esempio: l'India e l'Egitto moderni, Cuba, le Hawaii, il Messico, l'Hispaniola, il Suriname, il Brasile, l'Africa, ecc. Mentre i *Paesi più duraturi e creativi sono quelli le cui popolazioni mostrano una scarsa o nulla mescolanza razziale, come l'Europa, la Cina e il Giappone.* Non esiste una famiglia umana, né un'uguaglianza tra gli uomini. *Esistono solo le leggi della natura, che disprezzano le posizioni teoriche marxiste/liberali/ebraiche/cristiane.*

Ripetiamo: *un'Alta Cultura (Organismo Spirituale) è unica nella sua visione del mondo: totalmente distinta dalle popolazioni che la circondano o dagli extraterrestri che infestano temporaneamente il suo territorio.* L'UOMO DI ALTA CULTURA rappresenta quindi la più alta forma di Vita! *Mentre l'uomo senza cultura è un crittogramma bipede.*

Il capolavoro di Oswald Spengler *"Il declino dell'Occidente"* (*"Der Untergang Abendlandes"*) esamina otto alte culture che hanno dominato la storia del nostro pianeta. Una di esse, la cultura occidentale, è ancora dominante *ma soffre di gravi problemi patologici ed è in pieno declino.* Altre sette alte culture sono apparse nel panorama della storia mondiale, sono fiorite brillantemente come *novae* nel sistema solare, poi sono decadute e morte. Si tratta delle seguenti culture: Babilonese, Egiziana, Indiana, Cinese, Araba (Magiara), Classica, Messicana (Azteca, Inca, Maya). *Tutte, tranne quella messicana, sono morte dall'interno, vittime della PATOLOGIA CULTURALE: usura, parassitismo e meticciato.*

Permettetemi di ribadire rapidamente che abbiamo già parlato di incroci: l'idea che il "vigore ibrido" derivi dall'accoppiamento casuale di ceppi razziali diversi è *ridicola!* Per ottenere un qualsiasi vigore ibrido, i genitori devono essere non imparentati, *di razza pura,* con pedigree che dimostrino la superiorità razziale e le qualità dei genitori devono completarsi a vicenda. Senza genitori di razza pura, la prole incrociata ha poco o nessun merito. Pertanto, mentre l'ibrido di prima generazione (F1) può o meno determinare un aumento del vigore, il *continuo incrocio di ibridi porterà a una sostanziale diminuzione del vigore nelle generazioni successive e cancellerà le qualità eccezionali delle razze pure originarie.* L'incrocio tra bianchi e negri, ad esempio, cancellerà i biondi con gli occhi azzurri, i rossi e i marroni dalla pelle chiara, nonché l'intelligenza superiore che la loro biondezza rappresenta. La mescolanza distrugge anche la razza nera, privandola della sua anima, del suo destino, della sua cultura e del suo territorio.

> Credo che la fusione totale (incrocio) delle due razze sia l'alternativa più auspicabile per tutti gli interessati.
> NORMAN PODHORETZ, EBREO,
> caporedattore della rivista "Commentary".

> La cosa più terribile al mondo è l'ignoranza in azione.
> GOETHE.

> L'importanza di limitare la commistione deriva dal principio mendeliano secondo cui un singolo incrocio può annullare il lavoro di cento generazioni di fedele consanguineità.
> C. D. DARLINGTON,
> Professore di Botanica, Università di Oxford

> Un popolo che non è orgoglioso delle nobili conquiste dei suoi lontani antenati non realizzerà mai nulla che valga la pena di essere ricordato dai nobili discendenti.
> THOMAS B. MACAULEY.

> Un popolo biondo e meraviglioso sta sorgendo nel nord. Quando straripa, invia un'onda dopo l'altra nel mondo meridionale. Ogni migrazione diventa una conquista, ogni conquista una fonte di carattere e di civiltà.
> WALTER RATHENAU, EBREO,
> Industriale tedesco, 1925 circa.

Rathenau avrebbe potuto aggiungere, *poi* i parassiti stranieri hanno inghiottito gli Stati ariani in un mare di fango umano.

La storia di questi guerrieri biondi e creativi, che oggi conosciamo come Svedesi, Danesi, Norvegesi, Celti e Tedeschi, diventa la storia delle numerose civiltà da loro fondate (egizia, indiana, persiana, greca, romana, occidentale, russa, ecc. Gli antichi parlavano di una razza di conquistatori dai capelli d'oro provenienti dalla leggendaria terra di *Atlantide,* che avevano fondato le civiltà di Roma e della Grecia. Gli dei e le dee di Omero, dagli occhi azzurri e dalla pelle chiara, che regnavano dal Monte Olimpo, erano immagini *di questi uomini del Nord. Alcuni archeologi ritengono che Atlantide facesse parte della penisola iberica, vicino a Gibilterra. Altri sostengono che* Atlantide fosse una penisola che si protendeva nel mare vicino all'attuale Wilhelmshaven, Helgoland, in Germania, scomparsa in seguito a un terremoto nel Mar Frisone. Gli *Atlantidei* erano probabilmente i precursori dei Goti, i cui capi governavano l'*isola di Goth*, situata nel Mar Baltico tra Stoccolma e Koenigsberg. Gli antropologi stanno raccogliendo prove credibili del fatto che molte tribù ariane preistoriche migrarono dal Nord Europa ben prima del 2000 a.C., stabilendo colonie a est fino agli Urali e persino in alcune zone della Cina e del Giappone.

Gli scavi archeologici e i dati storici confermano che un flusso costante di popoli nordici lasciò il Nord Europa tra il 2000 a.C. e il 1000 d.C. Queste tribù ariane appaiono con nomi diversi, ma derivano da un unico patrimonio genetico bianco. I Kassiti si impadronirono dei resti dell'impero babilonese intorno al 1700 a.C. Circa un secolo dopo, i barbari nordici, chiamati "Hyksos" dagli egiziani, si impadronirono della vacillante civiltà egiziana, la rinvigorirono e la dominarono. Gli ariani conquistarono l'India, istituendo un sistema di caste (endogamia) per proteggere il patrimonio genetico dei bianchi; poi conquistarono la Persia (Iran). Gli Achei (Germani) e successivamente i Dori (Celti) conquistarono la Grecia e gettarono i semi della civiltà classica. I Rus' e i Vichinghi navigarono sul Dnieper, sul Volga e sulle vie d'acqua dell'Europa orientale, aprendo rotte commerciali verso il Mar d'Azof, il Mar Nero, il Mar Caspio e il Mediterraneo, e fin dove le loro graziose navi potevano portarle. In breve, sappiamo che questa razza proto-ariana (nordica) ha fondato alcune delle più grandi civiltà del mondo: ariana-indiana, kassita, ittita, persiana, micenea, greca, romana, celtica, teutonica, slava, occidentale e azteca/mayana/inca.

> Le lingue indoeuropee (ariane) erano un tempo associate a un unico tipo razziale, sebbene composto, e questo tipo razziale era un tipo nordico ancestrale.
> CARLTON COON, professore di antropologia ad Harvard.

> Sebbene (gli ariani) siano sparsi in due continenti, attribuiamo loro un'ascendenza e un'origine comuni...
> C. D. DARLINGTON, professore di botanica a Oxford.

> Gli ariani appaiono ovunque come i promotori del vero progresso e, in Europa, la loro espansione segna il momento in cui la preistoria (europea) inizia a divergere da quella dell'Africa o del Pacifico.
> V. GORDON CHILDE, "il più grande preistorico del mondo".
> (Enciclopedia Britannica).

Verso la fine delle grandi migrazioni, le tribù ariane gotiche (Ostrogoti, Visigoti), temute per il loro coraggio e la loro ferocia, saccheggiarono e devastarono l'intera Europa con i nomi a noi più familiari: Franchi, Angli, Sassoni, Celti, Vandali, Longobardi, Burgundi, Belgi, Juti, Vichinghi, Danesi, Rus', Germani, Teutoni, Normanni, e così via. Poi, insediandosi nello strato superiore di ogni società conquistata, ne hanno fornito i capi, gli eserciti e le leggi. *Ciò che distingueva questa razza bianca dalle popolazioni semplici era la sua VOLONTA' di compiere il suo DESTINO MANIFESTO. Fu* questa FORZA ARENNE, manifesta in ogni aspetto del pensiero e dell'azione, a spingere i Vichinghi, ad esempio, a sfidare il feroce Atlantico fino alle coste americane e oltre. Confrontate questa razza con quella dei negri, che non hanno mai prodotto un conquistatore, un esploratore, un alfabeta, né hanno mai inventato la ruota; o con quella degli ISRAELIANI, che si sono persi per 40 anni in una regione grande come il Rhode Island. Chiedete a qualsiasi generale se preferirebbe comandare un esercito di Turingi o un esercito di Ebrei.

Giulio Cesare, nel profondo della Gallia (Francia), conquistò i Celti indigeni (Galli). Tuttavia, le tribù settentrionali a nord e a est del Reno, che egli non conquistò mai, erano considerate da Cesare come i Celti *"originali"*. La parola latina per originale, o seminale, è *"germano"*. Fu quindi Cesare a dare per primo questo nome ai Germani. I Celti, che sono Norsemen, invasero poi l'Irlanda, il Galles, la Scozia e la maggior parte del mondo in un momento o nell'altro. Gli *"irlandesi neri"* (l'ex presidente Nixon potrebbe essere uno di loro) sono i discendenti dei marinai spagnoli che si arenarono sulle coste irlandesi quando l'Armada fu sconfitta da Sir Francis Drake. Il presidente John F. Kennedy, un celtico, causò molto risentimento nei circoli più potenti prima della caduta del muro di Berlino costruito dagli ebrei quando annunciò: "Ich bin ein Berliner" (Io sono un berlinese): parlava a nome di tutti gli ariani.

Gli Angli germanici attraversarono la Manica e diedero all'isola il nome di *"Angleland"*, poi corrotto in *"England"*. Gli Juti (tedeschi) e i Celti causarono loro problemi, così chiesero aiuto ai Sassoni tedeschi. Ai Sassoni l'Inghilterra piacque così tanto che rimasero. Come tutti sanno, nel 1066 Guglielmo il Conquistatore guidò le sue truppe normanne (norvegesi) e teutoniche alla vittoria sui Sassoni nella *battaglia di Hastings. Ancora oggi, gli* inglesi sono conosciuti come anglosassoni (WASPS: *White, Anglo-Saxon Protestants).*

L'attuale famiglia reale britannica discende dalla casa germanica *dei Saxe-Coburg-Gotha*. Durante la Prima guerra mondiale, si sentì costretta a cambiare il proprio nome in Casa di Windsor *("Inquieta è la testa che porta la corona")*.

La lingua inglese è di origine germanica. Le lingue germaniche comprendono: Scandinavo (svedese, norreno, danese), islandese, olandese, tedesco, inglese e frisone (l'antico prussiano e il gotico sono scomparsi). La Francia ha preso il nome dai Franchi, una tribù germanica. *La "franchezza"* era la *conditio sine qua non* della sincerità, dell'onestà, dell'integrità e del carattere, motivo per cui il *franco* è diventato l'unità monetaria francese. Carlo Magno, franco della dinastia carolingia e imperatore del Sacro Romano Impero, teneva la corte ad Aquisgrana, nome tedesco e francese della stessa città. Il Sacro Romano Impero (950 d.C. circa) riuniva romani, cristiani e tedeschi da Barcellona ad Amburgo, da Reims a Roma.

Secondo Beda, Palladio introdusse il cattolicesimo in Irlanda intorno al 430 d.C.. Gli irlandesi diffusero poi il mito in tutta Europa. Quando i Sassoni furono finalmente convertiti al cristianesimo dalle armi franche (800 d.C.), questa conversione, secondo i Sassoni, trasformò l'Europa in un *quasi-popolo*, *"una razza"* di cristiani (nello stesso periodo, intorno al 700, i Khazar asiatici si convertirono al Talmudismo). *Nel 1050, tutti i cristiani si consideravano un'unica famiglia razziale.* Con il tempo, il cristianesimo assunse un significato territoriale. Di conseguenza, nell'Europa medievale, le *"relazioni razziali"* significavano in realtà relazioni tra lingue e gruppi culturali, non geni riproduttivi.

La parola greca *"Agon"* significa combattimento o guerra *all'interno del gruppo familiare*, in contrapposizione alla lotta contro un nemico straniero. Così, i cristiani si sono impegnati in sanguinose guerre intestine *(Agon)* per portare avanti gli IDEALI occidentali. *Ma prima delle guerre di annientamento degli ILLUMINATI contro l'Europa nel XX secolo, gli ariani si sono sempre uniti e hanno combattuto come un unico popolo per proteggere la cristianità contro i khazari, i mori, i saraceni, i mongoli, ecc.* Oggi la Chiesa cattolica (fondata da ebrei), *che deve la sua esistenza alla cavalleria ariana, promuove l'aborto e denuncia il nazionalismo ariano*, mentre sostiene lo Stato di Israele. Il comportamento del Papa ha dei precedenti. Gesù ha rinnegato i pagani, dicendo: *"Sono stato mandato alle pecore perdute della casa d'Israele e solo a loro"*. (MATTEO).

Con la prosecuzione dell'esplorazione e dell'espansione, gli ariani stabilirono bastioni di cultura occidentale ovunque conquistassero e persistessero: America del Nord e del Sud, Canada, Australia, Nuova Zelanda, Islanda, Groenlandia e Africa, tra le altre già elencate, furono fondate e civilizzate da questi popoli dotati. *Dovrebbe essere ovvio a chiunque abbia un briciolo di intelligenza che, una volta che un popolo ha acquisito un patrimonio genetico superiore, deve fare TUTTO ciò che è in suo potere per proteggerlo e migliorarlo. L'incomparabile pool genetico degli Ariani ha prodotto una moltitudine di uomini e donne illustri. Citerò alcuni dei loro nomi per ricordarvi che sono membri di questo stesso pool genetico, proprio come voi e i vostri figli se siete caucasici:* Ikhnaton, Mahavira, Sigurd, Grettir, Njal, Artù, Cuchulain, Ulisse, Pericle, Aristofane, Aurelio, Aristotele, Zarathustra, Saffo; Sigfrido, Dario, Alessandro, Rurik, Teodorico, Martello, Carlo Magno, Rolando, Cesare, Cleopatra, Eric, Alarico, Giovanna d'Arco, Goffredo, Bruce, Lutero, Marlboro, Rob Roy, Pietro il Grande, Pitt, Napoleone, Nelson, Wellington; Erickson, Cortes, Colombo, da Gama, Magellano; Caterina, Elisabetta, Corday, Nightingale; v. Steuben, Washington, Monroe, Jefferson, Hamilton, Madison, Allen, Henry, Hale, Morgan, Frederick, El Cid, Bismarck, Clauswitz; Hus, Garfield, McKinley, Hess, Hitler, Patton, MacFadden, McCarthy, Zundel; Bridger, Coulter, Crocket, Bowie, Houston, Clark, Hickock, Earp, Longbaugh, Oakley; Lee, Jackson, Forrest, Grant, Lincoln, Barton, Custer, Stuart, Chamberlain; Pershing, Mata Hari, Richthofen, Rickenbaker, York, Cavell; MacArthur, del Valle, Crommelin, Rommel, Prien, Nimitz, Lindbergh, Earhardt, Goering, Mussolini, Montgomery, Murphy, Foss, Mindszenty, Pound, Solzhenitsyn; Shakespeare, Petrarca, Dante, Goethe, Voltaire, Schiller, Swift, Emerson, Byron, Keats, Blake, Burns, Wilde, Shaw, Yeats, Melville, Whitman, Poe, Balzac, Hesse, Dostoevskij, Shelley, Eliot, Kipling, Dreiser, Steinbeck, Plath, Hemingway, Roethke, Dinesen, Bronte, Waugh, James, Pegler, Marsden, Mencken, Chesterton; Bach, Foster, Grieg, Wagner, Smetna, Beethoven, McCartney, Tschaikowsky, Rachmaninoff, Dvorak, Lehar, Strauss, Debussy, Chopin, Brahms, McDowell, Elgar, Borodin, Bizet, Herbert, Vivaldi, Verdi, Puccini, Haendel; Praxitiles, Rodin, Remington, Mallol, Tiziano, Da Vinci, Durer, Rembrandt, Brueghel, Monet, Homer, Bierstadt, Wyth, Degas, Goya; Platone, Goethe, Kant, Hume, Schopenhauer, Spencer, Pascal, Cartesio, Carlyle, Machiavelli, Montaigne, Kierkegaard, Nietzsche, Spengler, Santayana, Yockey, Simpson; Keplero, Copernico, Newton, Swedenborg, Franklin;

Shockley, Coon, Ardrey, Oliver, Sombart, Baker; Mendel, Curie, Lister, Pasteur, de Bakey; Gutenberg, Galton, Ohm, Edison, Ford, Carnegie, Krupp, Benz, Chrysler, Diesel; Planck, Goddard, Hertz, von Braun, Humboldt, Richter, Marconi, Goethals, Rutherford, Roebling, Wright, Sullivan; Yaeger, Costeau, Lovell, Glenn, Armstrong, Shepard, Grissom; Traubel, Hess, Sutherland, Swartzkoph, Pons, Lehmann, Caruso, Pavarotti, Wunderlich, Cararras, Pinza, Hines ; Barrymore, Cooper, Gielgud, Olivier, Wayne, Astaire ; Day, Streep, Hayes, Leigh, Davis, Temple ; Griffith, Lean, Wells, Hitchcock, Ford, Bergman ; Ripken, Di Maggio, Ruth, Spahn, Williams, Schmidt, Hornsby, Gehrig, Berra, Rose, Wagner, MacGwire; Nicklaus, Jones, Hogan, Palmer, Snead, Norman; Lombardi, Staubach, Montana, Elway, Kramer, Unitas; Hingis, Laver, Borg, Graf, Connors, Court; Bird, West, Bradley, Laettner, Walton, Havlichek; et al.

La razza eleva l'uomo al di sopra di se stesso: lo dota di poteri straordinari, direi quasi soprannaturali, tanto si distingue dalla caotica accozzaglia di popoli provenienti da tutte le parti del mondo... la sua razza lo rafforza e lo eleva in ogni modo... egli si protende verso il cielo come un albero forte e maestoso nutrito da migliaia e migliaia di radici - non un individuo solitario, ma la somma vivente di innumerevoli anime che lottano per lo stesso obiettivo.
 H. S. CHAMBERLAIN, "La genesi del XIX secolo". (Chamberlain, britannico, era il genero di Nietzsche).

Tutte le grandi civiltà del passato sono morte solo perché le razze originarie sono morte per avvelenamento del sangue.
 ADOLF HITLER, Cancelliere della Germania.

CAPITOLO 10

PARASSITISMO U.S.A.

Il cosiddetto "problema ebraico" è apparso per la prima volta. Non si tratta di razza, religione, etica, nazionalità o appartenenza politica, ma di qualcosa che li comprende tutti e che separa l'ebreo dalla cultura occidentale.
FRANCIS PARKER YOCKEY, *"Imperium"*.

Legati dalla fede più ostinata, gli Ebrei estendono la loro carità a tutti coloro che sono della loro obbedienza, mentre nutrono un odio sordo e inveterato verso il resto dell'umanità.
TACITO, *"Opere storiche"*.

Gli israeliani controllano le politiche del Congresso degli Stati Uniti.
J. WILLIAM FULBRIGHT,
Senatore degli Stati Uniti, CBS *"Face the Nation"*.

L'influenza ebraica in questo Paese è così forte che non ci si può credere. Gli israeliani vengono da noi a chiedere attrezzature. Noi diciamo loro che è impossibile che il Congresso sostenga un programma del genere. Ci rispondono: "Non preoccupatevi del Congresso, ci pensiamo noi..." È qualcuno di un altro Paese, ma può farlo.
GEN. GEORGE S. BROWN,
Presidente dello Stato Maggiore congiunto, 1973.

Oggi ci sono solo due gruppi che battono il tamburo per la guerra in Medio Oriente: il Ministero della Difesa israeliano e il suo gruppo di amici nel Congresso degli Stati Uniti.
PAT BUCHANAN, *"Il gruppo McLaughlin"*, 1991.

Kennedy disse: "Sono pienamente d'accordo con lei che la partigianeria americana nel conflitto arabo-israeliano è pericolosa sia per gli Stati Uniti che per il mondo libero"... L'assassinio del Presidente Kennedy... ha distrutto la possibilità che il suo secondo mandato potesse vedere Washington iniziare a liberarsi dal pesante fardello della partigianeria americana nel conflitto arabo-israeliano.
ALFRED M. LILIENTHAL, EBREO, *"La connessione sionista"*.

TRADIMENTO E SEDIZIONE

Come abbiamo visto, ogni volta che gli ebrei entrano in uno Stato gentile, il loro unico scopo è quello di succhiare la linfa vitale dalla nazione ospitante e impiantare la propria cultura. Intorno al 1850 d.C., gli Ebrei puntarono sull'America. Nei 150 anni successivi, hanno invaso gli Stati Uniti, hanno appeso le loro ambizioni e il loro odio alle nostre risorse e al nostro potere umano, e poi hanno iniziato a trascinare l'America in una serie di guerre combattute al solo scopo di arricchire i giudei e far avanzare l'agenda degli ILLUMINATI.

> Charles Lindbergh pubblica i suoi "Diari di guerra" in cui ribadisce che la sua posizione non interventista (Seconda Guerra Mondiale) era fondamentalmente corretta e che gli Stati Uniti avevano di fatto perso la guerra... Sottolinea l'irreparabile perdita genetica... subita dai popoli del Nord Europa.
> WILMOT ROBERTSON, *"La maggioranza diseredata"*.

Dopo la Seconda guerra mondiale, l'Europa fu attraversata da una *"cortina di ferro". Era imperativo tenere la gente all'oscuro dei vampiri che li avevano predati*. Il mito dell'*"Olocausto", uno stratagemma per nascondere l'Olocausto perpetrato contro la Germania*, spuntò come un cane rabbioso. Gli ebrei invasero i meccanismi del governo statunitense. La *"guerra fredda"*, un'altra bufala, appare all'orizzonte. I bolscevichi strisciano come vermi dai cadaveri della Russia e dell'Europa orientale, minacciando Main Street, U.S.A.

> Gli immigrati ebrei negli Stati Uniti hanno resistito talmente tanto all'identificazione per razza (e religione) insistendo sul fatto che non dovevano essere considerati ebrei ma tedeschi, polacchi o altri, che per molti anni le varie quote nazionali sono state occupate quasi interamente da ebrei; e ancora oggi il numero di ebrei negli Stati Uniti è conosciuto solo dalle cifre che gli stessi ebrei ci forniscono.
> WILLIAM G. SIMPSON, *"Quale strada per l'uomo occidentale?"*.

Uno di questi immigrati che, come tanti altri, scampò "miracolosamente" all'Olocausto fu Albert Einstein, ebreo (1879-1955), fisico teorico famoso per la sua brillante "teoria della relatività" ($E=mc^2$) e per il suo sostegno al comunismo, che scrisse al Presidente Franklin Roosevelt esortandolo a lanciare un programma di sviluppo di un'arma nucleare americana da usare contro la Germania. Alexander Sachs, un banchiere ebreo, consegnò la lettera che accusava falsamente la Germania di aver costruito una bomba atomica. In realtà, Hitler, mentre studiava il potenziale dell'energia nucleare, si espresse contro

TUTTE le armi di distruzione di massa (compresi i bombardamenti su obiettivi civili). I consiglieri di Roosevelt, Baruch, JUIF, Rosenman, JUIF, Morgenthau, JUIF, Hopkins, Hiss e altri, vendettero a FDR l'idea di Einstein. Le menti dietro la bomba atomica erano Lisa Meitner, ebrea, Neils Bohr, ebreo, Hans Bethe, ebreo, Edward Teller, ebreo, John von Neumann, ebreo, Leo Szilard, ebreo, ed Enrico Fermi, ariano, la cui moglie era ebrea. Quasi tutti avevano studiato all'Università di Gottingham, in Germania, e alcuni avevano lavorato all'Istituto Max Planck. Meitner aveva rubato i dettagli degli esperimenti tedeschi di fissione condotti con successo a Berlino. Erano i precursori dell'energia nucleare e, più tardi, della bomba atomica costruita a Los Alamos sotto la direzione del dottor Robert J. Oppenheimer, un ebreo. Teller e von Neuman lasciarono il progetto della bomba atomica e iniziarono a sviluppare la bomba all'idrogeno. I progetti della bomba atomica furono rapidamente riprodotti da traditori ebrei e trasmessi all'Unione Sovietica. La bomba atomica non fu completata in tempo per essere sganciata sulla Germania, con grande dispiacere dell'ebraismo mondiale. Ma non si poteva negare loro un sacrificio di sangue. Il Giappone, che barcollava verso una sconfitta certa, stava per ricevere una lezione da TALMUD.

L'unica forte protesta contro il lancio della bomba atomica sul Giappone venne dal consigliere scientifico di Truman, Ernest Lawrence, un ariano. Altre voci più forti si fecero sentire. Obbedendo ai suoi padroni, Truman ordinò l'incenerimento delle città non difese di Hiroshima (una città cristiana) e Nagasaki. Sganciare la bomba atomica su un'area disabitata avrebbe potuto essere un esempio sufficiente della sua capacità distruttiva. Ma i vampiri volevano dare una lezione indimenticabile agli onorevoli giapponesi che si erano alleati con la Germania. *Siate certi che i discendenti dei grandi samurai non hanno dimenticato.*

La pericolosa portata della penetrazione comunista negli Stati Uniti divenne evidente durante i numerosi processi per spionaggio che seguirono la Seconda guerra mondiale; anche i goy più ignoranti cominciarono a capire la stupidità dell'alleanza dell'America con il "malvagio impero comunista" contro la Germania ariana. Il presidente Harry Truman, sotto la pressione dei media e dei suoi consiglieri ebrei (il rabbino Steven Wise, Sam Rosenman, Eddie Jacobson, i fratelli Rostow, Max Lowenthal, David Niles, ecc.), respinse la richiesta di assistenza del Canada nelle sue indagini sulle reti di spionaggio comuniste operanti in Canada e negli Stati Uniti. Truman (che ci trascinò nella disfatta coreana apparentemente per combattere il comunismo e che cercò di abolire l'incomparabile Corpo dei Marines degli Stati Uniti) definì le indagini sui comunisti "Red Herring". Procedendo senza l'assistenza degli Stati Uniti, il Canada arrestò e condannò una rete di agenti sovietici tra cui: Sam Carr (Cohen), organizzatore per tutto il Canada; Fred Rose (Rosenberg), membro del Parlamento, organizzatore per il Canada francese; e Hermina Rabinowich, collegamento con i comunisti americani. Tutti questi "canadesi" erano ebrei kazari.

Infine, sorpresi dalla portata della sovversione di cui Truman si era fatto beffe, i servizi segreti americani iniziarono (intorno al 1950) ad arrestare e condannare le spie sovietiche che lavoravano negli Stati Uniti, tra cui: John Gates (Israel Regenstreif), direttore del giornale comunista "Daily Worker", Gil Green (Greenberg), Gus Hall (Halberg) e Carl Winters (Weissberg), tutti ebrei.

Lo stesso anno, le prime spie atomiche americane furono condannate per spionaggio: Julius ed Ethel Rosenberg; Morton Sobell; David Greenglass; Harry Gold; Abraham Brothman; Miriam Moskowitz; Gerhardt Eisler; William Perl (Mutterperl) Physics Dept. Columbia Univ. TUTTI EROGHI *(i Rosenberg furono condannati e giustiziati per tradimento tra grida di antisemitismo. I file sovietici, finalmente resi pubblici nel 1997, confermarono che i Rosenberg avevano trasferito i progetti della bomba atomica da Los Alamos all'Unione Sovietica).* Si è scoperto che questi ebrei erano attori relativamente minori di una cospirazione ebraica molto più profonda. Come vedremo.

Mentre l'America era impegnata nella "guerra fredda" contro l'Unione Sovietica (alcuni americani costruivano rifugi antiatomici nei loro giardini), il dottor Robert J. Oppenheimer, ebreo, capo del progetto di Los Alamos e il più importante scienziato nucleare degli Stati Uniti, protestò improvvisamente contro l'ulteriore sviluppo della bomba all'idrogeno. Egli, che era stato entusiasta dell'idea di sganciare la bomba atomica su Germania e Giappone, chiese, tra lo stupore dei leader americani, di abbandonare il progetto per "motivi umanitari"! Il suo punto di vista fu fortemente sostenuto, nella stampa e nella pratica, dagli ebrei americani che (per quanto riguarda l'Unione Sovietica) erano improvvisamente diventati pacifisti convinti.

Lo Stato Maggiore degli Stati Uniti sapeva che i sovietici avevano fatto una contropartita agli scienziati tedeschi catturati, ovvero la loro liberazione da morte certa nei Gulag in cambio della loro esperienza scientifica. Con grande sforzo, i capi di Stato Maggiore superarono l'opposizione di Oppenheimer. Il Comitato speciale del Consiglio di sicurezza nazionale (due ariani e un ebreo) votò per due a uno la continuazione del programma della bomba H. Il voto contrario fu espresso da Oppenheimer. Il voto contrario fu espresso dall'ex Ministro della Difesa. Il voto contrario fu espresso da David Lilienthal, ebreo e presidente della Commissione per l'energia atomica. Gli Stati Uniti riuscirono a produrre la bomba H 11 mesi prima dei sovietici, salvando gli Stati Uniti dall'estorsione sovietica e forse dall'estinzione. Avvertendo un topo "sotto le pile", l'FBI ritirò l'autorizzazione di Oppenheimer. Il motivo: la moglie, l'amante e i migliori amici avevano "ampie affiliazioni comuniste". L'ADL e i media gridarono al settarismo! Il presidente Lyndon Johnson, una spia facilmente ricattabile, spinto da Abe Fortas, ebreo, e dai fratelli Rostow, ebrei, ripristinò l'autorizzazione di sicurezza di Oppenheimer con una grande cerimonia, con tributi, premi e scuse lacrimevoli. (Poco dopo, il candidato di Johnson alla carica di Presidente della Corte Suprema, Abe Fortas, e il suo collaboratore Louis Wolfson, un membro della JUIF, furono condannati per appropriazione indebita. Scontarono la pena nello stesso tipo di prigione da country club che in seguito ospitò personaggi ebrei come Michael Milken, Ivan Boesky e altri venditori di titoli spazzatura e truffatori di Wall Street).

Nel 1994, Pavel A. Sudoplatov, un ex agente sovietico, comunicò alla Central Intelligence Agency americana i file del KGB, rivelando che l'enigmatico dottor Robert J. Oppenheimer, un ebreo, era una spia sovietica! Oppenheimer (ora deceduto) aveva compromesso la sicurezza degli Stati Uniti fornendo all'Unione Sovietica segreti nucleari americani dettagliati. Il tradimento di Oppenheimer costò quasi la vittoria degli Stati Uniti nella Guerra Fredda e contribuì indirettamente alla morte di migliaia di soldati americani in Corea e Vietnam. I media decisero di sopprimere questa informazione. Il vostro deputato sta facendo il furbo.

> Il Procuratore Generale degli Stati Uniti ha recentemente dichiarato che da un'analisi di 4.984 tra i membri più militanti del Partito Comunista negli Stati Uniti è emerso che il 91,4% di loro era di origine straniera (ebreo) o sposato con persone di origine straniera.
> PAT MCCARRAN, Comitato giudiziario,

Senato degli Stati Uniti, 1950.

La stragrande maggioranza degli ebrei cambia nome, seguendo il precedente di Lenin (Ulianov), Trotsky (Bronstein) e Stalin (Dzugashvili), un tartaro sposato con un'ebrea. Oggi, il cambio di identità include interventi di chirurgia facciale che migliorano drasticamente il loro aspetto, consentendo loro di nascondersi quasi inosservati tra i goyim che intendono distruggere.

Il SENATORE JOSEPH McCARTHY guidò l'attacco (1950 circa) ai comunisti all'interno del governo degli Stati Uniti (soprannominato "caccia alle streghe" dai procuratori del governo e dai media). Gli amici di McCarthy lo avvertirono che sarebbe stato attaccato da entrambe le parti. Egli rispose: "Il popolo americano non mi abbandonerà mai". Non conosceva il lavaggio del cervello dello *Stupidus Americanus*. McCarthy avviò indagini sui Dipartimenti di Stato, Agricoltura, Tesoro e Difesa. Alla fine furono arrestati diversi agenti sovietici, tra cui: Alger Hiss, Currie, Ware, Collins, Duggin, Reno, Remington, Wadleigh, Field e Whittaker Chambers. Tra gli ebrei smascherati come agenti sovietici vi erano: Abe Pressman, Abt, Perlo, Silverman, Witt, Gompertz e White (Weiss), un protetto di Henry Morgenthau, ebreo e Segretario al Tesoro di FDR.

L'ADL utilizzò tattiche collaudate, demonizzando il messaggero per distogliere l'attenzione dai fatti. McCarthy aveva prove inconfutabili che i comunisti stavano minando le fondamenta della nostra Repubblica e tradendo l'intelligence americana al blocco comunista.

Stava facendo progressi reali quando fu accusato di aver lanciato accuse infondate contro l'integrità dell'esercito americano, tra cui quella di aver falsamente accusato il dottor Victor Perlo, dentista dell'esercito americano ed ebreo, di essere affiliato a un partito comunista. Le accuse contro McCarthy furono ingigantite dai media, che avevano voglia di sangue. Nella foga del vilipendio televisivo nazionale, il prezioso servizio reso dal senatore all'America fu ignorato. Alla fine il senatore McCarthy, censurato da un Senato asservito, fu costretto a ritirarsi. Perlo (che in seguito avrebbe confessato di essere comunista) continua a marciare, eroe della sinistra. Una nuova parola di approvazione, "maccartismo" (che significa: attacchi invalidi e indiscriminati a un testimone) entra nel lessico americano. La sua vera definizione è: *"Chi attacca i comunisti sarà bruciato sul rogo"*. Un aspetto importante di questa tragedia americana è che l'opposizione a McCarthy nelle aule di tribunale fu guidata da avvocati ariani, molti dei quali appartenevano alla Ivy League ed erano membri di Skull & Bones, vassalli della regola d'oro: "Chi ha l'oro comanda".

Recentemente, il senatore deceduto è risorto dalla tomba:

> Lo "spaventapasseri" dell'era McCarthy si rivela piuttosto accurato: i documenti mostrano l'infiltrazione sovietica
> Il senatore Joseph McCarthy e altri sostenitori della Guerra Fredda non si sbagliavano sull'entità della penetrazione sovietica nelle agenzie governative statunitensi... I documenti resi noti ieri dalla National Security Agency mostrano che più di 100 agenti sovietici si sono infiltrati nei dipartimenti di Stato, Giustizia, Guerra, Tesoro e persino nell'Office of Strategic Services, il precursore della CIA.... I comunicati precedenti... descrivevano in dettaglio la scoperta degli sforzi sovietici per rubare segreti nucleari e il coinvolgimento di Julius ed Ethel Rosenberg nello sforzo di spionaggio in tempo di guerra. "Non tutte le persone accusate da McCarthy erano innocenti", ha detto Radosh, notando che il contraccolpo della crociata anticomunista di McCarthy tendeva a screditare chiunque cercasse di denunciare le attività sovietiche negli Stati Uniti. Ma lo storico David Kahn (JUIF), autore di *"The Codebreakers"*, si è detto molto più cauto sulla possibilità di riabilitare l'immagine di McCarthy... "Non voglio spingermi troppo oltre", ha detto Kahn.
> *WASHINGTON TIMES*, 6 marzo 1996.

Negli anni '70 (epoca del Vietnam), i media, pensando al maccartismo, protestarono contro lo spionaggio interno del governo statunitense come una minaccia alla "libertà".

Il presidente Ford, sempre facilmente persuadibile, permise al procuratore generale Edward Levi, un ebreo, di imporre le "Linee guida Levi" alle agenzie investigative statunitensi. Queste direttive hanno sventrato i programmi di sicurezza del personale governativo, mettendo al riparo dalle indagini coloro che predicano la sovversione, a meno che non sostengano o si impegnino in crimini specifici. In altre parole, gli Stati Uniti non sono più autorizzati a fare prevenzione prima che l'incendio abbia inizio. Il che introduce un'altra spy story...

Nell'ottobre 1998, la firma di un nuovo accordo di pace tra Palestina e Israele fece notizia. Yasser Arafat, arabo, con le labbra tremanti, parlò di un glorioso futuro di pace e prosperità per i due popoli: "Noi, fratelli semiti"! Benjamin Netanyahu, un ebreo khazar, ha fatto un'apprezzabile smorfia.

Nelle prime ore del mattino, dopo che l'accordo era stato raggiunto ma prima della firma, Netanyahu, il Primo Ministro israeliano, ha mandato a monte i negoziati. Ha minacciato di ritirarsi se gli Stati Uniti non avessero rilasciato la spia israeliana Jonathan Pollard come parte dell'accordo. La Clinton non osò assecondare la richiesta. Tuttavia, per placare gli israeliani, il suo ultimo atto da Presidente è stato quello di graziare una serie di ladri ebrei, tra cui il truffatore ebreo americano Marc Rich, che è in cima alla lista dei più ricercati dall'FBI.

Pollard è l'ebreo "americano" che ha venduto "*un numero incredibile di segreti americani a Israele*". Poiché Pollard ha una conoscenza intima di ogni aspetto della sicurezza americana, rimane un rischio anche in prigione. Alan Dershowitz, professore ebreo alla Harvard Law School e star televisiva, afferma che la detenzione di Pollard è una "macchia sull'America" perché "i segreti sono stati venduti a un alleato degli Stati Uniti; ha scontato una pena sufficiente" (più di 12 anni). Le "teste parlanti" dei media, preoccupate per il loro lavoro, concordano sul fatto che Pollard, divenuto cittadino israeliano durante la detenzione, dovrebbe essere rimandato in Israele per "il bene della pace". Israele, dove Pollard è considerato un eroe nazionale, chiede agli Stati Uniti di rilasciare immediatamente la loro spia. Dershowitz ha perso le staffe durante un'intervista alla CNN quando è stata sollevata la questione della doppia fedeltà degli ebrei. "È una vecchia storia", ha detto. Pollard è solo un ebreo americano a cui capita di essere una spia". Dershowitz, ovviamente, sta solo nascondendo la verità. Gli ebrei, come tutte le razze, sono geneticamente unici: i geni determinano il comportamento. Storicamente, gli ebrei sono noti per essere sleali nei confronti delle nazioni che li ospitano. Questo non significa che tutti gli ebrei negli Stati Uniti siano a rischio sicurezza, come Pollard e altri. Significa semplicemente che molti ebrei che professano la loro fede nel marxismo/giudaismo/sionismo sono a rischio sicurezza. Più precisamente, significa che circa il 98% (novantotto per cento) di tutti gli ebrei sono rischi per la sicurezza. Gli Stati Uniti d'America stanno scoprendo ciò che l'Europa ha imparato molto tempo fa: gli ebrei sorridono mentre pugnalano alle spalle i loro ospiti.

Alfred Lilienthal, un ebreo, ha registrato (7-4-72) la seguente intervista con due adolescenti di Brooklyn appartenenti alla Conferenza

Internazionale della Gioventù Sinagogale:

Se Israele e gli Stati Uniti entrassero in guerra, da che parte starebbe?

Non succederà mai, non è possibile.

Si considera americano o ebreo?

Sono americano ed ebreo.

Ma cosa si deve considerare prima?

Sono ebreo prima di essere americano.

Avete una doppia fedeltà? Alcune persone insistono su questo punto.

No, ma abbiamo stretti legami con Israele e con gli Stati Uniti, e abbiamo legami più stretti con Israele perché è il nostro Stato.

Cosa intende dire? Pensavo che gli Stati Uniti fossero il tuo Stato.

Viviamo negli Stati Uniti. Ma siamo orgogliosi che Israele sia il nostro Stato. Israele è la nostra patria e il nostro obiettivo finale è quello di stabilirci lì.

Perché non andare adesso?

Non siamo pronti a partire.

Allora perché si resta negli Stati Uniti e perché si usano gli Stati Uniti?

Dobbiamo avere un Paese forte e potente e vogliamo costruire gli Stati Uniti perché mentre siamo qui possiamo aiutare Israele. Siamo qui perché è un Paese potente e vogliamo usare la nostra influenza.

Influenzare gli Stati Uniti a favore di Israele?

Non si tratta solo di influenzare gli Stati Uniti, ma anche di influenzare gli altri ebrei americani, molti dei quali non stanno facendo quanto dovrebbero.

Cosa ne pensa di Israele?

Israele è il nostro Paese. Gli Stati Uniti non sono il nostro Stato. Ne facciamo la nostra casa, ma una casa non è il nostro Stato.

Cosa succede quando si dice che gli ebrei stanno usando gli Stati Uniti e che è ora di uscirne?

Vorrebbero che facessimo sapere che si tratta di antisemitismo.

Ma lei ha una doppia fedeltà?

Cosa c'è di sbagliato in questo? Israele può aiutare gli Stati Uniti e gli

Stati Uniti possono aiutare Israele... Non usiamo gli Stati Uniti come base. Sosteniamo gli Stati Uniti, paghiamo le tasse. Al momento non vogliamo immigrare. E non pensate che stiamo vivendo del grasso della loro terra e che glielo stiamo portando via, questo è bigottismo, sembra antisemitismo.

Forse, ma non state forse alimentando questo antisemitismo con le vostre idee?

Se gli Stati Uniti ci chiedessero di servire nell'esercito senza coinvolgere Israele, lo faremmo. Ma non possiamo fidarci che gli Stati Uniti facciano tutto ciò che vogliamo. Se gli Stati Uniti non hanno una politica favorevole nei confronti di Israele, spetta a noi contribuire a costruirla, e non potremmo fare per Israele ciò che è necessario se non vivessimo negli Stati Uniti.

ALFRED LILIENTHAL, "La connessione sionista".

Un giovane Pollard potrebbe essere stato uno degli ebrei intervistati sopra. *("Le lendini diventano pidocchi",* Gen. Sheridan, USA).

Recentemente, un altro documento del KGB decriptato dal programma americano Venoma indica, senza provarlo, che David K. Niles (Neyhus), un ebreo, era un traditore americano di alto livello. Da sempre protetto di Bernie Baruch, un ebreo, e di Harry Hopkins, capo dello staff di FDR, *Niles fu consigliere amministrativo di Roosevelt e Truman* (Hopkins, *recentemente smascherato come spia sovietica, visse* effettivamente *alla Casa Bianca*). Quando morì nel 1953, Niles fu descritto dal New York Times come *"un uomo misterioso"*. L'FBI teneva sotto controllo Niles e molti dei suoi collaboratori. Il loro scenario iniziò quando Niles raccomandò David Karr (Katz), un ebreo, ad Alan M. Cranston per un lavoro. Karr faceva parte dello staff del quotidiano comunista *Daily Worker* e dirigeva le pubbliche relazioni dell'American League for Peace and Democracy, un fronte comunista. Cranston era allora membro dell'Office of War Information (OWI). In seguito divenne senatore degli Stati Uniti (CA-Dem.). Cranston pubblicò un'edizione distorta del "Mein Kampf", che vendette al pubblico americano come traduzione della prima edizione dello *"Spielbergismo"*. Obbedendo alle direttive di Niles, Cranston assunse Karr come funzionario dell'OWI. In questa veste, aveva accesso quotidiano alle squadre dei presidenti Roosevelt e Truman, che comprendevano Hopkins, Lauchlin Currie, Alger Hiss, Harry Dexter White (Weiss), JUIF (tutti smascherati come agenti sovietici) e, naturalmente, David Niles, JUIF. I file Venona confermano anche le attività di spionaggio di Kim Philby, Klaus Fuchs, un ebreo, e dei

Rosenberg, ebrei. Il fatto è che David Niles non è mai stato indagato dal Congresso. Truman (che spinse gli Stati Uniti nella disfatta coreana) definì Niles "un amico intimo e un collaboratore fidato". La risposta alla domanda su quanto la Casa Bianca controllata dai Democratici sia stata (e sia tuttora) teatro di un alto tradimento è rinchiusa negli archivi dell'FBI, che il Bureau rivelerà senza ulteriori indugi solo al Congresso degli Stati Uniti. Il Congresso, che deve accattivarsi il favore dei media, fa finta di niente (si veda l'editoriale del *Washington Times* dell'8-29-97).

> Prima della Seconda guerra mondiale, Hitler si era imposto come nemico giurato del liberalismo, del marxismo e dell'ebraismo, proprio le tre forze trainanti che erano salite al potere con il New Deal di Franklin Roosevelt.
> WILMOT ROBERTSON, "La maggioranza diseredata", 1976.

> Alcuni dei miei migliori amici sono comunisti.
> FRANKLIN DELANO ROOSEVELT

> La storia completa della richiesta di negoziati da parte della Germania e del nostro categorico rifiuto e della rottura delle relazioni diplomatiche non fu pubblicata nel 1937 e nel 1938, quando la Germania fece la sua richiesta, ma fu nascosta al pubblico fino a quando la Commissione per le Attività Antiamericane della Camera non la scoprì dopo la Seconda Guerra Mondiale... e la rese pubblica più di un decennio dopo che i fatti erano stati così criminalmente soppressi.
> DR. JOHN O. BEATY, colonnello dell'intelligence dell'esercito americano.

> John F. Kennedy propose un piano di pace alle Nazioni Unite (1961) che chiedeva il "disarmo generale e completo degli Stati Uniti", un'ulteriore misura per attuare il piano di Bernard M. Baruch.
> A. K. CHESTERTON, "I nuovi signori infelici".

La profondità della penetrazione nei governi alleati da parte di AGENTI EBREO è dimostrata dalle guerre del XX secolo condotte non solo a beneficio dei nemici dell'Occidente, ma anche dalle strategie impiegate per assicurare la sconfitta dell'Occidente. Abbiamo visto sopra che la Casa Bianca e il numero 10 di Downing Street capitolarono di fronte agli ILLUMINATI, allineandosi con l'Unione Sovietica contro la Germania cristiana. Abbiamo visto come Bernard Baruch, lo scagnozzo del KAHILLA, "l'uomo più potente d'America", abbia imposto il controllo assoluto su FDR, Churchill e Dwight Eisenhower, che insieme hanno sacrificato il patrimonio del loro Paese per portare avanti l'agenda degli ILLUMINATI (si veda il capitolo 6: "Olocausto"). Il tradimento del cristianesimo, ampiamente documentato, da parte di Roosevelt a Yalta e di Truman a Potsdam, assicurò la totale VITTORIA COMUNISTA nella Seconda Guerra Mondiale e causò la morte di milioni di europei disarmati dopo la guerra.

> Il tradimento non prospera mai. Perché? Perché quando accade, nessuno osa chiamarlo tradimento.
> LORD HARRINGTON.

STRATEGIE PER LA SCONFITTA E GUERRE NON VINCENTI

CINA: Dopo la Seconda Guerra Mondiale, Mao Tse-Tung, finanziato dagli ILLUMINATI, guidò i suoi comunisti cinesi in un conflitto armato contro la Cina nazionale guidata dal Generalissimo Chiang Kai-Shek, alleato dell'America contro il Giappone. Truman pretese che Chiang integrasse i comunisti nel governo nazionale cinese, pena il ritiro degli aiuti americani. Chiang rifiutò di essere estorto, adducendo la sua repulsione per il cartello bancario internazionale. Privato degli aiuti americani e dei rifornimenti per il suo esercito, Chiang Kai-shek si ritirò sull'isola santuario di Formosa e vi si trincerò. In questo modo, gli Stati Uniti tradirono deliberatamente il loro ex alleato Chiang Kai-shek e consegnarono la Cina continentale al comunismo. In seguito, la Cina comunista ottenne un seggio permanente nel Consiglio di Sicurezza delle Nazioni Unite, il suo seggio più potente. Mao Tse-Tung, famoso per il suo *"Libretto Rosso"* e beniamino dell'"élite" di New York-Hollywood, i JEWS, ha continuato a uccidere 65 milioni di suoi connazionali in quella che David Rockefeller e il "mongolo" Brzezinski chiamano "una gloriosa rivoluzione".

COREA: Poco dopo, Truman, con il Congresso che guardava dall'altra parte, impegnò le truppe americane in Corea. La missione presunta era impedire che il comunismo si diffondesse nella Corea del Sud, una penisola che puntava verso il Giappone, ormai disarmato. Questa "azione di polizia" si trasformò rapidamente in una guerra non dichiarata su larga scala. Il grande generale Douglas MacArthur respinse i nordcoreani, guidati da ufficiali cinesi rossi, verso il confine cinese, tra le grida di protesta di Wall Street, che temeva una guerra con il "nostro partner commerciale", la Cina rossa. Nelle strade d'America, liberali, marxisti ed ebrei "protestarono" per le nostre vittorie ed esultarono per le nostre sconfitte, dando così, agli occhi dei patrioti, una ragion d'essere alla guerra. MacArthur si lamentava del fatto che la sua conduzione della guerra fosse compromessa da spie all'interno del governo americano: "Il nemico riceve le mie direttive (dal Pentagono) prima di me". MacArthur chiede a Truman di autorizzare le truppe di Chiang Kai-Shek a combattere a fianco degli americani contro i cinesi rossi. Truman rifiuta. A MacArthur viene rifiutata la richiesta di attaccare le forze nemiche ammassate dall'altra parte del confine dello Yalu. La sua richiesta di raccogliere informazioni tramite ricognizione aerea sulla Cina viene rifiutata. MacArthur si rese presto conto che si aspettava di vincere le battaglie ma di perdere la guerra. Più volte, contro incredibili probabilità e al costo di pesanti perdite americane, le forze americane fermarono il nemico, ma il presidente Truman impedì loro di dare il colpo di grazia. MacArthur insistette pubblicamente per la vittoria, facendo infuriare gli ILLUMINATI. Truman allora licenziò MacArthur per insubordinazione. Il suo sostituto, il generale Ridgway, dichiarò dopo la guerra: "Se non abbiamo vinto, è perché mi è stato ordinato di non vincere". Perché nessuno è stato impiccato per alto tradimento? Solo gli ILLUMINATI lo sanno. A posteriori, tutti i fatti portano a concludere che l'obiettivo del governo statunitense nel portare l'America in Corea non era quello di sconfiggere il comunismo, ma di uccidere il maggior numero possibile di americani in una sconfitta ignominiosa, di sbarazzarsi dell'eroe MacArthur come possibile candidato alla presidenza e di attirare un'America disillusa ad accettare un governo mondialista.

VIET NAM: Uno scenario identico si verificò dieci anni dopo, sotto un'altra amministrazione democratica favorevole agli ebrei. In un discorso speciale al pubblico americano, il presidente democratico Lyndon Johnson riferì dell'attacco a una nave da guerra americana nel Golfo del Tonchino da parte di una torpediniera nordvietnamita. Johnson annunciò solennemente che "l'aggressione comunista deve essere fermata perché costituisce una minaccia alla sicurezza americana". (Più tardi, quando i 58.152 morti americani non erano più che nomi su un muro, i documenti declassificati della Marina statunitense rivelarono che non c'era stato alcun attacco con siluro!) Johnson ordinò quindi a 165.000 truppe statunitensi, guidate dal generale Westmoreland, di sostenere una manciata di "consiglieri" americani che erano stati inviati sul posto dall'ex presidente democratico John F. Kennedy. Questi "consiglieri" aiutarono gli inetti sudvietnamiti nella loro guerra di corsa contro i nordvietnamiti, anch'essi comunisti. Una volta che le forze americane furono impegnate in gran numero, il governo federale degli Stati Uniti, come in Corea, proibì loro di attaccare alcuni santuari nemici (aree di sosta) dove i comunisti si sarebbero ritirati, riorganizzati, riarmati e avrebbero lanciato nuovi attacchi. Il materiale bellico, spedito dalla "Hanoi Run" dell'URSS in Vietnam, era prodotto in fabbriche russe costruite da aziende americane e finanziate dal sistema della Federal Reserve di proprietà ebraica. Come in Corea, spie marxiste all'interno del governo statunitense passarono informazioni vitali al nemico. Ancora una volta, la politica segreta degli ILLUMINATI fu: "Il contenimento del comunismo", impedendo una vittoria americana! Negare una vittoria finale contro un nemico marxista impegnato e capace era una ricetta per l'assassinio dei nostri uomini. Significava tornare sempre sullo stesso terreno insanguinato. Eppure, nonostante il tradimento nelle alte sfere, le truppe americane, in inferiorità numerica di dieci a uno, vinsero la guerra. È proprio per questo che i marxisti, gli ebrei e i liberali americani protestarono con tanta veemenza contro il coinvolgimento degli Stati Uniti ed è l'unico motivo per cui stavamo distruggendo i loro compagni... i comunisti. Quelli rossi.

La feccia marxista delle strade americane (Bob Dylan, ebreo; Joan Baez, ebrea; Bettina Apetheker, ebrea; Mort Kunstler, ebreo; Jerry Rubin, ebreo; Abbie Hoffman, ebrea; "Hanoi Jane" Fonda, William J. Clinton, studioso di Rhodes, bugiardi, froci, teppisti, lesbiche, ebrei di Hollywood, degenerati, ecc.) hanno organizzato marce di protesta, lanciato escrementi contro la polizia, bruciato schede di reclutamento, distrutto la bandiera americana, si sono associati al nemico, si sono fatti beffe dei tribunali, hanno infangato i nostri eroi militari *sputando letteralmente sui veterani disabili di ritorno dal Vietnam, eppure non è stata comminata alcuna sanzione.*

Ma quando gli Hell's Angels e le bande di motociclisti hanno insanguinato i nasi dei marxisti/ebrei, gli Harley Boys sono stati arrestati con false accuse di RICO. Alla Kent State, tre dei quattro psicopatici lanciatori di pietre uccisi dalla Guardia Nazionale erano ebrei (in seguito martirizzati in marmo dall'università).

Nel frattempo, i media hanno improvvisamente invertito la loro politica a favore della guerra, negando alle nostre truppe assediate il sostegno morale del loro Paese. I media hanno calunniato i leader militari americani, hanno presentato scene distorte e raccapriccianti che ritraevano lo *"sterminio di civili vietnamiti"* e la *"degenerazione"* dei nostri uomini e donne in combattimento. Infine, i goyim americani, confusi ed esausti, subirono il lavaggio del cervello e costrinsero il nostro governo ad arrendersi. Ora vediamo il modello ricorrente di SEDUZIONE/TRADIMENTO. Il governo degli Stati Uniti sostiene segretamente il comunismo in tutto il mondo, poi invia l'esercito americano per *"contenere la minaccia comunista"*. È così che Europa, Russia, Cina, Corea, Vietnam, Cambogia, Thailandia, Giappone e Medio Oriente sono stati trasformati in campi di battaglia e i governi al potere sono stati distrutti. Gli ILLUMINATI si sono poi trasferiti nel vuoto, hanno istituito banche centrali e hanno emesso debiti e crediti alle popolazioni devastate. Non c'è *dubbio che queste guerre americane di tradimento senza vittoria avevano lo scopo di disilludere la nazione americana ad accettare la perdita della propria sovranità e un governo mondialista (vedi i Protocolli)*. Si può anche essere certi che i KHAZAR hanno applaudito con entusiasmo la morte degli eroici americani.

U.S.S. LIBERTY: Niente illustra meglio il controllo ebraico del governo americano dell'atrocità della *USS Liberty*. La *Liberty,* una nota nave "furetto" o nave da sorveglianza (elencata *nel* manuale di riferimento *Jane's Fighting Ships)* era una nave *"Victorious"* della Seconda Guerra Mondiale convertita con una silhouette distintiva. Era dotata di sofisticate attrezzature di sorveglianza all'avanguardia che ne accrescevano l'aspetto distintivo. L'8 giugno 1967, la *Liberty* stava pattugliando le acque internazionali al largo della penisola del Sinai. La giornata era calda, la visibilità illimitata, la brezza a 5 nodi e il mare calmo. A 100 piedi sopra il ponte, una bandiera americana quadrata di 40 piedi sventolava dall'albero maestro; una figura 5 alta 12 piedi era dipinta su entrambe le prue e il suo nome appariva in grassetto sulla poppa. *L'*armamento totale *della Liberty* consisteva in due mitragliatrici binate calibro 50 senza scudo antiesplosivo: una a prua e una a poppa. Alle 11.30, gli aerei da ricognizione ISRAELI iniziarono a monitorare la nave da vicino e ininterrottamente per quasi 3 ore. Alle 14.05 apparvero in formazione tre Mirage ISRAELI, ognuno dei quali trasportava due cannoni da 30 mm e fino a 72 razzi. Improvvisamente, senza sfidare la *Liberty,* hanno sferrato un attacco micidiale e coordinato alla nave praticamente disarmata. L'obiettivo era chiaramente quello di affondare la *Liberty* senza lasciare traccia. *A posteriori, si è trattato di un omicidio deliberato.* Il primo attacco distrusse la sala radio, uccidendo tutti gli uomini; il successivo sparò su tutte le zattere di salvataggio. Gli ebrei effettuarono ripetuti attacchi incrociati, distruggendo la *Liberty* da prua a poppa. Il ponte fu inondato di sangue americano che colava dagli ombrinali e lungo il bordo libero. *La nostra bandiera fu strappata dall'albero maestro.* Non riuscendo ad affondarla, gli ebrei inviarono tre torpediniere che crivellarono la *Liberty* con armi automatiche da 20 e 40 mm. Uno dei tre siluri colpì la nave a metà nave e distrusse il centro di comunicazione. Tuttavia, la Liberty si rifiutò di affondare. In 39 minuti, 34 marinai americani furono uccisi e 164 feriti. Il capitano McGonagle, all'inizio dell'attacco, riuscì a inviare un "Mayday" che fu raccolto a 600 miglia di distanza dalla Sesta Flotta. La nave da guerra *USS America* lanciò un attacco, *ma gli aerei americani furono richiamati dalla Casa Bianca.* I piloti ISRAELI, intercettando le comunicazioni della Sesta Flotta (le radio EBREO erano sintonizzate sulle frequenze della USS), lasciarono rapidamente la zona: gli ebrei sono i migliori a sparare agli arabi affamati e armati di bastoni e pietre. Il capitano McGonagle portò la Liberty in un bacino di carenaggio a Malta e poi a Little Creek, in Virginia. Infine, la carcassa insanguinata fu demolita. L'equipaggio fu messo a tacere. Una commissione d'inchiesta israeliana attribuì l'attacco a un *errore di identificazione:* i loro piloti avevano scambiato la *USS Liberty, una* nave di 10.000 tonnellate, per la *El Quseir, una* portaerei egiziana di 2.640 tonnellate!

Negli Stati Uniti, l'ambasciatore americano alle Nazioni Unite, Arthur Goldberg, ebreo, e Eugene e Walt Rostow, ebrei, *consiglieri speciali per la sicurezza nazionale* del Presidente Johnson, esercitarono forti pressioni per sostenere la posizione di Israele. Furono questi stessi ebrei a contribuire all'organizzazione della guerra del Vietnam (Walt Rostow insegna ora a Yale, un focolaio di sionismo). Il capo della CIA, Richard Helms, *in relazione all'*attentato *alla Libertà*, permise che tutte le operazioni di intelligence americane in Israele fossero condotte dal Mossad (il Mossad *è la* CIA). Una commissione d'inchiesta americana, presieduta dal contrammiraglio I. C. Kidd, USN, ha dichiarato: *"L'attacco alla Liberty è stato in realtà un caso di errore di identità".* Questo stabilì la posizione ufficiale degli Stati Uniti.

Negli anni successivi sono emersi fatti che indicano che gli ISRAELIANI sapevano esattamente cosa stavano facendo, ad esempio: gli ebrei sostengono che pensavano di attaccare una nave egiziana, mentre in realtà stavano solo disturbando le frequenze di comunicazione degli Stati Uniti. La *USS Liberty* ha lanciato il suo "Mayday" prima che le radio venissero uccise, grazie solo alla rapidità di McGonagle e alle avanzate apparecchiature di comunicazione della nave.

Pare che sia andata così: la *Liberty* aveva ricevuto dalla Casa Bianca l'ordine di recarsi in un'altra zona del Mediterraneo, ma il messaggio, per ragioni non rivelate, non fu mai inviato. Sempre di pattuglia al largo del Sinai, la *Liberty* intercettò le comunicazioni che rivelavano gli attacchi stealth di ISRAELE all'Egitto e alla Giordania, che scatenarono la guerra del 1967. Nel frattempo, con l'aiuto dei media americani, gli israeliani annunciarono al mondo di essere stati attaccati dagli egiziani. La Casa Bianca (che fece il doppio gioco con gli arabi) sostenne le menzogne israeliane. Moshe Dayan, capo della difesa israeliana, ordinò di affondare la *Liberty*. Sapeva troppo e, cosa più importante, l'atroce affondamento poteva essere attribuito all'Egitto, producendo in America una reazione del tipo *Lusitania,* Pearl Harbor o Coventry.

ISRAELE non ha sottoposto a corte marziale i piloti dei Mirage, due dei quali erano ebrei "americani" addestrati all'Accademia dell'Aeronautica degli Stati Uniti in Colorado. La Marina statunitense ha avvertito i sopravvissuti della *USS Liberty* di non parlare mai dell'incidente. Per la prima volta nella storia degli Stati Uniti, le medaglie al valore non menzionano il nome del NEMICO: fanno invece riferimento a una "battaglia nel Mediterraneo". In una cerimonia che normalmente si svolge con solennità e dignità alla Casa Bianca, il capitano McGonagle fu insignito della più alta onorificenza della nostra nazione, la Medaglia d'Onore del Congresso, da un *rappresentante del* presidente Johnson, in un'anticamera dei cantieri navali, nel modo più rapido e silenzioso possibile. Ancora oggi, il Dipartimento di Stato americano si rifiuta di declassificare importanti documenti relativi agli omicidi della *USS Liberty,* avvenuti quasi 35 anni fa! La declassificazione sarebbe vista come antisemitismo.

Il capitano Joe Toth, USN, che sta chiedendo un risarcimento per conto del figlio ucciso, Stephen Toth, e di altri due ufficiali uccisi a bordo della *USS Liberty,* è stato minacciato dalla Marina e dal Dipartimento di Stato americani di tacere o di affrontarne le conseguenze. La vedova ha dichiarato:

Prima hanno ucciso mio figlio, poi mio marito. Le molestie hanno assunto la forma di minacce e affermazioni che Joe era una minaccia per la sicurezza nazionale; c'erano sorveglianza e pressioni da parte di persone come il fisco. Era troppo per il suo cuore malato. Ci è voluto un anno per ucciderlo, ma alla fine è successo.

Dieci anni dopo, l'UPI ha riferito (9-18-77) che i documenti della CIA ottenuti dall'Egitto attraverso la legge sulla libertà di informazione rivelano che il Ministro della Difesa israeliano Moshe Dayan, KHAZAR, ordinò l'attacco non provocato. Il direttore della CIA Stansfield Turner, un traditore goyish, interrogato dalla televisione nazionale sui documenti della CIA, disse: "Non sono stati autenticati... l'attacco israeliano è stato un onesto errore".

È assurdo. La prova prima facie rivela da sola lo spudorato insabbiamento: era in pieno giorno. I marinai americani chiaramente visibili non sembrano egiziani. Ora chiedetevi chi pensate che controlli i presidenti, i membri del Congresso, gli ammiragli e i direttori della CIA degli Stati Uniti.

Così, i PARASSITI EBREO stanno uccidendo il nostro popolo, distorcendo la nostra cultura e distruggendo il nostro destino. Le tragiche sconfitte politico-militari dell'America, così come gli atti di sedizione e tradimento che il nostro Congresso senza scrupoli si rifiuta di indagare, non sono eventi slegati tra loro. Sono piuttosto momenti, esaminati in un ciclo temporale, che illustrano il *continuo declino della civiltà occidentale. Lo* scenario diabolico per questi alti crimini è fornito dai *Protocolli degli Anziani di Sion* che, come ha affermato fermamente Henry Ford, *corrispondono a ciò che è accaduto in passato e a ciò che sta accadendo oggi*. Questo è assolutamente vero. La metafora della *"nave di Stato"*, riferita agli Stati Uniti, evoca l'immagine dell'affondamento della *USS Liberty*. È così che la nostra nazione sta sanguinando, crivellata di parassiti, divorata da un NEMICO che nessuno osa nominare.

I MEDIA DI MASSA

Le occasionali grida di giustizia degli americani vengono ignorate perché *i media interpretano il 1° emendamento come il diritto di stampare solo ciò che si adatta agli scopi degli ILLUMINATI*. È chiaro che quando la *vox populi* viene messa a tacere, gli atti di tradimento restano impuniti. (Notiamo che la "libertà di stampa" non è concessa ai nazisti, alle nazioni ariane, al KKK, ecc.)

I mass media plasmano l'opinione pubblica facendo il lavaggio del cervello alla società con disinformazione, disinformazione e sondaggi falsi, in modo da farla pendere nella direzione desiderata dagli ILLUMINATI. È stato sottolineato che i sondaggi di opinione testano realmente l'efficacia dei media. I mass media sono in realtà ausiliari degli ILLUMINATI e dei loro gruppi di pressione: CFR/TRILATERALI, Federal Reserve System, Internal Revenue Service, World Jewish Congress, Anti-Defamation League of the B'nai B'rith, le Fondazioni, ecc. la cui influenza combinata supera di gran lunga quella del nostro governo costituzionale. *Solo gli americani ariani, adeguatamente armati e diretti, hanno un potere maggiore.*

I MASS MEDIA tengono sotto controllo i tre rami del governo americano. Avvocati e politici nazionalisti sono considerati politicamente scorretti: *vengono dichiarati persona non grata* dai media e ignorati, o crocifissi da loro. I due giornali più influenti al mondo, che i broker di Washington meditano davanti al loro caffè mattutino, sono il *New York Times* ("All the News that Fits"), di proprietà delle famiglie ebraiche Oakes (Ochs) e Sulzberger, e il *Washington Post,* di proprietà di Martha Meyer Graham (figlia bastarda del banchiere ebreo Eugene Meyer, che acquistò il giornale come organo di propaganda per spingere l'America alla guerra). Questi due imperi mediatici comprendono stazioni radiotelevisive, siti web e altre società editoriali. Fanno o disfano i governi, diffondono le spirochete della sifilide ebraica, creano panico finanziario e guerre e prendono istruzioni dalla KEHILLA.

Altre pubblicazioni controllate dagli ebrei includono:

St. Louis Post Dispatch (di proprietà della famiglia Pulitzer, fondatori del "giornalismo giallo"); *Philadelphia Inquirer, San Francisco Chronicle, Los Angeles Times, Las Vegas Sun; U.S. NEWS AND WORLD REPORT, TIME, NEWSWEEK; FORTUNE, MONEY, THE NATION; NEW YORK REVIEW OF BOOKS, SATURDAY REVIEW OF LITERATURE, BOOK OF THE MONTH CLUB, ENCYCLOPEDIA BRITANNICA, BOWKERS; NEW REPUBLIC, COMMENTARY, SCHOLASTIC, AMERICAN HERITAGE, STARS AND STRIPES; VOGUE, GLAMOUR, SEVENTEEN,*

MADEMOISELLE, McCALL'S, TEENAGE, LADIES HOME JOURNAL, RED BOOK, COSMOPOLITAN; PEOPLE; NEW YORKER, VANITY FAIR, ESQUIRE, SPORTS ILLUSTRATED; AMERICAN HOME, HOUSE AND GARDEN, FAMILY CIRCLE, ARTS AND ANTIQUES, ecc.

Ancorp National Services (Union News), di proprietà di Henry Garfinkle, ebreo, è il principale distributore di tascabili, riviste e giornali alle edicole e ai punti vendita al dettaglio. Sam Newhouse, ebreo, possiede la terza più grande catena di giornali, rappresentata, all'ultimo conteggio, da più di 30 quotidiani.

Il controllo ebraico è onnipresente nell'editoria libraria: Knopf, Random House, Viking Press, Doubleday, Dell, Holt-Rinehart & Winston, Grosset and Dunlop, Penguin, Bantam, solo per citarne alcune.

La maggior parte dei critici librari e cinematografici sono ebrei o lavorano per pubblicazioni ebraiche. Lo stesso vale per gli agenti di libri, film e televisione. Harry Sherman, un ebreo, proprietario del Book-of-the-Month Club, distribuisce ogni anno milioni di titoli ai punti vendita di tutto il Paese. Pensate che distribuisca i libri della lista dell'ADL? Provate a comprare una copia di Churchill's War di David Irving, di Dispossessed Majority di Wilmot Robertson o di Did 6-Million Really Die di Ernst Zundel dal vostro libraio locale. Non riceverete nulla. Non li catalogheranno nemmeno. D'altra parte, "Il diario di Ann Frank", una bufala provata, è disponibile ovunque. Di fatto, gli ebrei determinano ciò che gli americani possono leggere, ascoltare, vedere, scrivere e PENSARE.

> Abraham H. Foxman, nella sua lettera all'editore, mi accusa di "antisemitismo"; mi definisce un "noto negazionista dell'Olocausto e apologeta del nazismo"; e parla del mio "modello di parzialità e inganno". Poi vedo che dirige una Anti-Defamation League (ADL). Strano.
> DAVID IRVING, Lettere, "Vanity Fair", ottobre 1999

Recentemente, Bertelsmann USA, un conglomerato tedesco, ha acquistato diverse case editrici di New York, creando panico all'interno della Tribù. Tuttavia, l'accordo specificava che la Bertelsmann non avrebbe più pubblicato il *"Mein Kampf"* e che l'infrastruttura delle case editrici acquisite sarebbe rimasta saldamente sotto la gestione EBREO!

Negli anni precedenti e successivi alla Seconda guerra mondiale, una successione di gerarchie ebraiche controllava TUTTE le notizie trasmesse dalle reti radiofoniche e televisive americane: William Paley, ebreo, era l'amministratore delegato della *CBS;* la famiglia Sarnoff, ebrea, gestiva la *RCA (NBC)*; Leonard Goldenson, ebreo, gestiva la *ABC.* Anche la *PBS* e Sports Network sono controllate da ebrei, così come i principali canali via cavo: *TNN, CNN, A&E, History Channel,* solo per citarne alcuni. In alcuni casi, la proprietà delle reti è cambiata in seguito a fusioni societarie, ma l'infrastruttura rimane immancabilmente ebraica, come nel caso della *Disney Company:* guidata da Michael Eisner, un ebreo, ha acquistato la *ABC;* e Sumner Redstone (Rothstein), un ebreo, ha acquistato la *CBS* per formare *Viacom,* il secondo conglomerato mediatico più grande del mondo, che sparge le sue porcherie in ogni angolo del globo. Le "teste parlanti" ariane altamente pagate che professano l'ideologia ebraica (Cronkite, Jennings, Sawyer, Cokie Roberts, George Will, Matthews, Brokaw, Rather, ecc.), interpretando il ruolo di Giuda, hanno condotto gli Stati Uniti sull'orlo della catastrofe: una guerra non vincente contro gli Stati arabi. Ciò che gli americani sanno della loro storia e della storia degli ebrei è ciò che TRIBU permette loro di sapere.

TIME-WARNER COMMUNICATIONS, il più grande conglomerato mediatico del mondo, diretto da Gerald Levin, un ebreo, ha recentemente acquisito la Turner Broadcasting Company. Turner, un imprenditore non istruito (Brown Univ.) ma di grande successo, era sposato con l'oca di Hollywood Jane Fonda. Come ricorderete, durante la guerra del Vietnam fu fotografata dietro le linee nemiche mentre sventolava una bandiera comunista. In seguito, le truppe americane misero foto plastificate di "Hanoi Jane" nei loro orinatoi. Non sorprende quindi che Ted/Jane (che ora sono divorziati) si siano fusi con la *Time-Warner* (Ebrei) e poi, con grande clamore, abbiano donato un miliardo di dollari esentasse alle Nazioni Unite, il cui obiettivo è il GOVERNO MONDIALE ILLUMINATI.

La proprietà di Hollywood, del teatro, di Broadway e dell'industria discografica è quasi un monopolio ebraico. Per sfuggire alle azioni antitrust, a pochi obbedienti goyim è permesso di prendere una piccola parte del bottino. I khazari non solo controllano il finanziamento, la creazione e la produzione del mezzo cinematografico, ma possiedono anche, quasi esclusivamente, la distribuzione, l'esposizione e i diritti accessori all'estero e in patria, nonché i privilegi della cabina di casting dove vengono create (e allevate) le giovani star intraprendenti.

Il potere degli ebrei nell'"industria dell'intrattenimento" deriva dalla loro capacità apparentemente unica di assicurarsi il sostegno finanziario. In definitiva, sono i banchieri d'investimento, i finanzieri, i capitalisti di rischio, quasi tutti ebrei, a determinare ciò che verrà prodotto. Se il contenuto non soddisfa i criteri di ILLUMINATI, viene scartato. Non ci sono stati film basati, ad esempio, su *"La distruzione di Dresda"* di David Irving, *"I diari di Goebbel"*, *"L'avanzata verso la barbarie"* di Veale, *"Arcipelago Gulag"* di Solzhenitsyn, *"Il mercante di Venezia"* di Shakespeare, *"Una colonna di ferro"* di Taylor Caldwell, o un documentario sull'atrocità degli *"Stati Uniti". S. S. Liberty"* - un film che avrebbe scosso il mondo e impiccato membri del Congresso e talpe della CIA per tradimento.

Il contributo ebraico alla cultura cinematografica (oltre alla copulazione sullo schermo e alle "risate registrate") è il DOCU-DRAMA, in cui il film documenta personaggi ed eventi storici per garantirne l'autenticità, ma distorce questi personaggi ed eventi per sostenere le ideologie ebraiche. Infine, il docu-dramma viene venduto come una storia autentica. Queste mezze verità sono, ovviamente, bugie che danneggiano gravemente la nazione ariana, come si suppone. *Schindler's List* è un esempio di spielberghiano:

Il testo che segue è tratto dalla pagina di copyright della prima edizione del libro di Thomas Kneally, da cui è stato tratto il film *"Schindler's List". Le* edizioni attuali del libro omettono il disclaimer!

  TOUCHSTONE Rockefeller Center
  1230 Avenue des Amériques
  New York City, NY 10020

  THOMAS KENEALLY - Schindler's List.

  Questo libro è un'opera di fantasia. Nomi, personaggi, luoghi e incidenti sono frutto dell'immaginazione dell'autore o utilizzati in modo fittizio. Qualsiasi somiglianza con eventi, luoghi o persone reali, vivi o morti, è puramente casuale.

  1. Schindler, Oskar, 1908-1974... Narrativa.
  2. Olocausto, ebrei 1939-1945... Narrativa.
  3. Seconda guerra mondiale, 1939-1945... Narrativa.

Il docu-dramma permette al regista Sir Stephen Spielberg, un ebreo, non vincolato da fatti storici, di riversare il suo odio per i tedeschi. Nessuna bugia è troppo degenerata per questo KHAZAR che la presenta come un fatto. Purtroppo, la sua violazione del Primo Emendamento traumatizza i giovani che credono a ciò che i loro anziani dicono loro.

Vecchie fotografie dell'aeronautica statunitense e interviste con ex prigionieri rivelano che il campo di Plaszow era in realtà molto diverso da quello raffigurato nel tanto pubblicizzato film Schindler's List. Ad esempio, la casa del maggiore Goeth, il "maniaco assassino", si trovava in realtà ai piedi di una collina, il che gli impediva di sparare agli ebrei che si trovavano in un recinto in cima alla stessa collina. Questo non è accaduto, se non nel cervello maligno di Spielberg. La storia dimostra che Plaszow era un campo di concentramento ragionevolmente confortevole e ben gestito. Non c'erano camere a gas. Nessun comandante pazzo. Tutti *spielberghiani!*

Spielberg ha fatto carriera diffamando i tedeschi. È quindi curioso che preferisca le donne ariane (come molti ebrei di Hollywood). Finora il famoso regista ne ha sposate due. Spielberg sa riconoscere un buon naso aquilino quando lo vede. Vuole che la sua prole porti con sé quei geni ariani "odiosi, bigotti e maniaci". Recentemente, il Congresso degli Stati Uniti, spinto dal senatore democratico ebreo Arlen Specter, ha concesso al miliardario Spielberg un milione di dollari del vostro denaro per registrare le fantasie di "sopravvissuti all'Olocausto" appena scoperti, in un continuo tentativo di estorcere pietà al pubblico goyim sottoposto al lavaggio del cervello. Nella loro avidità, gli ebrei dimenticano che più sopravvissuti ci sono, meno "vittime" ci sono.

> Probabilmente potremmo dimostrare con fatti e cifre che non esiste una classe criminale tipicamente americana, ad eccezione del Congresso.
> MARK TWAIN.

I LIBERALI *si sentono così bene* quando hanno altre persone da compatire! Il popolo prescelto da Dio, che si lamenta della SHOAH, si approfitta di queste povere bestie come dei borseggiatori da Macy's. Mentre gli stupidi goyim si autoflagellano con amore fraterno, i JEWS rubano tutto ciò che non è inchiodato, mentre gridano all'antisemitismo.

ARGENTO

La chutzpah funziona anche nel GIOCO DEI SOLDI! La rivista *Forbes* elenca i 400 megamiliardari e miliardari americani (1998). Ci sono 5 ebrei tra i primi 10 megamiliardari e 15 ebrei tra i primi 30 miliardari. Quindi, pur dichiarandosi vittime dell'antisemitismo e rappresentando il 3% della popolazione, gli ebrei costituiscono il 50% degli uomini più ricchi d'America. La maggior parte di questi ebrei è nata nell'Europa dell'Est, il che dimostra che i nazisti non sono stati così efficaci come vorrebbero farci credere.

La rivista *Vanity Fair*, che presenta il "New Establishment" per il 1998, elenca 12 ebrei tra i "primi 30 mediatori di potere negli Stati Uniti". *I membri della cabala bancaria internazionale* che detiene gli interessi sul debito statunitense di sei trilioni di dollari *si distinguono per la loro assenza in entrambi i sondaggi citati*. Questi sono gli *"uomini dominanti"* di cui *parlava* il presidente Wilson, che siedono nei consigli di amministrazione delle più prestigiose società del mondo; figure oscure che schioccano le dita e il Congresso obbedisce come un sol uomo.

    L'usura può essere praticata sui cristiani.
                                         TALMUD: Abhodah Zara 54a.

    Un rapporto speciale del censimento federale del 1950... ha rivelato che tra... i diversi gruppi di popolazione degli Stati Uniti, i "russi nati all'estero" avevano il reddito medio più alto. Il reddito medio degli americani bianchi era inferiore del 40%... "il gruppo russo contiene ampie componenti di rifugiati ed ebrei".
                  WILMOT ROBERTSON, *"La maggioranza diseredata"*.

    La proprietà cristiana appartiene al primo ebreo che la rivendica.
                                          TALMUD : Babha Kama 113b.

    Gli ebrei devono dividere ciò che fanno pagare in eccesso ai cristiani.
                                 TALMUD: Choschen Ham 183.7.

Ora sappiamo che la "teoria dello sgocciolamento" dei finanziamenti inizia con il presidente del Consiglio dei governatori della FED che fornisce informazioni "riservate" a finanzieri privilegiati, che si diffondono ai membri meno importanti della cabala. Vi piacerebbe sapere con 48 ore di anticipo che la FED intende tagliare il tasso di riferimento? Vorreste essere un agente che sta dietro o riceve, ad esempio, i dollari incanalati dal FMI verso la Russia o Israele? Anche voi potete essere inseriti nella lista *Forbes 400!*

Perché molti membri del Congresso arrivano poveri e se ne vanno ricchi quando vanno in pensione? Risposta: Perché il loro onore vale meno di quanto ricevono dai gruppi di interesse. Il denaro compra tutto. Ha "comprato" la camera da letto di Lincoln. Ha comprato la Corte Suprema. Ha comprato il vostro Paese.

INFLUENZA EBRAICA?

Non è passato molto tempo da quando gli ebrei non erano ammessi nei grandi studi legali di Washington, D.C.... Gli ebrei non erano ammessi nei principali country club... Penso alla posizione degli ebrei oggi in America: il Segretario di Stato è ebreo... Il Segretario alla Difesa è mezzo ebreo... Il Segretario al Tesoro è l'unico ad essere ebreo e ad ammettere di esserlo... Il capo di tutti i principali studios di Hollywood è ebreo. I direttori di tutti i network sono ebrei. I direttori di due dei quattro giornali nazionali sono ebrei... I direttori di tutte le università della Ivy League sono ebrei... Vi dirò come so, senza ombra di dubbio, che la posizione degli ebrei in America è cambiata radicalmente... Un mio caro amico ha avuto una cerimonia funebre al Chevy Chase Country Club (!). E c'era un cantore con la kippah che celebrava la funzione... Non posso descrivervi quanto sia stata sorprendente la svolta degli eventi.
> BEN STEIN, EBREO, discorso a una conferenza ebraica a favore della vita presso la Scuola di Legge dell'Università Cattolica (estratto dal *"Washington Times"* dell'11-17-98).

NON C'È POSTO PER I CRISTIANI BIANCHI NELLA IVY LEAGUE ARCOBALENO

Se le università e i college d'élite iscrivono il 75% dei loro studenti provenienti da piccole minoranze democratiche, mentre i cristiani bianchi e i cattolici, che costituiscono il 75% della popolazione, sono relegati al 25% dei posti, non ci possono essere dubbi su chi guiderà l'America nel XXI secolo.

Nella pagina editoriale del *Wall Street Journal* (11-16-98), un notevole saggio (dell'ex alunno di Harvard Ron Unz) espone la vera storia nascosta di chi è veramente "sottorappresentato" nelle nostre scuole d'élite e di chi sono le vere vittime del bigottismo etnico in America. Secondo Unz, oggi all'Harvard College le iscrizioni di ispanici e neri hanno raggiunto rispettivamente il 7% e l'8%, poco meno del 10% e del 12% della popolazione statunitense che è ispanica e nera. Questa situazione ha provocato proteste... perché ispanici e afroamericani insistono per una rappresentanza più proporzionale.

Unz... continua dicendo che quasi il 20% degli studenti di Harvard sono asiatici americani e il 25-33% sono ebrei, anche se gli asiatici americani rappresentano solo il 3% della popolazione e gli ebrei americani sono ancora meno del 3% della popolazione. Quindi il 50% degli studenti di Harvard proviene dal 5% della popolazione americana!

Se si aggiungono gli studenti internazionali, gli studenti della nostra piccola élite WASP e i nipoti dei laureati, si ottiene un corpo studentesco di Harvard in cui i bianchi non ebrei rappresentano il 75% degli iscritti.

La popolazione americana ottiene solo il 25% dei posti! La stessa situazione... esiste in altre scuole d'élite... Poiché anche gli ispanici, gli asiatici, gli afroamericani e gli ebrei americani votano massicciamente per i democratici, il quadro che emerge non è bello. Un'élite liberale sta alleggerendo la propria coscienza sociale privando la classe media bianca americana del suo diritto di nascita e affidandola alle minoranze che votano per il Partito Democratico...

PAT BUCHANAN, estratto dal *Washington Times* (12-13-98).

La stessa cospirazione esisteva nella Germania del dopoguerra. Hitler cercò di espellere gli ebrei. Gli ebrei dichiararono guerra. L'America inviò truppe all'estero per uccidere i tedeschi! Oggi gli ebrei gestiscono l'America.

LA POLITICA DEI "TROPPI EBREI" SUSCITA PROTESTE:

Il presidente della Commissione per le Relazioni Internazionali della Camera, Benjamin A. Gilman, ha scritto ieri al Presidente Clinton contestando un rapporto (anonimo) secondo il quale i posti di lavoro più importanti nel settore degli affari esteri non vengono occupati perché ci sono troppi... "uomini bianchi ebrei" nelle posizioni di comando del Dipartimento di Stato... Le fonti parlavano nel contesto della preoccupazione dell'amministrazione Clinton di cercare la "diversità"... in modo che nessun genere o gruppo etnico sia sovrarappresentato... Tuttavia, il Sig. Gilman ha dichiarato: "La pubblicazione di una tale dichiarazione, anche se anonima, in questi tempi è oltraggiosa... La *discriminazione religiosa è totalmente inappropriata nelle decisioni sul personale"*... Gilman ha detto a Clinton: "Seguiremo da vicino le decisioni della sua amministrazione in materia di personale".

WASHINGTON TIMES, di Ben Barber, 1997.

Gilman, un ebreo, riprende la vecchia linea secondo cui l'ebraismo dovrebbe essere identificato dalla *religione*, non dalla *razza*. Anche lo scemo del villaggio capisce che Elizabeth Taylor, ebrea, e Sammy Davis Jr, ebreo, non sono ebrei e che Henry Kissinger, ebreo, non è tedesco. È un gioco da pazzi. Quando le pratiche di assunzione o di reclutamento si basano su quote *razziali* e gli ebrei sono sottorappresentati, sentiamo gli eletti di Dio gridare all'antisemitismo (antirazza). I parassiti sono insaziabili.

Il presidente Clinton, *sotto la guida degli ILLUMINATI*, ha nominato più ebrei khazariani in posti chiave del governo *(con relativi disastri)* di qualsiasi altro presidente nella storia degli Stati Uniti. Eppure Gilman, l'ebreo per antonomasia, come Shylock, l'usuraio per eccellenza di Shakespeare, chiede carne, carne e ancora carne.

> Un ebreo rimane tale anche se cambia religione. Un cristiano che adotta la religione ebraica non diventa un ebreo, perché la qualità di ebreo non è nella religione ma nella razza.
> "THE JUIFISH WORLD", Londra, Inghilterra, 12-14-1922.

INVASIONI CULTURALI

Si dice che per apprezzare Wagner, Beethoven e Richard Strauss basti ascoltare una composizione di Mahler, che è ebreo. Comunque sia, qualunque sia il programma, sul podio c'è quasi sempre un direttore d'orchestra ebreo: Bruno Walter, Daniel Barenboim, Serge Koussevitsky, Pierre Monteux, Erich Leinsdorf, Eugene Ormandy, George Szell, Arthur Fiedler, James Levine, Leonard Bernstein, André Previn, George Solti, Arthur Schnabel, Leonard Slatkin, Zubin Mehta, e così via. I direttori d'orchestra sopra elencati rappresentano solo alcuni dei molti direttori d'orchestra ebrei che, dalla seconda guerra mondiale, sono stati nominati alla guida delle più grandi orchestre del mondo. I gentili che possono occasionalmente impugnare la bacchetta sono considerati degli intrusi in quello che è diventato un territorio ebraico. Perché dovrebbero esserlo?

Le royalties estere e nazionali derivanti dalla vendita di dischi e cassette mantengono in attivo orchestre sinfoniche, direttori d'orchestra e solisti. Negli Stati Uniti, l'industria discografica è controllata dagli ebrei. Con l'aiuto dei media, essi determinano gli artisti che vengono assunti, reclutati e licenziati. Di conseguenza, le grandi forme musicali dell'Occidente sono state interpretate da direttori e solisti ebrei nel loro modo kitsch. Sono loro a ricevere i benefici finanziari e i riconoscimenti, mentre gli *ariani sono apparentemente incapaci di interpretare la grande musica creata dalla loro stessa razza*. È un altro esempio dello scontro culturale che ha polarizzato la Germania.

Non contenti di plagiare, appropriarsi e distorcere la nostra musica, gli ebrei hanno un altro asso nella manica. Invariabilmente, un tour de force musicale, ad esempio una registrazione di Mozart diretta da von Karajan, avrà sul retro selezioni di compositori ebrei di terza categoria come Copeland, Bernstein e Gershwin. In questo modo la sacralità delle biblioteche musicali ariane, come quelle dei club privati e delle scuole, viene violata da ospiti non invitati. L'opposizione a tale audacia viene accolta con grida di antisemitismo, quando in realtà si tratta di un'obiezione alla cultura ebraica.

Per avere successo nella composizione di musical, bisogna essere ebrei o omosessuali. Io sono entrambe le cose.
LEONARD BERNSTEIN,
Direttore della Filarmonica di New York.

Sarete un tesoro al di sopra di tutti gli altri.
ESODO 9:15

Gli ebrei d'Europa hanno un carattere particolare e sono noti per le loro frodi.
DAVID HUME, filosofo scozzese.

SPAZIO

La conquista dello spazio è stata a lungo appannaggio dell'Occidente, fin dal mito di Icaro e dal concetto faustiano dell'uomo in volo di Leonardo da Vinci. I fratelli Wright hanno fatto decollare l'uomo con le ali a Kitty Hawk. Goddard è stato il pioniere del razzo; gli scienziati tedeschi hanno inventato i motori a reazione e sviluppato la scienza missilistica che ha spinto gli Stati Uniti e l'URSS nello spazio; Werner von Braun e il suo team tedesco-americano della National Aeronautics Space Administration (NASA) hanno mandato l'America sulla Luna. *La creatività, la scienza, la meravigliosa tecnologia e le tecniche che hanno portato il sistema solare alla nostra portata sono state prodotte dagli ariani.* Sono stati loro a correre i rischi e a superare pericoli talvolta mortali. Poi è arrivato Daniel E. Goldin, un KHAZAR/JUIF, nominato dal Presidente Clinton, su istruzioni degli ILLUMINATI, a capo della NASA. In questo modo assicurò a Israele tutte le informazioni della NASA che le spie ebraiche non avevano rubato per prime. Sotto Goldin, gli Stati Uniti e la Russia (finanziata dagli Stati Uniti) collaborano ora al programma spaziale, non gli Stati Uniti e l'Europa ariana (il monumento eretto sulla Luna in memoria dei pionieri dello spazio omette di menzionare Werner von Braun, un ariano).

Il PARASSITISMO negli Stati Uniti è, ovviamente, un *raddoppio* storico. Theodor Herzl, un ebreo, ha sottolineato che l'*antisemitismo esiste ovunque gli ebrei appaiano perché lo portano con sé*. La loro missione iniziale era quella di propagare la loro religione. Hanno fallito in questa missione. Oggi pochi ebrei rivendicano questa missione messianica. I leader israeliani, i primi ministri Golda Meir e Benjamin Netanyahu, ad esempio, ammettono prontamente di non essere *"veri credenti"*. Ma l'idea di una missione rimane in una forma degenerata: *rovinare tutto ciò che non è ebraico*. Lo fanno, qualunque sia la nazione che li ospita, attraverso un piano clandestino e altamente organizzato di acquisizione e distruzione, descritto in dettaglio in queste pagine.

La filosofia ebraica non si occupa di "FARE" (guadagnare) denaro, ma di "OTTENERE" denaro. Ecco perché gli ebrei sono sempre finanzieri e intermediari, raramente capitani d'industria, costruttori e produttori. L'ariano robusto e leale sceglie un lavoro che gli piace e di cui è orgoglioso, anche se significa "guadagnare" un po' meno. Ma per l'ebreo "guadagnare" denaro è la considerazione principale. Le idee di *"lavoro creativo"* e *"lavoro ben fatto"* gli sembrano ridicole. Agli ariani piace avere a che fare con idee creative, abilità, qualità e pericolo. Gli ebrei non conquistano la natura selvaggia né si lanciano nello spazio. Per gli ariani il lavoro è tutto, non la negoziazione di accordi e il vivere sugli sforzi degli altri. Ben presto, il cosiddetto ebreo "americano", il parassita che non ha fatto nulla, ha ricevuto tutto!

In questo capitolo abbiamo cercato di mostrare alcuni esempi della punta dell'iceberg di ciò che gli ebrei "americani" sanno fare meglio: commettere tradimento e altri gravi crimini ai più alti livelli di governo; promuovere la distruzione dell'ethos americano fomentando guerre non dichiarate e senza vittoria (chiamate "azioni di polizia") in cui migliaia di giovani americani sono morti inutilmente, il cui onore è stato successivamente trascinato nel fango dalla canaglia guidata dagli ebrei; rubare il programma nucleare degli Stati Uniti rafforzando al contempo le capacità militari e nucleari di CINA/ISRAELE/SOVIETI; l'omicidio premeditato della USS Liberty; la continua estorsione e le menzogne sull'"OLOCAUSTO", nonostante le prove schiaccianti che non c'è stata alcuna politica di assassinio di massa di Ebrei e nessuna camera a gas; l'acquisizione del denaro americano (da parte della FED), dei media, del governo, delle aziende, del complesso militare-industriale e del programma spaziale. Tutto questo, e altro ancora, da parte di una tribù brutta e ostile che vive come un parassita nelle vene della nostra nazione.

    Lasciatemi emettere e controllare il denaro di una nazione e non mi interessa chi ne fa le leggi.
                                AMSCHEL MAYER ROTHSCHILD.

    Uccidete gli ebrei!
                                        SADAM HUSSEIN.

    Il "problema ebraico" non può essere spiegato da un punto di vista etico, razziale, nazionale, religioso o sociale, ma solo da un punto di vista culturale... In questo secolo in cui l'Occidente si sta trasformando in un'unità di cultura, nazione, razza, società, economia e Stato, l'ebreo appare chiaramente nella sua totale unità: un completo estraneo interno all'anima dell'Occidente.
                    FRANCIS PARKER YOCKEY, *"Imperium"*.

    Questa razza astuta ha un principio fondamentale: finché regna l'ordine, non c'è nulla da guadagnare.
                                                         GOETHE.

All'alba del nuovo millennio, gli ebrei si trovano di fronte a tre prospettive terrificanti:

1) La sintesi dialettica dell'Occidente inaugura l'era mendeliana; 2) L'élite culturale di molte nazioni del mondo ha stabilito che gli ebrei devono pagare per i loro crimini; 3) Internet globale, per la prima volta in 85 anni, solleva la cortina di ferro della censura ebraica sull'informazione pubblica. FATTI storici precedentemente soppressi sono ora accessibili qui e all'estero a chiunque abbia un computer.

A Toronto, nell'Ontario, la "negazione dell'Olocausto" è considerata un crimine d'odio punibile con multe salate e pene detentive. Il processo a Ernst Zundel, oscurato o distorto negli Stati Uniti, è stato un vero dramma. In tribunale, la difesa di Zundel dimostrò in modo inequivocabile che non esistevano camere a gas ad Auschwitz.

Ciononostante, il giudice dichiarò Zundel colpevole di odio, stabilendo che *"la verità non è una difesa"*. Prima e durante il processo, l'odio era al culmine. Numerosi furono i tentativi di uccidere Zundel con lettere-bomba, bastoni e colpi di pistola. L'ufficio di Zundel fu incendiato, causando danni per 600.000 dollari. Né il governo, né i media, né la polizia canadese, sapendo da che parte è imburrato il loro pane, osarono ammonire i GIUDEI (vedi bibliografia). IL CONGRESSO MONDIALE EBREO, Edgar Bronfman, Presidente della JUIF (Seagrams Distillers) esorta i governi americano e canadese a chiudere il sito web di Ernst Zundel:

http://www.zundelsite.org

In Germania, Manfred Roeder continua a protestare contro l'Olocausto in un Reich che ha subito il lavaggio del cervello (ancora occupato dalle truppe negre americane). Roeder, ex avvocato dell'ammiraglio Doenitz, è stato quasi picchiato a morte l'anno scorso da sei teppisti mascherati che brandivano tubi di ferro. Non è stato effettuato alcun arresto. Roeder è stato invece accusato, processato e condannato a tre anni di prigione per aver negato l'"Olocausto".

Negli Stati Uniti d'America, *i crimini commessi dagli ebrei contro i revisionisti sono tollerati anche dalla polizia locale, così come lo spionaggio e la sovversione ebraica sono tollerati dal Congresso degli Stati Uniti.*

Sulla scia della marea montante del mendelismo e del revisionismo, gli ebrei americani (sotto la bandiera del giudeo-cristianesimo, della democrazia e della fratellanza) stanno intensificando i loro sforzi per consolidare le loro notevoli conquiste politiche, per mischiare le razze e per istituire un governo sionista mondiale. Per facilitare ciò, intendono abolire le restrizioni all'immigrazione tra gli Stati Uniti, il Messico e i Caraibi, confiscare TUTTE le armi appartenenti ai cittadini statunitensi e trascinare l'America in una guerra mondiale. Gli ebrei, come sempre, se ne andranno con il bottino mentre gli ariani moriranno. Ricordate che il BRACCIO RIVOLUZIONARIO DEGLI ILLUMINATI è composto da Ebrei in DIASPORA: bolscevichi, "neo-cons", assassini, mafiosi, anarchici, truffatori, ruffiani, provenienti da ogni angolo del mondo.

Questi *furfanti* fomenteranno la rivoluzione nelle forze armate americane, nelle carceri, nelle baraccopoli e in Main Street, negli Stati

Uniti.

TOB SHEBBE GOYIM HAROG!

CAPITOLO 11

PATOLOGIA E SINTESI

PATOLOGIA

Potere e diritto non sono sinonimi. Anzi, spesso sono opposti e inconciliabili. Esiste la LEGGE DI DIO, da cui derivano tutte le leggi eque dell'uomo e secondo la quale gli uomini devono vivere se non vogliono morire nell'oppressione, nel caos e nella disperazione. Separato dalla LEGGE ETERNA E IMMUNA di DIO, stabilita prima della fondazione dei soli, il potere dell'uomo è malvagio, per quanto nobili siano le parole con cui viene usato o le ragioni invocate per applicarlo. Gli uomini di buona volontà, consapevoli della LEGGE DEPOSITATA DA DIO, si opporranno ai governi governati dagli uomini e, se vogliono sopravvivere come nazione, distruggeranno i governi che tentano di governare secondo i capricci o il potere di giudici venali.

CICERO (106-43 A.C.).

Il popolo ebraico, considerato collettivamente, sarà il proprio Messia. Dominerà il mondo unendo tutte le ALTRE razze umane, abolendo le frontiere e le monarchie, che sono il baluardo del particolarismo, ed erigendo una Repubblica universale in cui gli ebrei godranno ovunque di diritti universali. In questa nuova organizzazione dell'umanità, i figli di Israele si diffonderanno in tutto il mondo abitato e, appartenendo tutti alla stessa razza e alla stessa cultura-tradizione, senza avere allo stesso tempo una nazionalità specifica, formeranno l'elemento dominante senza trovare opposizione. Il governo della nazione, che costituirà questa Repubblica universale, passerà senza sforzo nelle mani degli israeliti, per il fatto stesso della vittoria del proletariato. La razza ebraica sarà allora in grado di abolire la proprietà privata e di amministrare i fondi pubblici ovunque. Allora si realizzerà la promessa del Talmud. Quando arriverà il tempo del Messia, gli ebrei avranno in mano la chiave di tutte le ricchezze del mondo.

BARUCH LEVY, ebreo, storico,
estratto dalla sua famosa lettera a Karl Marx (corsivo mio).

Per possedere ciò che non si possiede, bisogna passare attraverso il processo di espropriazione.

T.S. ELIOT, "Quattro quartetti".

Non sapere cosa è successo prima di nascere ci mantiene per sempre nella condizione di bambini.

CICERO (106-43 A.C.).

Le razze purificate diventano sempre più forti e più belle.

NIETZSCHE.

La *ragion d'essere di* un governo comunista, secondo Karl Marx, è costruire un sistema di società proletaria. Quando si trovano persone o classi di persone che non possono essere integrate in tale società, vengono "liquidate", cioè messe a morte... Fu con questo spirito spassionato che Lenin (un ebreo) e Dzershinsky (un ebreo) eliminarono le classi aristocratiche e plutocratiche della Russia zarista e decine di migliaia di vescovi e preti ortodossi dopo la rivoluzione del 1917.... La stragrande maggioranza di loro morì (semplicemente) perché non poteva essere assimilata dal nuovo Stato proletario che stava nascendo.

F. J.P. VEALE, giurista inglese, *"Advance to Barbarism"*.

I GIULLARI non avrebbero mai potuto conquistare l'America se non fosse stato per l'ingenuità dei suoi leader bianchi che, all'inizio del XX secolo, erano ancora i figli, i nipoti e i pronipoti dei pionieri del Paese. Questi discendenti hanno ereditato potere, privilegi e ricchezza, ma hanno perso completamente il contatto con l'IDEA che ha reso grande questa nazione: *"il destino manifesto della razza bianca"*. Di conseguenza, l'*America è stata trascinata in guerre all'estero per interessi ebraici, distruggendo non solo il seme bianco dell'Europa, ma danneggiando l'ethos dell'intero Occidente, permettendo agli ILLUMINATI di affondare sempre di più nei nervi dell'America.*

L'élite ariana, educata in prestigiose scuole di preparazione e nei college della Ivy League, è stata tenuta nella più totale ignoranza delle leggi della genetica, le leggi di Dio, mentre la spazzatura talmudica di Marx, Freud e Boas veniva proclamata e promulgata come la via per la pace e l'abbondanza. Ostentando master e dottorati, questi goyim con mani morbide e cuori compassionevoli hanno subito il lavaggio del cervello e sono stati complici nel diffondere le spirochete della sifilide ebraica in tutto l'Occidente. I risultati sono stati disastrosi. Un'ALTA CULTURA, come ormai sappiamo, è il riflesso di un SINGOLO POPOLO. Quando questo popolo è malato, si riflette nella sua cultura. *Non c'è dubbio che la cultura occidentale sia malata. Ma perché?*

I patologi culturali espongono diversi FATTI indiscutibili da cui si devono trarre ovvie conclusioni: I *GIULLARI hanno deliberatamente preparato l'uomo occidentale alle guerre di annientamento del XX secolo, distorcendo i suoi istinti razziali attraverso la menzogna, la propaganda e la demonizzazione del "nemico", e comprando i leader politici alleati, inducendo così l'America e la Gran Bretagna a intraprendere una guerra totale contro la loro famiglia europea. L'obiettivo principale della Germania era quello di unire l'Europa contro il VERO NEMICO GIUDAICO-MARXISTA. Il tragico risultato fu la vittoria totale dei KHAZAR e la devastante sconfitta dell'Occidente ariano.* Prendiamo l'Inghilterra, intorno al 1900, una minuscola isola di circa 40 milioni di anime, che controllava oltre l'80% della terra (compreso il controllo dei mari). Era la più grande influenza civilizzatrice che il mondo avesse mai conosciuto. Ora, dopo aver combattuto due guerre mondiali PER IL NEMICO, la supremazia britannica sui mari è sparita; la sua supremazia commerciale e politica in Europa è sparita; il suo potere coloniale è sparito; le sue riserve monetarie sono sparite; e il suo stock di riproduttori ariani è seriamente esaurito. È stata cacciata dalla Palestina da ebrei ingrati (armati dai sionisti americani), i suoi soldati sono stati uccisi, i loro corpi sono stati disseminati di trappole esplosive, i suoi diplomatici assassinati.

L'Inghilterra è ora di proprietà degli ILLUMINATI ed è stata costretta ad accettare ondate di immigrazione non bianca nella sua famiglia teutonica dalle guance rosee, in preparazione del GOVERNO UNICO MONDIALE EBREO (i dati demografici prevedono che Londra avrà una maggioranza non bianca entro il 2010; la Gran Bretagna avrà una maggioranza non bianca entro 100 anni).

L'America non ha fatto meglio. Ha vinto la disfatta militare PER IL NEMICO e ha perso la pace. Gli interessi (245 miliardi di dollari all'anno) sul suo debito di 6 miliardi di dollari appartengono agli ILLUMINATI. Gli Stati Uniti, *"l'unica superpotenza del mondo"*, sono ora una colonia ebraica. I bianchi americani diseredati non sono altro che impiegati ben pagati e pesantemente tassati. Fanno girare la ruota, combattono guerre contro i giudei e gli viene chiesto di cedere l'utero delle loro figlie all'aborto.

È chiaro che il mendelismo ha rivelato una ferita sanguinante: Quando un'organizzazione culturale non combatte per se stessa, combatte contro se stessa. Perde sempre quando non combatte il VERO

NEMICO. I patologi culturali rivelano che *un intero popolo è stato condotto alla sua distruzione,* contro i suoi istinti, da leader egoisti e da una propaganda fuorviante. *Come complici della distruzione della cultura occidentale, i mass media sono stati riconosciuti colpevoli di complicità in tradimento, sedizione, omicidio, genocidio e altri gravi crimini.*

Se qualcuno vi chiede perché siamo morti, ditegli che è perché i nostri padri hanno mentito".

KIPLING.

Ed ecco che un angelo lo chiamò dal cielo,
dicendo: Non toccare il giovane,
e non fargli nulla. Ed ecco!
Un ariete, preso per le corna in un boschetto,
offre all'ariete della superbia il suo posto.
Ma il vecchio non volle e uccise il figlio,
e metà della razza europea, uno dopo l'altro.

WILFRED OWEN, "La parabola del vecchio e del giovane".

Quei patrioti che sono morti per "salvare il mondo per la democrazia" sono morti coraggiosamente ma invano. La DEMOCRAZIA, come abbiamo visto, è un antrace politico usato dai GIU' per distruggere i loro ospiti pagani invertendo la piramide della meritocrazia. Così, attraverso il diritto di voto, gli uomini superiori (non comuni) sono resi politicamente impotenti dai voti delle masse numericamente superiori; *queste ultime, essendo ignoranti, frenetiche e compulsive ("la bestia a più teste") sono facilmente manipolabili dal denaro e dai MEDIA di massa (il Collegio Elettorale rappresenta i leader dei partiti ed è una farsa).*

I leader onesti, evitati dai magnati dei media, sono raramente visti o ascoltati in pubblico. Di conseguenza, raramente vengono eletti a cariche pubbliche, mentre i politici che godono dell'approvazione dei media hanno lunghe carriere al trogolo pubblico e dietro le quinte, vendendo il patrimonio dell'America ai migliori offerenti. La regola generale è: se il candidato è approvato dai media, è stato comprato! Così, in una nazione in cui la quantità batte la qualità e l'uguaglianza batte il merito, ogni segmento della cultura è degradato.

L'assioma liberale secondo cui *"questa è una nazione di leggi"* (che tutti gli uomini sono uguali) ha perso la sua validità quando *"tutti gli* uomini" è stato interpretato dal sistema giuridico americano come "tutte le razze". I Fondatori, come emerge chiaramente dai loro scritti, prevedevano la nozione di uguaglianza razziale così come prevedevano la nozione di democrazia. Ma le visioni dei nostri padri fondatori ariani non significavano nulla per gli ebrei, o per i legislatori e gli avvocati che gli ILLUMINATI ricattavano, estorcevano e compravano regolarmente.

Di conseguenza, gli emendamenti costituzionali, le promulgazione e le interpretazioni liberali della legge hanno annullato il governo così come era stato concepito dai fondatori, mettendo letteralmente la legge del Paese contro la razza bianca *("Noi il Popolo")*, proprio il popolo che originariamente doveva proteggere. (Anche su scala globale, la democrazia è disastrosa per i bianchi, che rappresentano solo il 10% della popolazione mondiale).

Il graduale smembramento della nostra Repubblica costituzionale è avvenuto in modo graduale e deliberato. L'America che siamo stati educati ad amare e rispettare, e alla quale abbiamo giurato fedeltà, è stata accuratamente preservata nella sua panoplia, nei suoi monumenti e nei suoi siti storici. Ma, come vedremo, si tratta in gran parte di un'illusione. La visione di Washington, Adams, Jefferson e Franklin è stata distorta oltre ogni limite. *È stato un nemico a fare questo"* (Ezra Taft Benson). *Nel cuore della nazione si nutre una sanguisuga disgustosa e salivosa.*

La prima *Costituzione degli Stati Uniti (1787)*, firmata dai Costruttori e conservata sotto vuoto e vetro, fu abrogata nel 1861, quando una federazione di Stati del Nord scatenò una guerra totale contro gli Stati meridionali dell'Unione, in minoranza, che furono poi bruciati e spezzati. L'assalto del Nord, basato sull'avidità dei banchieri e sull'opportunità politica, fu ammantato dall'ipocrisia dell'uguaglianza razziale: la manomissione degli schiavi neri che furono poi segregati in tuguri di proprietà ebraica, con la loro debole intelligenza sfruttata nelle fabbriche di sudore. Una seconda *Costituzione* entrò in vigore quando i politici scelti da Rothschild imposero, sotto la minaccia delle armi, il 14° e il 15° emendamento (1865 e 1868), che di fatto revocarono la Costituzione che i traditori avevano giurato di difendere. Una terza *Costituzione* emerse, sotto gli auspici del presidente democratico Woodrow Wilson, quando il Congresso controllato da Wall Street promulgò:

1) l'*incostituzionale* Federal Reserve Act (1913), che ha dato il controllo del denaro degli americani a Rothschild;

ᵉ2) la prima imposta americana sul reddito (16° emendamento) destinata a finanziare la prima guerra mondiale ILLUMINATA e a *"salvare il mondo per la democrazia";*

ᵉ3) l'elezione democratica dei senatori (17 emendamenti) che sostituisce la Repubblica con una democrazia.

La *Quarta Costituzione* (1931) entrò in vigore sotto il democratico Franklin D. Roosevelt. Il criminale di guerra e i suoi "amici comunisti" stabilirono rapidamente un *"diktat del proletariato".* Henry Morgenthau, un ebreo, Segretario al Tesoro, *ordinò ai cittadini americani di vendere tutto il loro oro* al Tesoro degli Stati Uniti a prezzi inferiori a quelli internazionali! Questo "oro a buon mercato" fu poi acquistato dai banchieri internazionali in preparazione della guerra mondiale che stavano pianificando. Questo furto di oro americano da parte dei banchieri internazionali è noto *come* la *"Grande rapina bancaria del 1933"* (Revilo Oliver). Quando l'economia non riuscì a riprendersi dalla depressione creata dalla FED, Bernie Baruch, un ebreo, capo *del* War Industries Board *("l'uomo più potente d'America"),* mise gli americani affamati al lavoro per preparare una nuova guerra contro l'Europa ariana. Ben presto le pecore americane vennero radunate sui campi di battaglia della Seconda Guerra Mondiale con l'ordine di distruggere il sistema monetario di Herr Hitler *"Juden Frei"* e *"Wucher Frei"* e di massacrare quanti più ariani possibile. Dopo aver *salvato il mondo per la* DEMOCRAZIA (MARXISMO/LIBERALISMO/GIUGGIOLA), l'America è diventata una voce del libretto degli assegni degli ILLUMINATI.

Le amministrazioni democratiche che si sono succedute hanno invitato orde di ebrei e di altri immigrati non bianchi negli Stati Uniti per un solo motivo: votare per il ticket democratico/comunista. Questa forma di "tradimento" su scala nazionale ha cambiato il colore politico e razziale della nostra repubblica costituzionale in uno stato sociale di stampo marxista in cui tutti sono uguali, ma alcuni sono più uguali di altri.

La Quarta *Costituzione* è nata dal fallimento dell'impeachment del presidente democratico WILLIAM CLINTON (circa 1999), che ha rivelato il totale disprezzo degli ebrei per la Costituzione degli Stati Uniti e per il codice di leggi su cui si basa la giurisprudenza. Anche il Senato e i cittadini degli Stati Uniti sono stati giudicati, ma per procura. Alla fine, entrambi *sono stati* smascherati come *egoisti, superficiali, venali e privi di onore.*

La Commissione giudiziaria della Camera, composta da una maggioranza di repubblicani (tutti ariani), ha rischiato la sua carriera politica votando per l'impeachment di un presidente popolare, mentre 16 democratici (5 bianchi, 5 neri e 6 ebrei) hanno votato all'unanimità per mantenere al potere questo bugiardo compulsivo e rischio per la sicurezza *(il 95% dei neri e il 90% degli ebrei hanno votato a favore della sua elezione a presidente).* I neri lo chiamano nostalgicamente "*l'unico presidente nero*". Amano le sue bugie e il suo sassofono che suona il blues. Giuristi imparziali concordano sul fatto che Clinton ha mentito sotto giuramento, ha dichiarato il falso davanti al Gran Giurì e ha deliberatamente ostacolato la giustizia. Il senatore Robert Byrd, *"decano dei democratici"* ed *"esperto costituzionale"*, ha dichiarato emotivamente alla televisione nazionale che Clinton era colpevole di gravi crimini, che richiedevano l'impeachment. Cittadini americani, sia militari che civili, stanno scontando pene detentive per reati meno gravi. Poco dopo l'impeachment da parte della Commissione Giudiziaria della Camera, Clinton si è presentato nel Rose Garden (che confina con lo Studio Ovale dove lui e Monica Lewinski, un'ebrea (un rischio per la sicurezza), avevano praticato sesso orale con il busto di bronzo di Lincoln come testimone). Il bugiardo di Yale si è rivolto al pubblico: è *"fiducioso nel futuro". Porterà "avanti il lavoro del popolo".* Un osservatore attento, che si aspettava segni di rimorso, ha invece potuto scorgere sul volto del Presidente un'euforia repressa! Un *"uccellino"* gli aveva sussurrato qualcosa all'orecchio. Il vicepresidente Al Gore, a conoscenza del segreto, abbracciò il presidente deposto, assicurandogli la sua lealtà (mentre il "rosso" Dean Acheson di Yale aveva giurato di non voltare mai le spalle ad Alger Hiss). *Due giorni dopo, il senatore Byrd cambiò la sua posizione sull'impeachment! L'"uccellino" aveva sussurrato anche a lui! Fonti vicine alla Casa Bianca"* hanno riferito all'autore che il senatore Byrd e il leader della maggioranza del Senato Trent Lott avevano ricevuto istruzioni da Leslie Gelb, ebreo e presidente del Council of Foreign Relations, di scagionare Clinton da tutti gli articoli di impeachment. Lott, ex cheerleader del college, fece una capriola all'indietro. *L'accordo era fatto!*

I politici non nascono, vengono espulsi.

CICERONE.

Gli Stati Uniti hanno ottenuto esattamente ciò per cui hanno combattuto nelle prime due guerre mondiali, che si è manifestato con l'ACQUISIZIONE DI CLINTON e il degrado morale dell'America (l'indice di gradimento di Clinton rimane alto nonostante il fatto che sia un bugiardo che si serve da solo, un traditore e un rischio per la sicurezza). Il Senato degli Stati Uniti ha inviato un chiaro messaggio al mondo (e ai nostri figli): secondo la Costituzione degli Stati Uniti d'America, è lecito mentire sotto giuramento, spergiurare davanti a un gran giurì, ostacolare la giustizia e mentire alla nazione. Il che porta alla domanda: perché onorare il governo marxista/liberale/ebraico degli Stati Uniti d'America?

Mentre lo Stato crolla e l'anarchia incombe, il governo diventa paranoico e appare il "Grande Fratello" di George Orwell. Per intenderci:

Ogni anno due milioni di conversazioni telefoniche vengono intercettate dalle forze dell'ordine e 400 milioni dai datori di lavoro. Più di 30 milioni di lavoratori sono soggetti a sorveglianza elettronica da parte dei loro datori di lavoro. Un'installazione americana a Menwith Hill, nello Yorkshire, in Inghilterra, monitora tutte le telefonate, i fax, i cablogrammi e le e-mail provenienti dagli Stati Uniti, dall'Europa, dall'Africa, dall'Asia occidentale e dal Medio Oriente, raccogliendone più di 2 milioni ogni ora (17,5 miliardi nel 1991). Più di 13.000 di queste "comunicazioni private" sono state selezionate per un esame approfondito.

La Commissione Al Gore raccomanda l'acquisto di 1.000 scanner per bagagli CTX-5000 Hi-Tech per rilevare le bombe nei terminal del Paese, al costo di un milione di dollari ciascuno, più 100.000 dollari di spese di servizio annuali (facendo la faccia da sionista, gli Stati Uniti hanno ora molti nemici).

Il Comitato per lo Sviluppo Economico, composto da settantacinque tra i più importanti dirigenti aziendali della nazione, presentò (1962) un piano per eliminare le aziende agricole e gli agricoltori americani. Si trattava di uno studio rigoroso sui profitti e le perdite, che non teneva conto degli effetti disastrosi sulla qualità del pool genetico bianco (non diversamente dal piano del Corpo degli Ingegneri dell'Esercito di eliminare le anse fastidiose dei fiumi americani, scavare comodi canali di navigazione e poi perdere tutto a causa dell'accelerazione delle correnti che divorano gli argini, la vegetazione di copertura e gli alberi).

Le aree rurali hanno sempre prodotto i giovani più sani, più sani e più patriottici d'America, nonché i migliori miliziani. *Oggi solo il 2% degli americani vive in fattorie, con un calo del 28% dall'inizio del secolo.* Nel 2000, circa cinque multinazionali dell'agroalimentare controllano il 95-96% delle coltivazioni mondiali di mais e grano. Tre aziende controllano l'80% dell'industria del confezionamento della carne negli Stati Uniti. Il pericolo del consolidamento aziendale risiede *innanzitutto* nel suo potere di controllare l'offerta, come fecero i bolscevichi in Ucraina e come fece Jimmy Hoffa controllando il sindacato dei Teamsters (Sid Kroshak, JUIF, controllava Hoffa); *in secondo luogo, i* monopoli possono eliminare i piccoli produttori pagando i loro prodotti meno del costo di produzione; *in terzo luogo, le* mega-corporazioni controllano i prezzi eliminando la concorrenza sul mercato. Nel 1996, 1471 fusioni aziendali sono state realizzate da *lobbisti del Congresso,* esperti nel vendere la ricchezza dell'America per guadagno personale.

Il *Quarto Emendamento* garantisce *"il diritto del popolo di essere sicuro delle proprie persone, case, documenti ed effetti personali contro perquisizioni e sequestri irragionevoli...".* Il modus operandi *dell'*Internal Revenue Service (IRS) comprende continue violazioni del Quarto Emendamento. L'IRS è l'unità esecutiva del governo federale, che lavora a stretto contatto con la FED, l'ADL e il Tesoro per costringere e punire i cittadini statunitensi politicamente scorretti. Nel 1992, l'IRS ha sequestrato 3.253.000 conti bancari e buste paga (50.000 sequestri erano errati o ingiustificati). Ogni anno, il fisco impone più di 1.500.000 privilegi (con un aumento del 200% dal 1980). Il Quinto Emendamento, tra le altre garanzie, proibisce la sottrazione di vita, libertà e proprietà senza un giusto processo. Eppure, oltre il 35% dei contribuenti americani non ha ricevuto alcun avviso dall'Agenzia delle Entrate prima che venissero posti dei vincoli sulle loro proprietà. Molti sono venuti a conoscenza dell'esistenza di questi vincoli solo quando sono stati arrestati.

L'ATF (Bureau of Alcohol, Tobacco and Firearms), l'FBI (Federal Bureau of Investigation), la DEA (Drug Enforcement Agency) e altre agenzie di controllo troppo numerose per essere menzionate (tutte sostenute dai media e dalla Anti-Defamation League) si uniscono all'IRS nel suo attacco alla Costituzione degli Stati Uniti. Come l'IRS, queste organizzazioni governative quasi legittime sono regolarmente comandate da forze interne al governo per molestare e distruggere le persone politicamente scorrette. Randy Weaver, ad esempio, era nel loro mirino. Randy Weaver credeva in *Christian Identity*, un gruppo suprematista bianco. Lui e la sua famiglia si erano trasferiti a Ruby Ridge, nell'Idaho, per sfuggire all'inquinamento razziale. Credeva che i suoi antenati ariani gli avessero garantito alcuni diritti inalienabili, tra cui la libertà di parola e il diritto di tenere e portare armi (sanciti rispettivamente dal Primo e dal Secondo Emendamento). Si sbagliava. Quando Weaver non si presentò in tribunale per risolvere una violazione minore in materia di armi da fuoco (possedeva un fucile a canne mozze), l'FBI lo usò come pretesto per sorvegliare la baita del razzista nella natura. Il figlio quattordicenne di Weaver e il suo cane stavano per andare a caccia. Il cane corse nel bosco abbaiando. Gli agenti gli spararono. Il ragazzo sparò a caso. Gli agenti lo hanno ucciso. La signora Weaver, con in braccio un bambino, si affacciò alla porta della baita. Il cecchino dell'FBI Lon Horiuchi fece letteralmente saltare la testa della signora Weaver.

L'anno successivo, nel 1993, agenti dell'ATF e dell'FBI attaccarono i Branch Davidians, una comunità religiosa di Waco, in Texas. David Koresh, il leader, predicava la malvagità dell'America, condannava il suo cattivo governo e prediceva l'apocalisse. Questi concetti hanno infastidito persone altolocate. Impiegando le solite tattiche giudaiche (*infamia!*), Koresh fu demonizzato, accusato di *"crimini efferati"*, tra cui la pedofilia e l'importazione di metanfetamina dal Messico. Il governo federale, tuttavia, si rifiutò di concedere a Koresh un giusto processo per dimostrare la sua colpevolezza o innocenza. Voleva che Koresh e i suoi sostenitori fossero eliminati. 127 uomini, donne e bambini. 76 agenti dell'ATF/FBI e un carro armato statunitense. Un carro armato dell'esercito statunitense, schierato per diffondere il gas C-S (vietato dal trattato USA), si schiantò contro l'edificio, che andò in fiamme. 82 membri del ramo dei Davidiani morirono nell'olocausto, tra cui 30 donne e 25 bambini. Janet Reno, il procuratore generale di Clinton che supervisionò l'operazione, si disse molto dispiaciuta.

Timothy McVeigh, un fante decorato, ha combattuto nella Guerra del Golfo. La demonizzazione degli arabi, degli iracheni e di Saddam Hussein era così esagerata che McVeigh si stupì di "scoprire che sono persone normali come me e voi". Ha scritto: "Vi hanno chiesto di eliminare queste persone. Ci hanno detto che dovevamo difendere il Kuwait dove la gente era stata violentata e massacrata. Sono tutte bugie. La guerra mi ha svegliato". Disilluso, McVeigh lasciò l'esercito. Si interessò alle teorie della cospirazione. Era arrabbiato per il trattamento riservato dal governo federale a Weaver, Koresh e a innumerevoli altri americani. Sentiva il bisogno di svegliare l'opinione pubblica. Il messaggio di McVeigh fu quello di far saltare in aria l'edificio federale di Oklahoma City, che ospitava gli uffici dell'ATF. Al processo ha citato:

> Il nostro governo è un insegnante potente e onnipresente.
> Nel bene e nel male, con il suo esempio insegna a tutto il popolo".
> L.D. BRANDEIS, EBREO, U.S. Sup. CT.

Le potenze delle tenebre sono all'opera altrove. La NATO, insieme a poche e riluttanti forze dell'ONU (estorte con i soldi degli Stati Uniti), ha speso miliardi di dollari per una guerra non dichiarata contro la Serbia, che ha espulso con la forza una minoranza etnica albanese (musulmana) che ha rifiutato un decreto governativo per lasciare il territorio serbo (Kosovo). Il nazionalismo/patriottismo è un anatema per gli ebrei, ovunque si manifesti. Essi intendono eliminarlo in Serbia, anche se ciò significa uccidere tutti gli uomini, le donne e i bambini serbi (cristiani). Il Dipartimento di Stato americano descrive queste azioni come "una lezione per tutti i razzisti (sic) che non vogliono accettare la diversità". Se non si fa nulla, una nazione orgogliosa potrebbe di nuovo espellere i parassiti ebrei. Per questo motivo è stato istituito all'Aia un TRIBUNALE INTERNAZIONALE PER CRIMINI DI GUERRA per giudicare i crimini d'odio. *Come potete immaginare, il presidente della Corte Suprema è un ebreo!*

Questi stessi Alleati, che oggi versano lacrime di coccodrillo per la brutale espulsione dei kosovari musulmani dalla Serbia cristiana, sono stati a loro volta complici dello stupro, della tortura e dell'espulsione di oltre 15 milioni di tedeschi etnici disarmati dall'Europa orientale subito dopo la Seconda guerra mondiale, su terre che in alcune zone avevano occupato per oltre 1000 anni. Di questi, oltre 2 milioni (forse 5 milioni) sono stati uccisi dai partigiani (bolscevichi) con l'*acquiescenza dei comandanti alleati* che NON sono stati processati per "CRIMINI CONTRO L'UMANITÀ". Al contrario, per oltre 50 anni, i governi di Russia, Gran Bretagna e Stati Uniti, motivati dal denaro, hanno nascosto la loro pulizia etnica dei tedeschi dietro la mostruosa menzogna dell'"Olocausto".

È ovvio che gli ILLUMINATI non sono interessati ai milioni di persone che vengono massacrate oggi in Cecenia, Tibet, Ruanda (neri), Sudafrica (bianchi), ecc. mentre scoprono ragioni "compassionevoli" per uccidere i serbi - questo si chiama GROSSING, sinonimo di GOVERNO MONDIALE UNICO. Il *New York Times* (7-8-98) riporta che il Kosovo è il sito di un deposito minerario (piombo, zinco, carbone) da 3,5 miliardi di dollari. Aha! L'instaurazione della "democrazia" in Kosovo permetterà allo Zio Sam di aiutare "compassionevolmente" a smaltire il vecchio tesoro della Serbia. Molto prima che i cadaveri serbi si irrigidissero, i banchieri internazionali erano già in agguato. Questa non è compassione, è AVIDITA'.

Ai soldati americani in pericolo in Kosovo il Segretario alla Difesa ebreo Cohen ha detto: "Siete forze di pace che preservano il nostro stile di vita democratico", vale a dire che se un piccolo uomo disapprova la DEMOCRAZIA, gli Stati Uniti dispiegheranno caccia stealth, missili da crociera, ecc. per bombardare carri trainati da asini. Ne sono testimoni Iran, Iraq, Libia, Libano e altri, tutti semiti "antisemiti".

> Non importa che tu vinca o perda; importa solo che io vinca o perda.
> SAMMY GLICK.

La lezione più volte ripetuta della storia, rivisitata in Serbia, è che sfidare le leggi della natura (costringere gruppi etnici incompatibili a stare insieme per infilare chiodi quadrati in buchi rotondi) porta al disastro. L'omogeneità non crea la guerra, come vorrebbero gli ebrei. È l'unione forzata di gruppi etnici diversi che crea la guerra. Le leggi della genetica, le leggi immutabili di Dio, hanno ridotto all'assurdo il MARXISMO/LIBERALISMO/GIUDAISMO. Ciò è particolarmente evidente nella SOCIETÀ DIVERSA americana, dove le prigioni e i manicomi traboccano, la bruttezza prolifera e gli omicidi, la violenza e il sesso in stile Hollywood sono diventati la norma americana.

I bambini ariani, spinti nella guerra di trincea delle scuole integrate, desiderano una società e un territorio propri, l'America creata dai loro antenati: vogliono scuole BIANCHE, squadre BIANCHE, balli BIANCHI, ritrovi BIANCHI, musica BIANCA, religione BIANCA. Vogliono standard BIANCHI di bellezza ed eccellenza, non il TALMUDISMO, l'afrocentrismo e l'uguaglianza fallimento/successo. *Denunciando questi istinti genetici, il* GOVERNO FEDERALE *esercita una grave pressione psicologica sui bambini.* I MARXISTI/DEMOCRATISTI continuano a infilare chiodi quadrati in buchi rotondi:

> 26,3 milioni di immigrati (1990) vivono negli Stati Uniti, rispetto ai 9,6 milioni del 1970. Questo rappresenta il 42% dell'aumento totale della popolazione dal 1990. *85% degli immigrati non è di razza bianca.* Si riproducono 3,5 volte più velocemente dei bianchi. 6 milioni dei loro figli sono bastardi. Il 33% degli alunni delle scuole pubbliche americane sono minoranze. Ogni banco che occupano è uno in meno per i bianchi.
> Si parlano 120 lingue diverse. I punteggi del SAT sono una barzelletta. Le scuole pubbliche americane, un tempo eccellenti, sono state distrutte da marxisti/liberali/ebrei. *Le matricole universitarie americane sono le ultime delle "nazioni industriali" in scienze e matematica.*
> L'industria americana assume quindi cittadini stranieri con una migliore formazione: cinesi e indiani). Oggi l'istruzione non riguarda le competenze di base e l'alfabetizzazione. Il cartello dell'analfabetismo deriva il suo potere da coloro che traggono profitto finanziario e politico dall'ignoranza e dalle pratiche scorrette nell'istruzione... Utilizzando informazioni personali sugli studenti e sulle loro famiglie, gli educatori sono in grado di entrare nei sistemi di credenze degli studenti e di correggere le opinioni che ritengono sgradevoli... Gli educatori determinano le prospettive di lavoro degli studenti in base alla loro adesione a opinioni accettabili.
> BEVERLY K. EAKMAN, professore, *"Clonare la mente americana: eliminare la moralità attraverso l'educazione"* (pubblicato sul *Washington Times* il 2-12-99).

I nostri figli hanno tristemente imparato la lezione definitiva da Hollywood-on-the-Potomac: se non ti piace, cancellalo. La violenza alla Columbine H-S, a Littletown, CO (12 studenti e un insegnante uccisi da due studenti, uno dei quali ebreo), e una serie di omicidi simili, sono una ragione sufficiente per gli ebrei per abrogare il Secondo Emendamento. Sostengono che il trattamento dei sintomi cura il cancro. Quando, in realtà, gli ebrei temono un diffuso contraccolpo contro la malattia stessa: il marxismo/liberalismo/giudaismo e i giudei di Hollywood.

Il GOVERNO FEDERALE è criminale, come dimostra questo trattato. Come tutti i criminali, è paranoico. E a ragione. I suoi precedenti sono stati smascherati. Quando i FATTI sfuggiranno alla censura di GRANDE FRATELLO, il governo federale morirà per l'esposizione e la vendetta. C'è da meravigliarsi se i membri ebrei del Congresso (Schumer, Lowey, Specter, Boxer, Feinstein, Wexler, ecc.) stanno guidando gli sforzi per togliere le armi agli americani con la stessa disperazione con cui hanno salvato Clinton dall'impeachment! La paranoia si riflette in tutte le agenzie governative. Quello che stanno cercando disperatamente è una MINACCIA (per sostituire la minaccia sovietica). Gli ebrei devono distogliere l'attenzione degli ariani dal NEMICO in mezzo a loro. Dalla Giudeofobia che si sta sviluppando nel mondo civilizzato.

Appena visibile all'orizzonte, un guerriero enigmatico, duro e ben armato. Guarda l'America con occhi scuri e obliqui, tra zigomi alti. Capisce i parassiti. Capisce la nostra patologia. Invidia le nostre donne ariane dalle lunghe gambe e il nostro *lebensraum*. Quasi impercettibilmente, sorride. *Non è generalmente noto che una minoranza ebraica estremamente ricca esercita una potente influenza politica nella Cina marxista.* Il COX CONGESSIONAL REPORT (5-25-99) descrive dettagliatamente le azioni di spionaggio cinesi degli ultimi anni, che hanno rubato *tutti i segreti nucleari americani* dal laboratorio nucleare Oppenheimer, tra cui la super-segreta W-88 e la bomba a neutroni che distrugge solo gli organismi viventi lasciando intatti gli edifici. Non sorprende che, con gli ebrei che controllano il Pentagono, il Dipartimento di Stato, il Dipartimento della Difesa, il CFR, ecc. la Cina sia ora in grado di attaccare e uccidere sott'acqua i sottomarini americani e di attaccare le città americane con missili nucleari il cui potere distruttivo è dieci volte superiore a quello delle bombe atomiche sganciate su Hiroshima.

> Secondo il *Financial Times* di Londra, Israele, che riceve 100 miliardi di dollari di aiuti dagli Stati Uniti, ha venduto alla Cina la tecnologia del missile aria-aria Python-3 e del radar Phalson, che fornisce a Pechino una capacità AWAC. La Cina ha anche acquisito la tecnologia del radar antimissile israeliano Star-1, del caccia Levi sostenuto dagli Stati Uniti e del missile Patriot.
> PAT BUCHANAN, "Washington Times" (5-25-99).

Bernard Schwartz, un collaboratore ebreo della campagna elettorale di Clinton e presidente della LORAL Space & Communications, un'azienda americana con legami con Israele, è sotto inchiesta del Congresso per aver venduto illegalmente apparecchiature Hi-Tec americane sensibili a Israele e alla Cina marxista. Sembra che gli ILLUMINATI stiano preparando la guerra diversiva di cui hanno disperatamente bisogno prima che gli americani si rendano conto di essere stati derubati del loro Paese.

 Non avete ancora cominciato ad apprezzare la vera profondità della nostra colpa... Abbiamo preso il vostro mondo naturale, i vostri ideali, il vostro destino, e li abbiamo distrutti.
     MARCUS ELI RAVAGE, JEW, *Century Magazine* (1928).

 Da nessuna parte possiamo scorgere la minima indicazione che nella grande maggioranza del nostro popolo (bianco) l'istinto razziale di autoconservazione non sia andato perduto... non possiamo ancora stabilire se si sia estinto o se sia semplicemente in sospeso, mentre il nostro popolo è in una sorta di trance catalettica da cui può essere risvegliato da sofferenze fisiche e privazioni acute quando verrà il momento, come certamente avverrà... La nostra situazione è disperata e non possiamo permetterci alcuna illusione... ora più che mai l'ottimismo è codardia".
    DR. REVILO P. OLIVER, Professore di Lettere Classiche presso l'Università dell'Illinois.

 Il nostro popolo (bianco) è troppo apatico, o ottuso, o codardo per alzarsi e lottare per ciò in cui crede, o anche per evitare la propria distruzione. Alcuni aspettano la cattedra, altri la pensione, altri ancora tempi più sicuri, ma tutti aspettano la morte. Le razze morte non tornano. Quelli che aspettano sono i portatori della civiltà.
     DR. ROBERT KUTTNER, Università di Chicago.

 La lotta per l'esistenza è un assioma fondamentale della biologia a cui non si può sfuggire.
    GARRET HARDIN, *"La natura e il destino dell'uomo"*.

SOMMARIO

 La storia dimostra che la metamorfosi di un organismo di alta cultura può essere fermata solo distruggendolo totalmente: una larva deve diventare una farfalla, una ghianda deve diventare una quercia, un bambino deve diventare un adulto, l'organismo di cultura deve compiere il suo destino spirituale. Queste sono le immutabili LEGGI della NATURA. Questa CERTEZZA spirituale è portatrice di grandi speranze e di grandi aspettative. L'uomo bianco non è in "trance catalettica" ma, come un'aquila ferita e pericolosamente vulnerabile agli attacchi dei predatori, si sta lentamente riprendendo dalle ferite ricevute durante le 20 guerre del secolo scorso per annientare gli ariani.

> Was mich nicht umbringt, macht mich starker.
>
> NIETZSCHE.

Oggi, una METAMORFOSI SPIRITUALE, le cui scosse sono state avvertite per la prima volta in Europa circa 140 anni fa (all'incirca nel periodo in cui l'ILLUMINATI ha scatenato i suoi cani rabbiosi contro gli USA), si sta diffondendo con crescente intensità in tutto l'ALTO CULTURALE-ORGANISMO DELL'OCCIDENTE. Tutti gli ariani diversi dalla plebaglia bianca *sentono istintivamente questa trasformazione,* anche se pochi di loro possono esprimerla. Ciò che stanno vivendo è la FASE DI SINTESI della DIALETTICA DELLA STORIA OCCIDENTALE: la fusione dell'UNITÀ ISTINTIVA PER GLI ARIANI con le vestigia dell'ETA' DELLA RAGIONE PURA! Durante questo tumultuoso e pericoloso periodo di transizione, lo strato culturale ariano sta battendo, svuotando ed eliminando le IDEE componenti di tesi e antitesi. Le idee più valide vengono selezionate *istintivamente e razionalmente,* con maggiore enfasi sulla prima, e poi sintetizzate nell'organismo dell'alta cultura occidentale. Le stalle di Augias vengono ripulite. Le vecchie icone, i sofismi e le superstizioni vengono buttati via. La nuova tesi che ne deriva dà vita all'ETÀ MENDELIANA, che assicura l'UNITÀ GENETICA DELL'OCCIDENTE e il rifiuto totale del MARXISMO/LIBERALISMO/GIUVERISMO. Al contrario, gli sforzi della GIUDAISMORIE sono diretti TOTALMENTE contro l'unità spirituale e fisica dell'Occidente! (L'Età Mendeliana non ha nulla a che vedere con l'"unificazione" dell'Europa sotto l'egida del denaro: la Banca dei Regolamenti Internazionali).

Per mettere in prospettiva la dialettica storica, dobbiamo ricordare che la TESI si è espressa per la prima volta quando le antiche tribù gotiche hanno cercato di unificarsi: prima sotto i crociati, poi sotto l'Impero, poi sotto il Papato e infine sotto i nazisti. *Questo profondo desiderio di riunire la famiglia ariana è istintivo, compulsivo e conforme alle leggi della natura. Pertanto, si realizzerà.*

L'ANTITESI dialettica dell'Occidente è apparsa sotto forma di un razionalismo virtualmente separato dall'istinto, che ha prodotto: Liberalismo, Capitalismo, Libero Commercio, Stato contro Stato, Religione contro Religione, Lotta di Classe e USURA contro l'autorità politica ariana. Questi e altri fenomeni razionalisti (che soffocano l'istinto) hanno spezzato l'Europa in numerosi Stati tribali in competizione, egoisti e fratricidi, facilmente manipolati dalle perfide banche centrali dei Rothschild, e hanno consacrato i campi di battaglia europei con il sangue ariano.

Le nazioni, le forme di pensiero, le forme d'arte e le idee, che sono l'espressione dello sviluppo di una cultura, sono sempre sotto la tutela di un gruppo relativamente ristretto... La cultura è, per sua natura, selettiva, esclusiva. L'uso della parola in senso personale - un uomo "colto" - descrive un uomo fuori dal comune, un uomo le cui idee e atteggiamenti sono ordinati e articolati. Anche il patriottismo, la devozione al dovere, l'imperativo etico, l'eroismo e l'abnegazione sono espressioni di cultura che l'uomo primitivo non mostra. L'uomo comune è il materiale con cui i grandi leader politici lavorano in condizioni democratiche. Nei secoli precedenti, l'uomo comune non era coinvolto nel dramma della cultura. Non era interessato e i partecipanti non erano ancora in preda al razionalismo, alla "follia dei conti", come diceva Nietzsche. Quando le condizioni democratiche sono state spinte all'estremo, il risultato è che anche i leader sono uomini del popolo, con l'animo geloso e tortuoso dell'invidia per ciò che non possono eguagliare...
FRANCIS PARKER YOCKEY, *"Imperium"*.

Così abbiamo smesso di essere una repubblica, in cui l'intenzione era quella di mantenere il controllo e la direzione del Paese nelle mani di coloro che erano più qualificati a garantirne il benessere, e siamo degenerati in una democrazia, in quella che Alexander Solzhenitsyn ha definito una "rivolta democratica". Le dighe si sono aperte e hanno lasciato entrare una marea di politici "liberali" che hanno sollevato le masse per dominarle. Tutta la saggezza e la visione a lungo termine del governo si persero in una sordida corsa ai voti da parte di un gruppo eterogeneo di persone che non si preoccupavano dei problemi cruciali della nazione e non avevano lo spirito per affrontarli anche se lo avessero fatto; che, di fatto, erano disposti a sacrificare il benessere a lungo termine della nazione nel suo complesso per il proprio vantaggio personale, sia che questo significasse più profitti, più salari, più "benessere", più velocità, più gadget, più piacere, comfort, sicurezza o facilità.... Il controllo e la direzione aristocratica della nostra vita nazionale sono stati eliminati. Come sempre in una democrazia, non c'era nessuno che controllasse dove stavamo andando, che proteggesse il popolo dallo sfruttamento senz'anima e dalla rovina, che ci anticipasse e ci allontanasse dalla profanazione della terra, dallo spreco delle nostre risorse, dall'inquinamento del nostro ambiente e da un tasso di natalità differenziale in cui coloro che avevano l'intelligenza e il carattere per risolvere i problemi venivano sopraffatti da coloro che li creavano. La terra è stata lasciata aperta e con pochi ostacoli a coloro che, per la loro avidità, hanno trasformato il Paese prima in un ricco campo di investimenti finanziari lucrativi, e sempre più aperta... agli ebrei che hanno lavorato, gomitato e

spinto furtivamente... verso uno stato di schiavitù globale.
WILLIAM G. SIMPSON, *"Quale strada per l'uomo occidentale?"*.

Il tuono che scosse l'Europa, mettendo in moto la METAMORFOSI SPIRITUALE dell'Occidente (la *sintesi dialettica*), fu la scoperta di GREGOR MENDEL dei mattoni della natura! Come tutti gli uomini istruiti sanno, ed è bene ribadirlo, la scienza della genetica dimostra che le caratteristiche uniche differenziano TUTTI gli uomini e TUTTE le razze: fisiologicamente, psicologicamente, comportamentalmente e spiritualmente, ponendo fine per sempre all'idea marxista/liberale/giudiziaria secondo cui tutti gli uomini sono creati uguali.

Una delle molte eredità profonde di questa SINTESI DIALETTICA è stata la riscoperta delle radici spirituali e biologiche dell'uomo ariano, risultato di sonde faustiane nello spazio *esterno* illimitato, il macrocosmo, e di sonde *interne* che hanno rivelato lo spazio illimitato del microcosmo con il suo nuovo vocabolario: quanti, quark, neutrini, genomi, metafisica e così via.

> Vedere il mondo in un granello di sabbia e il cielo in un fiore di campo, tenere l'infinito nel palmo della mano e l'eternità in un'ora.
> WILLIAM BLAKE.

> Sentite che non c'è nulla da temere in tutto l'universo. Infine, c'è solo UNA volontà, l'impulso che emana dal cuore del vostro essere, o chiamatelo il vostro Dio. Non ci sono più corpo e anima che si guardano attraverso l'abisso.
> ... Il corpo è l'anima manifestata. L'anima è l'esaltazione del corpo... E lo sguardo con cui l'uomo guarda il mondo... e l'intero universo stellato è lo sguardo della propria pienezza...
> WILLIAM GALEY SIMPSON,
> *"Quale percorso per l'uomo occidentale.*

È lì, nel macrocosmo/microcosmo, oltre la patina delle leggi e delle superstizioni create dall'uomo, dove si incontrano la materia e l'energia spirituale, che l'ariano ha trovato il suo sé originale: i suoi istinti, le sue intuizioni e la sua unità con la LEGGE DI DIO - il panteismo.

È così che l'età della ragione è morta, uccisa dalle sue stesse mani. I presunti fatti su cui la scienza basa le sue conclusioni razionali sono ora visti come volubili, in divenire, in evoluzione. Più la scienza impara, meno capisce. L'orizzonte si allontana a ogni passo. La scienza deve ora tenere conto della probabilità, dell'incertezza, della metafisica, dell'istinto, dell'intuizione e della fallibilità umana. La scienza riconosce l'esistenza di una forza universale più onnipresente e dominante di quanto l'uomo possa mai comprendere. Quando l'intuizione, l'istinto e la probabilità entrarono nel regno della matematica, la cultura occidentale passò dall'età della ragione all'età del MENDELISMO. *L'avvento dell'ETA' MENDELISTA risvegliò lo strato culturale ariano come da un incubo luciferiano.* In questo risveglio spirituale, l'uomo ariano scoprì di essere contemporaneamente Dio e animale, un ponte umano verso il Superuomo. Questa conoscenza relega per sempre nel pantheon degli dei minori il ridicolo feticcio SEMITICO, YAHVÉ, e la sua spora che odia il mondo, il CRISTIANESIMO. Il panteismo è la religione della natura; il buon monaco Mendel è il suo Santo Padre.

*L'*uomo ariano è un *essere spirituale*. *È* anche un *animale territoriale* che difenderà il suo onore e la sua casa contro ostacoli insormontabili... fino alla morte! Non sceglie di farlo, *è costretto dagli imperativi genetici!* Il comportamento intuitivo/irrazionale riflette l'ISTINTO DI SOPRAVVIVENZA. È il decreto della natura e spetta all'uomo obbedirvi! Le nazioni che perdono o negano il loro istinto genetico perdono il diritto alla vita! *Quando la sopravvivenza è la misura finale, le nazioni compassionevoli muoiono.*

L'ISTINTO, va sottolineato, è una *risposta non razionale* agli stimoli ambientali.

L'INTUIZIONE è una *comprensione immediata senza Ragione, che* emana da fonti primitive o metafisiche.

La RAGIONE è la capacità intellettuale di *giungere a conclusioni basate su fatti presunti.* La COGNIZIONE (*la capacità di percepire e giudicare*), situata nello strato sopra-granulare della corteccia, è una caratteristica evolutiva che distingue la razza dalla razza, l'uomo dall'uomo e l'uomo dagli animali inferiori.

Nella creazione di una società giusta e ordinata, l'istinto dell'uomo, essenziale per il suo genio creativo e per la sua sopravvivenza, è temperato dall'altrettanto importante capacità di ragionare. L'istinto e la ragione non si escludono a vicenda, ma sono ingredienti essenziali che insieme determinano ampiamente il comportamento umano. Istinto, intuizione e ragione sono tratti genetici.

Gli istinti ariani sulla razza sono fondamentalmente solidi, anche se non sono popolari. L'antropologia e la genetica dimostrano che i genomi programmano il comportamento di ogni razza in modo diverso. Ne consegue che la Costituzione e il codice di leggi degli Stati Uniti, creati per UNA razza, sono totalmente inadeguati per un'altra. Non esiste una legge morale o un codice legale universale. Al di là della famiglia razziale, la distinzione tra giusto e sbagliato scompare. Perché? Perché i geni determinano il comportamento razziale e il comportamento razziale determina la morale e le leggi! Di conseguenza, in una società diversificata, la morale e le leggi non possono essere legiferate o codificate per soddisfare categoricamente ogni razza all'interno di quella società. Ne consegue che la cultura occidentale si è disintegrata in modo direttamente proporzionale alla diversità razziale, come dimostra il crollo morale ed etico dell'America. Le differenze razziali non possono essere modificate dalla legislazione. *Le leggi di Dio prevalgono!*

È ovvio che la comunità ebraica è l'unica razza geneticamente programmata per sopravvivere innestata nelle razze ospiti. Quale legge regola questo? Un PARASSITA è una delle tante forme di vita della natura. Non è un animale né morale né immorale, è semplicemente un *fatto biologico*. Per gli ariani, il parassitismo è patologico e quindi immorale. Per gli ebrei, il parassitismo è una necessità biologica e quindi morale. Ciò che è etico o morale per una razza può essere immorale o non etico per un'altra. La natura non riconosce nulla di tutto ciò. Nel suo regno immacolato, non c'è moralità! Esiste solo la volontà di sopravvivere. È assurdo *odiare i* parassiti più di quanto si odiano le termiti, i negri, le vipere o i pipistrelli. Semplicemente, non si lascia che divorino le fondamenta *della propria* casa o che si aggirino nella *propria* camera da letto. *Li si elimina con ogni mezzo necessario.* Darwin, Spencer, Carlyle, Hitler parlano dell'eliminazione del patrimonio genetico come necessaria per la *"sopravvivenza della specie"*. La TALMUD insegna la sopravvivenza. I Berretti Verdi e i Navy Seals insegnano a sopravvivere. Il mendelismo insegna la sopravvivenza. Dio insegna la sopravvivenza. Il CRISTIANESIMO/LIBERALISMO insegna: *"Ama il tuo nemico"* ed entrerai in Paradiso. Dopo la Seconda Guerra Mondiale, il *modus operandi* parassitario, descritto nei TALMUD e nei PROTOCOLLI, non poteva essere discusso pubblicamente, pena la bollatura di *"razzista"*, equivalente al rogo. La parola "RAZZISTA", un'espressione che significa "bigotto, antiamericano, nazista, pazzo", è stata inventata dagli ebrei per scoraggiare qualsiasi discussione sul *loro modus operandi*. Oggi, nelle istituzioni pubbliche e nei campus della Ivy League, i riferimenti alla razza, al QI, all'eugenetica, al revisionismo storico possono costare la cattedra o i denti. *Ecco perché abbiamo inventato una nuova parola: RAZZIALISTA, n., un individuo che rispetta il diritto di tutte le razze di esistere nel proprio ambiente, ma la cui lealtà è innanzitutto verso la propria famiglia razziale.* Crede nel principio "dente per dente". I nostri padri fondatori erano *razzisti*. Gli ebrei sono *razzisti*. Hanno molto da nascondere.

> Il nostro potere... sarà più invincibile di qualsiasi altro perché rimarrà invisibile fino a quando non avrà acquisito una forza tale che nessuna astuzia potrà scuoterlo.
> SION PROTOCOLLI Numero 1:12.

> Non esistono ebrei inglesi, francesi o americani. Ci sono solo ebrei che vivono in Inghilterra, Francia e America.
> CHAIM WEIZMANN, ebreo, sionista, presidente di Israele.

> Tutti gli ebrei avranno il loro posto nel mondo futuro... tutti i gentili saranno mandati all'inferno.
> TALMUD: Lekh-Lekma.

> Baciategli la guancia. Non sospetterà nulla.
> GESTHEMANE.

Siamo ormai entrati nella fase finale delle 20 guerre del secolo scorso volte ad annientare gli ariani. I protagonisti sono gli ILLUMINATI di Satana, che rappresentano il denaro, l'inganno e la schiavitù, contro il MENDELISMO, che rappresenta la natura, la verità e la bellezza. La SINTESI DIALETTICA DELL'OCCIDENTE, come il tuono dell'alba, proclama l'UNITÀ SPIRITUALE DELL'UOMO E DELLA NATURA.

Sono i geni - non la ricchezza, la fortuna, la diversità o l'istruzione - a dare all'uomo la capacità di raggiungere i propri obiettivi. Gli ariani *sanno* (razionalmente), come hanno sempre *sentito* (istintivamente), che il patrimonio genetico dei bianchi è il loro bene più prezioso! È un DONO DI DIO che deve essere protetto ad ogni costo. Coloro che non vogliono questo sono i nostri nemici mortali e devono essere fermati con tutti i mezzi disponibili ORA.

Poiché gli ariani appartengono alla stessa famiglia razziale, ne consegue che le loro religioni, filosofie, arti, scienze, lingue e Stati *non sono fattori di divisione*, ma semplici *differenze* all'interno dell'organismo ariano di alta cultura. L'IMPERATIVO dell'Occidente è riunire queste parti disparate ma correlate in UN'UNICA NAZIONE-Stato ariana, mobilitando così l'immenso intelletto, la creatività, il potere e le risorse dell'Occidente per compiere il suo *destino faustiano*, il cui simbolo principale è l'orizzonte sempre lontano dello spazio senza limiti.

La SINTESI DIALETICA, la fioritura dell'Età Mendeliana, porta alla maturazione e alla realizzazione spirituale della nazione ariana, così ben descritta da Yockey, Spengler e Simpson. Con la SINTESI, *il SOCIALISMO* ariano prevale sul CAPITALISMO in termini *etici, economici e politici:* L'AUTORITÀ sul denaro; la POLITICA ASSOLUTA sul pacifismo; il RANK sull'uguaglianza; il MERITO sulla democrazia; i PRODUTTORI sugli intermediari; la QUALITÀ sulla quantità; la REALIZZAZIONE sulla ricchezza; l'EROICISMO sull'edonismo; la RAZZA sulla mescolanza; l'OMOGENEITÀ sulla diversità; la RESPONSABILITÀ sulla dipendenza; la RELIGIONE sul materialismo; La DUALITÀ DI GENERE piuttosto che il femminismo; il MATRIMONIO piuttosto che l'amore libero; la FERTILITÀ piuttosto che la sterilità; il CONTROLLO piuttosto che la licenza; l'ORDINE piuttosto che l'indulgenza; la CONSIDERAZIONE piuttosto che la pietà; i FATTI piuttosto che la finzione; il LEBENSRAUM piuttosto che la reclusione; la NATURA piuttosto che l'educazione; la NAZIONE prima degli ALTRI!

ALL'INTERNO DELLA CIVILTÀ OCCIDENTALE, TUTTO CIÒ CHE È MARXISTA/LIBERALE/EBRAICO SARÀ ABOLITO

... TUTTO!

I grandi Stati bianchi del mondo saranno unificati sotto il SANTO IMPERO OCCIDENTALE, un *governo socialista ariano*. Il SOCIALISMO OCCIDENTALE emana dall'IDEA spirituale che *ogni uomo, donna e bambino rappresenta una cellula dell'*ALTO CULTURALE-ORGANISMO ARIANO (la NAZIONE). Le loro anime combinate formano lo *spirito* dello Stato-nazione. *Poiché le cellule e l'organismo sono reciprocamente dipendenti, ogni individuo lavora per il bene dello Stato e lo Stato lavora per lo sviluppo di ogni individuo.* Questo è il vero significato della famiglia *"Uno per tutti e tutti per uno"* piuttosto che il credo capitalista *"Ognuno per sé"*. La *sinergia* della famiglia ariana che lavora per un destino comune produrrà una meravigliosa energia, una grande creatività, lealtà, lavoro di squadra, esprit de corps e realizzazione individuale, il tutto coronato da bellezza e intelligenza. Al momento, il SANTO IMPERO OCCIDENTALE è solo un'IDEA SPIRITUALE che sta prendendo forma nelle menti e nelle anime degli strati di alta cultura. *I commenti che seguono indicano ciò che potrebbe svilupparsi:*

Il GOVERNO FEDERALE SOCIALISTA ARIANO (GFSA) della SIO *assomiglierà al governo federale degli Stati Uniti come era originariamente legato alla confederazione degli Stati americani indipendenti.* È il mozzo della ruota. I vari Stati bianchi che saranno uniti sotto il socialismo ariano all'interno della SIO sono gli Stati dell'Europa, della Groenlandia, dell'Islanda, del Canada, degli Stati Uniti, dell'Australia e della Nuova Zelanda. I bianchi etnici saranno rappresentati.

Le istituzioni SIO includeranno: La Santa Chiesa Ariana, il Santo Arconte Supremo, le forze armate, la Corte Suprema Ariana, il Senato, il sistema monetario, il Tesoro, i servizi di intelligence, i media online, ecc. Le funzioni del GFSA sono quelle di formulare, legiferare, giudicare, coordinare, attuare e dirigere le politiche del SANTO IMPERO OCCIDENTALE, come definito nella Costituzione (ratificata dagli Stati membri). Gli scopi e gli obiettivi della SIO sono stati raccolti da molti secoli di esperienza ariana espressa nella Costituzione degli Stati Uniti, nella Magna Carta, nel Codice Napoleonico, nel Terzo Reich, nelle Leggi Mendeliane Universali.

Il SANTO ARCONTE: un ariano dalla profonda spiritualità, dall'onore impeccabile, dal comprovato coraggio e dalle qualità di leader, sarà eletto dal Senato per presiedere a vita il Sacro Impero d'Occidente come capo dell'esecutivo. Sarà anche il capo titolare della Santa Chiesa Ariana, che personifica gli Ariani, la FORZA UNIVERSALE e il PANTEISMO: la trinità di Alta Cultura e Organismo. Il SENATO ARYAN SUPREMO SOCIALISTA (SSAS), organo unicamerale, eserciterà le più alte funzioni deliberative e legislative. Venti senatori del SSAS saranno eletti dalla Camera alta in ciascuno degli Stati ariani.

In sintesi, il GFSA, eletto dal popolo (vedi Franchise), è l'autorità governativa federale dell'ASEO. I singoli Stati (Europa, Australia, Stati Uniti, ecc.) manterranno poteri di governo residui: *ognuno riflette l'IDEA socialista ariana: economicamente, eticamente, socialmente e spiritualmente,* tutti uniti sotto la FORZA UNIVERSALE, in UN UNICO IMPERO FEDERALE DEL SANTO OCCIDENTE ARIANO.

Il credito della nazione si baserà sulla creatività e sulla produzione del popolo, sulla sua fiducia nel pool genetico bianco, e non è necessario nessun altro standard. Come sottolineò Lincoln, *"l'abbondante capacità produttiva della natura, unita alla responsabilità del popolo nel suo complesso, appartiene alla nazione, e non c'è la minima ragione per cui la nazione debba pagare per il proprio credito".* Non più di quanto un proprietario pagherebbe l'affitto della propria casa. Le banche centrali Rothschild e gli ebrei saranno banditi dal Sacro Impero d'Occidente. La formula dell'interesse composto sarà rivista per consentire un pagamento equo di capitale e interessi fin dall'inizio, accelerando così l'ammortamento dei debiti. Frederick Soddy, Silvio Gesell, Ezra Pound, Gertrude Coogan e altri grandi ariani come loro hanno scritto molto sul denaro; le loro opinioni, ora soppresse, contribuiranno a plasmare il futuro.

La retribuzione per il lavoro svolto si basa sul RANK e sul MERITO.

Il grado riflette l'IMPORTANZA PER LA NAZIONE del tipo di lavoro (categoria). È accompagnato da una scala retributiva graduata (come nell'esercito) e comprende le azioni SEO. Il merito riflette la QUALITÀ DEL SERVIZIO prestato. Crea una competizione sul mercato del lavoro per i lavoratori eccezionali, offrendo retribuzioni e benefici extra a chi li merita: opzioni per l'acquisto di azioni SEO, diplomi onorari, decorazioni, ecc. *Lo Stato retribuisce il rango, il datore di lavoro privato il merito.* Così, con il sistema monetario SEO, i soldati, gli agricoltori, i meccanici e gli insegnanti, per esempio, *da cui dipende la nazione,* non vivranno più in relativa povertà e oscurità, mentre i broker alimentari, i venditori di titoli spazzatura, i pornografi e i profittatori di guerra vivranno in modo sfarzoso. La "ricchezza Rockefeller" (avidità/sfruttamento/tradimento) non sarà tollerata, così come la povertà. Ci sarà lavoro per tutti secondo le proprie capacità. Coloro che possono ma non vogliono lavorare saranno sterilizzati e messi nei campi di lavoro.

CONDIVISIONE DELLA SALUTE: il sistema monetario della SIO sarà un sistema bancario e di investimento pubblico. I trilioni attualmente truffati illegalmente dalla FED diventeranno i profitti della SEO. Ogni cittadino (cellula) condividerà la *salute e la ricchezza* dell'ORGANIZZAZIONE CULTURALE ALTA in base al rango e al merito. La GFSA dirigerà l'uso della PROPRIETA' PRIVATA, ma *non sarà proprietaria di questi mezzi*. Per esempio, alla "libera impresa" non sarà permesso di pavimentare la superficie della terra, e ai conglomerati non sarà permesso di mandare in bancarotta gli agricoltori. I lavoratori (vedi sopra) parteciperanno ai profitti netti delle imprese e dell'industria (una catena è forte solo quanto il suo anello più debole). I profitti netti a livello di vendita al dettaglio saranno ripartiti equamente tra rivenditori, intermediari, produttori, coltivatori e fabbricanti. Meno profitti per gli intermediari e più per i produttori. Le società di comodo "americane" di proprietà straniera saranno private dei loro diritti su minerali, legname, agricoltura, pesca, ecc. Il commercio tra Stati ariani sarà coordinato, incoraggiato e protetto. I programmi ecologici saranno allineati alla Santa Chiesa ariana (panteismo). Il pool genetico bianco, un organismo spirituale, è parte integrante di questa ecologia.

MASS-MEDIA. *"Libertà di stampa* significa *responsabilità della stampa.* Senza responsabilità, non c'è libertà. Dopo 85 anni di controllo ebraico dei media, l'America è sull'orlo della debilitazione e della disintegrazione morale. La responsabilità comporta sanzioni per le azioni sbagliate. La menzogna, la disinformazione e la falsa informazione sono crimini contro la nazione e saranno severamente puniti. Il Primo Emendamento non è una copertura per sadici, schizofrenici, "Spielberg", omosessuali, pedofili e simili. Basta con le citazioni di "gole profonde" non identificate o di "fonti vicine al Presidente". Basta con la docu-fiction mascherata da fatto. *Un gruppo di filosofi, poeti, artisti ed educatori ariani stabilirà cosa è morale e immorale, cosa è accettabile per i nostri figli.* D'ora in poi, i media rifletteranno le aspirazioni della cultura ariana: *la verità vi renderà liberi.*

FRANCHIGIA. Una tessera di sicurezza sociale di plastica sarà utilizzata per attivare le macchine per il voto nelle cabine elettorali. La tessera conterrà un codice nascosto che indica il quoziente intellettivo del proprietario; se è inferiore alla media (QI-100), il voto non verrà registrato. REQUISITI PER RICOPRIRE LA CARICA:

Contano il carattere e l'intelligenza. 1) Controlli di fedeltà: tutti i dipendenti pubblici devono superare la macchina della verità. 2) Test del quoziente intellettivo: i senatori delle SSAS devono avere un quoziente intellettivo superiore a 130. I deputati della Camera bassa devono avere un QI superiore a 118 e quelli della Camera alta (Senato) devono avere un QI superiore a 124. Tutti i membri devono aver prestato servizio militare. Tutti i membri devono aver prestato servizio militare.

ISTRUZIONE PUBBLICA: dalla scuola materna al 12° anno di età, l'accento è posto sulla matematica, le discipline umanistiche e la forma fisica. H-S: matematica, economia, mendelismo (genetica, eugenetica, antropologia, biochimica, ecc.), scienze, scienze umane, denaro, educazione fisica, elettivi.

MILITARE: all'età di 18 anni, tutti gli uomini prestano servizio militare obbligatorio per due anni.

UNIVERSITÀ: storia, filosofia, logica, scienze forensi, management, mendelismo, corsi opzionali.

SCUOLE HI-TECH E PROFESSIONALI: L'università non è per tutti. L'Occidente ha bisogno di operai e artigiani qualificati, di coloro che amano gli strumenti, il grasso e le macchine: di coloro che sanno tenere a galla la nave e di coloro che la comandano - tutte cellule spirituali che compongono un organismo di alta cultura. Il GFSA fisserà degli standard di rendimento per insegnanti e studenti.

ESTETICA/DISCRIMINAZIONE: all'interno della SEO, l'importanza dell'estetica ariana e della capacità di discriminazione sarà fortemente sostenuta. L'importanza della VERITÀ/BELLEZZA per la psiche umana si riflette nella devozione accordata alle arti da tutti i popoli civilizzati. Nella misura in cui la verità e la bellezza sono ammirate dalla nazione, la falsità e la bruttezza sono disprezzate.

Nella comunità artistica, la genetica è il fattore che influenza non solo la creatività di un artista, ma anche il senso della bellezza e la capacità di apprezzarla del suo pubblico. È risaputo che ciò che è esteticamente attraente per una razza è spesso spaventoso per un'altra, in alcuni casi fino al disgusto, un altro motivo per cui la diversità razziale è distruttiva per tutte le razze coinvolte. La xenofobia non è *razzismo*, ma *razzismo:* un meccanismo genetico di sopravvivenza. L'amore per la famiglia è istintivo. La discriminazione è la capacità di fare valutazioni comparative: chi o cosa è il migliore, il più alto, il più vicino, il più brillante, ecc. L'assenza della capacità di discriminare è un grave handicap. In democrazia, tuttavia, la discriminazione razziale è considerata inaccettabile; *"tutti sono uguali"* o sono *vittime di "discriminazione"*, cioè di settarismo. È per paura della discriminazione che la Corte Suprema degli Stati Uniti e Hollywood hanno trasformato l'America in una fogna razziale.

RAZZA: i cittadini del Sacro Impero d'Occidente devono essere ariani. I bianchi etnici sono incoraggiati a immigrare nel SEO. Le popolazioni non bianche che vivono nell'Impero riceveranno assistenza finanziaria per colonizzare paesi geneticamente compatibili. I neri e gli ebrei hanno quindi un'ottima opportunità per creare le proprie civiltà. Magari insieme, come fratelli. Non dovranno più sopportare una società ariana "degenerata": "Dio onnipotente, finalmente liberi!". Il genometro Hema, delle dimensioni di una torcia a tre pile, consente di effettuare analisi genetiche rapide, rivelando l'identità razziale di Ebrei, Orientali e Asiatici con una precisione del 95% e del 98% per l'identificazione delle stirpi negre e messicane.

I non bianchi che preferiscono rimanere nella SIO possono farlo a queste condizioni:

1) Hanno più di 40 anni.
2) Sono legalmente sani di mente.
3) Rispettano tutte le leggi statali.
4) Non sono indigenti.
5) Vengono sottoposti a sterilizzazione (microchippatura).

PANTEISMO: Il Sacro Impero d'Occidente è un prodotto del panteismo, non il contrario. Abbiamo sottolineato in precedenza la correlazione tra intelletto e intuizione o istinto all'interno della sintesi occidentale. Allo stesso modo, nel panteismo (nella stessa misura), scienza e fede religiosa sono correlate. Il panteismo equipara Dio alla forza universale, alle leggi della natura e non a un ebreo vendicatore nel cielo. Il giudeo-cristianesimo, che enfatizza la certezza storica a sostegno dei suoi miti e miracoli, è crollato sotto l'impatto dell'analisi scientifica e della vanga dell'archeologo. Rimangono solo i suoi rituali, i suoi anacronismi, i suoi soldi e il suo odio per la conoscenza e la natura.

Con l'emergere dell'Era Mendeliana, l'umanità si sta rendendo conto che la *Forza Universale le è stata trasmessa e affidata attraverso il suo patrimonio genetico ancestrale, offrendole un rapporto con il DIVINO che le religioni create dall'uomo non hanno mai raggiunto.* Tutti i santoni e le loro preghiere, incensi, sonagli e reliquie nel corso dei millenni non hanno mai salvato un solo bambino dalla malattia, non hanno mai curato un solo cancro, non hanno mai eseguito un solo trapianto di cuore, non hanno mai previsto un solo terremoto. Mentre gli "ISRAELIANI ELETTI" di Yahweh, che pretendevano di interpretare la PAROLA DI DIO, credevano che la terra fosse piatta e galleggiasse nella salamoia.

Risvegliati dalla genialità spirituale del MENDELISMO, i gruppi etnici di tutto il mondo che cercano di realizzare il loro potenziale donato da Dio sperano di abbattere gli ottusi confini territoriali stabiliti dal denaro che diffonde la guerra perpetua attraverso la diversità e di stabilire invece delle CASE FAMIGLIA. (Le truppe americane inviate dagli ILLUMINATI per costringere i pioli quadrati in buchi rotondi in questi focolai multirazziali dovrebbero andarsene). All'interno del SANTO IMPERO OCCIDENTALE, gli ariani possono adorare qualsiasi dio richiesto dalle loro menti, anche questo è il Panteismo. Gran parte della grande arte, della letteratura, della musica, dello sfarzo, delle feste pagane, dell'architettura e delle tradizioni più care, create dagli ariani per rendere accettabile il cristianesimo semitico, troveranno perfetta armonia nel PANTEISMO delle Leggi di Dio: l'espressione spirituale della Verità e della Bellezza.

Il SANTO IMPERO OCCIDENTALE intende sostituire la Bibbia semitica con le Sacre Scritture ariane (che non sono ancora state compilate) contenenti IDEE che esprimono, come la nostra musica, l'anima ariana; queste includono le Leggi di Manu; l'*Anti-Cristo* e *Così parlò Zarathustra* di Nietzsche (il Cristianesimo è in parte derivato dallo Zoroastrismo, veneriamo la fonte); l'*Iliade* e l'*Odissea di* Omero; *Beowolf;* le saghe islandesi di Njal e Gunnar; il *Faustus* di Goethe; i

Canti di Kabir; la *Chanson de Roland;* Le *Mort d'Arthur* di Malory; Leonide alle Termopili; gli *Idilli del Re di* Tennyson; La *Germania* di Tacito; I *Nibelunghi;* Il *Canzoniere* di Petrarca; *Le Filippiche* di Cicerone; *L'idiota* di Dostoevskij e *Arcipelago Gulag* di Solzhenitsyn (che sostituisce le Rivelazioni). Saranno inclusi anche gli scritti mistici di Lao-tseu, Siddartha, Maometto, Gesù, Shakespeare, Nietzsche, Blake, Schopenhauer, Vivekananda, Saffo e Whitman.

LA SINTESI DELL'OCCIDENTE CONTINUA:

Le leggi della natura devono essere scoperte, obbedite e rispettate. Le razze di Dio devono essere preservate nella loro unicità. La genetica rivela che l'uomo può superare le malattie, l'invecchiamento e migliorare fisicamente, mentalmente e spiritualmente in modo eugenetico, rendendo la sua vita sublime, anche se è in grado di comprendere finalmente la FORZA onnipotente, onnisciente e onnipresente. *Dio ha dato all'uomo ariano il buon monaco Mendel. L'uomo ariano ha dato all'umanità le chiavi del regno: conosci te stesso!*

Potere e diritto non sono sinonimi. Anzi, spesso sono opposti e inconciliabili. Esiste la LEGGE DI DIO, da cui derivano tutte le leggi eque dell'uomo e secondo la quale gli uomini devono vivere se non vogliono morire nell'oppressione, nel caos e nella disperazione. Separato dalla LEGGE ETERNA E IMMUNA di DIO, stabilita prima della fondazione dei soli, il potere dell'uomo è malvagio, per quanto nobili siano le parole con cui viene usato o le ragioni invocate per applicarlo. Gli uomini di buona volontà, consapevoli della LEGGE DEPOSITATA DA DIO, si opporranno ai governi governati dagli uomini e, se vogliono sopravvivere come nazione, distruggeranno i governi che tentano di governare secondo i capricci o il potere di giudici venali.

CICERONN

I deboli e gli sciatti periranno: il primo principio della nostra umanità.

I maggiori ostacoli alla realizzazione del Superuomo sono il cristianesimo e la democrazia.

L'ultimo cristiano è morto sulla croce. I deboli congeniti e gli inadatti non possono competere, quindi usano mezzi subdoli per raggiungere il potere.

NIETZSCHE.

A voi che mi ascoltate dico: amate i vostri nemici, fate del bene a quelli

che vi odiano, benedite quelli che vi maledicono e pregate per quelli che vi maltrattano. E a chi ti percuote su una guancia, porgi anche l'altra; e a chi ti spoglia del mantello, dagli il resto della tua veste.
GESÙ CRISTO, Luca 7:27-29.

Non pensate che io sia venuto a portare la pace sulla terra; non sono venuto a portare la pace, ma una spada. Perché sono venuto a mettere un uomo contro suo padre, una figlia contro sua madre e una nuora contro sua suocera. I nemici di un uomo saranno quelli della sua stessa famiglia.
GESÙ CRISTO, MATTEO 10:34-36

Non resistere al male.
GESÙ CRISTO, Matteo 5:39.

La traduzione King James della LXX (Septuaginta: traduzione greca dell'Antico Testamento dall'ebraico) contiene oltre 1.000 menzioni importanti.
ENCICLOPEDIA BRITANNICA.

Lasciatemi emettere e controllare il denaro di una nazione e non mi interessa chi ne fa le leggi.
AMSCHEL MAYER ROTHSCHILD.

Da giovane laureato sconosciuto, ho preso la decisione più saggia della mia vita: ho consultato il signor Baruch.
GENERALE DWIGHT DAVID EISENHOWER, Esercito degli Stati Uniti.

TOB SHEBBE GOYIM HAROG!
TALMUD: Sanhedrin 39

CAPITOLO 12

SINTESI

Gli Ariani furono visti ovunque come i promotori del vero progresso e, in Europa, la loro espansione segnò il momento in cui la preistoria (dell'Europa) cominciò a divergere da quella dell'Africa e del Pacifico.
Dr. V. GORDON CHILDE.

Come antropologo sociale, naturalmente accetto e addirittura insisto sul fatto che esistono differenze, sia mentali che fisiologiche, che separano le diverse razze dell'umanità.
Dr. L. S. B. LIEVITO.

La prosperità materiale incoraggia la conservazione, il nutrimento e la riproduzione degli elementi biologicamente inferiori che parassitano le civiltà ricche. Poi, l'azione cruda e pura si abbatte su di loro e fa piazza pulita.
Dr. ERNEST HOOTEN.

Il pacifismo rimane un ideale, la guerra un fatto, e se la razza bianca decide di non fare più la guerra, i popoli di colore la faranno e diventeranno i padroni del mondo.
SPENGLER.

La vostra Costituzione è solo una vela senza ancora. O un Cesare o un Napoleone prenderanno le redini del governo con mano ferma, o la vostra Repubblica sarà abbattuta dalla barbarie interna nel XX secolo, proprio come lo fu l'Impero Romano nel V.
SIR THOMAS MACAULEY.

Comunicare qualcosa a un goy sulle nostre relazioni religiose equivale a uccidere tutti gli ebrei, perché se i goyim sapessero ciò che insegniamo su di loro, ci ucciderebbero apertamente tutti.
TALMUD: Davide libero 37.

Gli uomini che sanno come gestire il denaro riescono a gestire tutto.
WILL DURANT, "Storia della civiltà".

L'aristocrazia non ha nulla a che vedere con la plutocrazia. Le persone migliori NON sono i ricchi... sono il carattere e le capacità che dovrebbero contare.

WILLIAM G. SIMPSON.

Quando una forma di governo diventa distruttiva, il popolo ha il diritto di abolirla...

DICHIARAZIONE DI INDIPENDENZA.

Veniamo ora all'ultimo capitolo di questo trattato, che tratta del declino della civiltà occidentale e, più in particolare, della spoliazione dell'America. La storia ci ricorda che quando la maggioranza razziale scompare, la cultura scompare con essa. Quando la maggioranza bianca dell'America muore, l'America stessa muore.

Abbiamo visto che mentre gli americani erano assorbiti dalla creazione di una delle più grandi civiltà della storia, baluardo della cultura occidentale, l'antico NEMICO dell'umanità, in accordo con gli imperativi genetici, si è inserito nei nervi degli Stati Uniti e si è messo a tradirlo, corromperlo e depredarlo. Abbiamo ricordato le origini della COSPIRAZIONE nella Legge mosaica (TORAH) plagiata, in cui gli Ebrei, una tribù semitica, si definivano "POPOLO SCELTO DA DIO", il cui scopo era quello di dominare il mondo; e nella legge orale farisaica (TALMUD) ("le nostre promesse ai gentili non ci vincolano") da cui hanno avuto origine i PROTOCOLLI DEL SAGGIO DI SION ("i *goyim* sono un gregge di pecore e noi siamo i loro lupi"). I PROTOCOLLI hanno fornito il paradigma per gli ILLUMINATI di Rothschild ("la questione è solo se il governo mondiale sarà raggiunto per consenso o per conquista", JAMES WARBURG, JEW).

Abbiamo visto come i khazari asiatici (ashkenaziti) abbiano preteso di essere i giudei biblici della diaspora, mentre la loro discendenza (confermata dai test del DNA) attribuisce loro affinità armenoidi-mongole senza alcun gene semitico; non hanno quindi radici israeliane e, di conseguenza, nessuna pretesa biblica sulla Palestina. Sono impostori, parassiti e assassini, come dimostra inconfutabilmente questo trattato. Questo trattato presenta anche alla vostra attenzione il *modus operandi* degli ILLUMINATI. Abbiamo visto con quale calcolata perfidia gli ebrei "americani" hanno segretamente attaccato e sequestrato gli anelli essenziali della sovranità americana, i più importanti dei quali sono i seguenti: LA FORNITURA DI SOLDI DELLA NAZIONE (il Federal Reserve System) e i MASS MEDIA (giornali, riviste, radio/televisione, Hollywood, teatro, intrattenimento e così via). In questo modo, la cospirazione giudaica ha di fatto abrogato la Costituzione degli Stati Uniti! Successivamente, in reazione al "terribile potere del mercato azionario" e alla censura della "libertà di parola", ogni aspetto della società americana è caduto uno ad uno sotto il controllo di liberali, marxisti ed ebrei. Immaginate l'impatto sulla carriera di un membro del Congresso degli Stati Uniti se avesse introdotto una legislazione che istituisse una commissione d'inchiesta sull'"Olocausto", o una legislazione per determinare la costituzionalità del FES, o una legislazione che richiedesse quote razziali/religiose nella proprietà dei media, nelle forze armate o nelle facoltà universitarie, o che istituisse una commissione per riferire sugli effetti negativi della miscegenazione sui punteggi del quoziente intellettivo, o che indagasse sul motivo per cui così tanti sionisti sono nominati ad alte cariche governative. Oggi vediamo che la nostra Repubblica ariana, un tempo grande, è stata trasformata in una bastarda DEMOCRAZIA gestita dalla PLUTOCRACIA MARXISTA/LIBERALE/GIUVIALE. Questa cospirazione mondiale è finanziata e diretta dai banchieri internazionali. Il suo obiettivo è la creazione di un unico governo sionista mondiale. La sua strategia, esplicitata nei PROTOCOLLI, consiste nell'esercitare con una mano il potere del denaro e con l'altra scatenare l'INFAMIA e la GUERRA fino a quando l'Occidente, finalmente in bancarotta, esausto e disilluso, cederà la propria sovranità. Le ben note tattiche degli ILLUMINATI, instaurate durante la Rivoluzione francese, comprendono menzogne, tradimenti, spionaggio, ricatti, calunnie, estorsioni, omicidi, disinformazione, false testimonianze, guerre fasulle, caos finanziario, usura, immoralità, ecc. Le stesse tattiche sono usate oggi in America, accompagnate dalle spirochete della sifilide ebraica: ripetute all'infinito dalle università e dai media. Nel frattempo, gli americani tentano ingenuamente di giocare la partita della vita secondo la morale e l'etica ariana, giurando fedeltà "... alla bandiera degli Stati Uniti e alla Repubblica che essa rappresenta...", mentre i giudei giocano la partita sub rosa secondo la TALMUD, i PROTOCOLLI DI ZIONE e il KOL NIDRE OATH: riservando il loro odio per i gentili e la loro fedeltà unicamente all'Ebraismo.

    Il nazionalismo è una malattia infantile.
                                       ALBERT EINSTEIN, EBREO.

    Dio non ha scelto gli ebrei.
                                   SAMUEL HOFFENSTEIN, EBREO.

Il trionfo ebraico sull'America non sarebbe stato così completo se gli ariani non avessero collaborato con loro. I disertori bianchi rappresentano un ampio spettro sociale, dai traditori razziali certificati come Paul Volcker, Kingman Brewster, Theodore Hesburgh, Ted Kennedy e William J. Clinton, alla spazzatura bianca locale che è disposta a fare qualsiasi CONCESSIONE MORALE, persino a vendere l'eredità dei propri figli se sa di denaro (vedi: *Easton Star-Democrat*). In mezzo ci sono traditori ideologici come Pat Robertson, Patrick Moynihan, Jimmy Carter e la dinastia Bush, la cui ignoranza del mendelismo e la *"compassione benevola"* hanno contribuito a trasformare l'America in una società meticcia sull'orlo dell'anarchia.

Mentre la sintesi dialettica dell'Occidente continua a svolgersi, le pecore cominciano a belare inquiete e a porre domande proibite. Ovunque si riuniscano i gentili (qui e all'estero), la giudeofobia è in aumento. Allarmati dall'inquietante interesse dei *goyim* per il notevole successo dell'Ebraismo (inversamente proporzionale al declino della cultura americana), gli Ebrei ora sostengono che generazioni di consanguineità hanno prodotto un'intelligenza maggiore tra i PUPILLI di Yahweh rispetto a quella mostrata dalle loro greggi gentili! Gli ebrei insistono, *senza alcuna prova statistica affidabile,* che la loro ascesa al potere è dovuta all'elevato quoziente intellettivo ebraico, *non alla* cospirazione luciferiana. In altre parole, il campo di gioco è livellato e gli *ariani, che hanno prodotto la cultura occidentale, sono troppo stupidi per competere!* Uno dei sostenitori di questo spielberghiano, il dottor Ashley Montague (Israel Ehrenberg), ebreo, ha fatto carriera come professore alla Ivy League sventolando la bandiera rossa dell'uguaglianza razziale, fino a quando il mendelismo non lo ha fatto cadere, intorno al 1980. Montague (morto nel 1999) ha successivamente tenuto conferenze poco convincenti sulla superiorità *genetica* degli ebrei. Tuttavia, la storia, l'arbitro finale della questione, rivela che gli Ebrei non sono affatto così intelligenti come vorrebbero farci credere (gli Ebrei producono individui brillanti, ma su base pro capite molto meno degli Ariani o degli Orientali). Infatti, *TUTTI i grandi progressi della cultura mondiale sono stati fatti proprio nei luoghi in cui non c'erano ebrei o da cui erano stati espulsi!* Questo rende certamente sospette, se non irrilevanti, le loro affermazioni sul QI. L'antico popolo ISRAELIANO non ha creato nulla di importante se non la BIBBIA e la TALMUD; la prima è oggi considerata un fossile e la seconda una patologia. Gli statisti ebraici, da Re Saul a Bar Cochba, hanno creato poco più che il caos. L'"eroico" suicidio collettivo degli zeloti israeliani a Masada è una barzelletta da guerrieri (il generale romano che non perse uomini dichiarò che avrebbe voluto che tutti i suoi nemici fossero altrettanto generosi). Infine, gli israeliani non hanno lasciato in eredità ai posteri alcuna arte, architettura, musica o scienza.

I KHAZAR asiatici (JEWS) travestiti da JUDÉANS, che ora dominano il funzionamento del governo degli Stati Uniti, sono noti non tanto per il loro alto quoziente intellettivo quanto per il loro comportamento psicopatico, descritto in parte in questo trattato.

Gli ebrei sono ricordati non per la loro capacità di creare grandi Stati o di governare, ma per il loro obbligo di corrompere e distruggere gli Stati ospitanti. Nessun ebreo ha cavalcato con Carlo Magno, ha firmato la *Magna Carta,* il *Codice Napoleonico,* la *Dichiarazione d'Indipendenza* o, se è per questo, ha partecipato alla *Convenzione costituzionale di* Filadelfia. Gli Ebrei contemporanei sono invece ricordati per l'OGPU, l'NKVD, l'Arcipelago Gulag - un orrore che non ha eguali nella storia dell'umanità - e per l'"Olocausto", una grottesca menzogna deliberatamente creata per nascondere le atrocità commesse da Ebrei e Bolscevichi!

È chiaro che il coraggio, l'onestà e l'abilità statale non spiegano l'incredibile conquista dell'America da parte degli ebrei. È piuttosto la loro *capacità di ingannare dall'esterno e di corrompere dall'interno: è la loro padronanza del denaro e della GRANDE BUGIA.*

> ... fa appello alla bassezza che giace nel profondo dell'anima di tutti gli uomini. Fa marcire l'anima di una nazione; lavora segretamente e inosservato nell'ombra per minare i pilastri della città; infetta il corpo politico in modo che non possa più resistere. Un assassino è meno da temere.
>
> CICERONE.

Per assicurare il passaggio dal governo costituzionale americano al GOVERNO UNICO MONDIALE ILLUMINATI, i GIULLARI hanno lavorato duramente per *sovvertire la volontà di resistenza dell'America.* Uno dei loro stratagemmi è un'*intensa campagna di propaganda volta a denigrare tutto ciò che l'uomo bianco ha realizzato: distruggere la sua autostima e quella dei suoi figli, fargli perdere l'orgoglio della sua storia, renderlo meno vigile e smettere di proteggere il suo incomparabile patrimonio genetico bianco, a cui deve tutto.* La miscegenazione sfrenata delle razze rappresenta la vittoria finale del MARXISMO/LIBERALISMO/GIUGGIOLA sull'Occidente.

LA SOLUZIONE FINALE

I geni bianchi diventeranno proprietà delle razze di fango. A tal fine, i mass media, il mondo accademico, il cristianesimo e il governo federale hanno preso di mira le menti e gli uteri delle giovani donne bianche. In parole povere, vogliono ridurre la resistenza delle donne bianche alla fornicazione con i neri e gli ebrei, quindi non sorprende che il governo degli Stati Uniti non sia "in grado" di fermare il traffico di droga dal Terzo Mondo e dalle repubbliche delle banane, che finisce nelle mani della mafia, dei papponi, delle forze armate, dei dormitori universitari, dei licei e dell'industria dell'intrattenimento dove si ritrovano i giovani ariani di bell'aspetto. Mentre nella Seconda Guerra Mondiale gli Stati Uniti hanno abilmente schiacciato le nazioni più potenti del pianeta e più recentemente hanno bombardato Serbia, Iraq, Siria e altre nazioni giudaiche. I federali (che hanno incenerito gli uomini, le donne e i bambini americani dei Branch Davidians) non sono "in grado" di fermare gli immigrati clandestini (ogni voto democratico/cattolico) dall'invadere gli Stati Uniti come una piaga di locuste con l'aiuto della colonna dei 5 MARXISTI/LIBERALI/GIUDAISMO (e dei signori della droga dell'Arkansas).

Il governo federale, sempre obbediente ai suoi padroni, si rifiuta di stroncare questi assalti criminali alla maggioranza bianca; né abrogherà gli emendamenti costituzionali e le leggi che presto renderanno i bianchi una minoranza nel loro stesso Paese. In effetti, gli ariani, che discendono dalla più grande razza guerriera del mondo, sono stati ridotti all'impotenza dal loro stesso governo.

Non dimenticate mai che nessun membro del governo degli Stati Uniti, pur essendo pienamente consapevole della COSPIRAZIONE, osa intraprendere azioni correttive contro gli ILLUMINATI. Con questa vigliaccheria, il governo federale ha commesso un *torto*, un punto della legge sulla sedizione che afferma che l'alto tradimento è commesso da chi sa che si sta commettendo un tradimento, ma nasconde il fatto o non agisce di conseguenza. (Si veda il Capitolo IV, SOLDI).

> Il tradimento non prospera mai, perché? Perché quando accade, nessuno osa chiamarlo tradimento.
> LORD HARRINGTON.

> L'albero della libertà si nutre del sangue dei tiranni, è il suo fertilizzante naturale.
>
> JEFFERSON.

Il danno inflitto all'Occidente è grave e continuo. Tuttavia, notiamo che una lacrima sta comparendo nella fiducia degli ebrei. Sta sanguinando. Il Mendelismo li terrorizza, e a ragione. La loro massima marxista *"Liberté, Égalité, Fraternité" è stata* ridotta in frantumi; il loro ego è andato in frantumi; la loro immagine, astutamente costruita dopo la Seconda guerra mondiale, è stata smascherata. In effetti, agli ebrei è stato inferto un colpo mortale. Non possono sfuggire ai loro geni! Ne consegue, come il giorno segue la notte, che TUTTE le leggi, ideologie e legislazioni derivate dalla teoria dell'uguaglianza sono false, fraudolente e patologiche. La democrazia, il Governo Unico Mondiale, la Grande Società, la Banca Mondiale, la Famiglia dell'Uomo, le Nazioni Unite, il Talmudismo, il Cristianesimo, il Comunismo, l'Uguaglianza Sessuale, l'Integrazione Razziale, le Quote, la Diversità, la Miscegenazione, ecc. sono ora rivelati, alla luce onnipresente del Mendelismo, come : IGNORANZA in azione, da un lato, e, dall'altro, una COSPIRAZIONE TALMUDI volta a distruggere la razza bianca. Finché continueranno a esistere leggi federali e statali che sostengono questi abomini, l'America continuerà la sua spirale discendente nel pantano razziale di individui con un QI di 85.

Non è un segreto che i bianchi americani abbiano raggiunto un'impasse costituzionale: non c'è alcun ricorso legale per rimediare alla loro espropriazione. E non sorprende che Ben Wattenberg, un ebreo, abbia esultato dicendo che la campana del *Destino Manifesto* è suonata (intende dire che il potere dei bianchi in America è finito... pensa lui).

Gli americani devono decidere se sono d'accordo con Ben. Vogliono una società di bianchi O una società di razza fangosa? Non ci possono essere compromessi. Le relazioni sociali portano alle relazioni sessuali. La mischianza serve a eliminare *per sempre* le bionde dagli occhi azzurri, le rosse, le brune dalla pelle chiara e l'intelligenza superiore che rappresentano. Le razze di fango saranno iniettate di geni bianchi e la razza bianca scomparirà. Questo significa che i nostri padri, che hanno combattuto e sono morti per far vivere la loro nazione, avranno vissuto e saranno morti invano. Tra 30 anni (o meno, se apriranno la frontiera messicana), la popolazione degli Stati Uniti, seguita a ruota da quella europea, assomiglierà a quella di Cuba, dell'India e del Messico.

Gli ebrei avranno conquistato il mondo.

Il passato del nero americano è uno stigma, il suo colore è uno stigma, e la sua visione del futuro è la speranza di cancellare lo stigma rendendo il colore irrilevante... Condivido questa speranza... Credo che la fusione totale delle due razze sia l'alternativa più auspicabile per tutti...
NORMAN PODHORETZ, ebreo, editore di "Commentaire".

BOSTON... quando è iniziata l'integrazione forzata (intorno al 1970), la popolazione delle scuole pubbliche della città era composta per il 52% da bianchi, il 37% da neri, l'8% da ispanici e il 3% da asiatici. Le cose sono cambiate, tuttavia, con la fuga dei bianchi e le tendenze dell'immigrazione. Oggi il corpo studentesco delle 129 scuole pubbliche di Boston è composto per il 16% da bianchi, il 49% da neri, il 26% da ispanici e il 9% da asiatici.
IL WASHINGTON POST, 7-18-99.
(Si noti che i risultati scolastici sono diminuiti e la criminalità è aumentata).

La differenza di spessore degli strati sopragranulari della corteccia dei cervelli bianchi e neri è la differenza tra civiltà e barbarie.
WESLEY CRITZ GEORGE,
Capo del Dipartimento di Anatomia, Univ. N. Car.

Le pecore americane devono imparare, nonostante le assurdità bibliche, che in NATURA il leone si sdraia con l'agnello NON in uno spirito di amore fraterno (come illustrato nella fantasia di Hick, *"Peaceable Kingdom"*) ma per *mangiarlo!* Nel Regno di Dio, TUTTI gli organismi viventi si nutrono degli altri (costolette di agnello). La giungla sociale dell'Homo Sapiens è affollata di taxa, ognuno dei quali cerca il proprio destino a spese di qualcun altro. Non c'è uguaglianza in natura, tutto è disuguale (un fatto che i politici dal cuore grande conoscono fin troppo bene). Non esiste una "famiglia umana" (UNESCO). Esistono solo razze e meticci, ognuno con qualità distinte, uniche e donate da Dio *("La razza è tutto!"* DISRAELI, JEW). Distruggere le differenze razziali è un genocidio.

Già nell'*antichità* fummo i primi a gridare le parole "Liberté, Égalité, Fraternité"... I gentili, che si supponevano intelligenti, non compresero il simbolismo delle parole pronunciate; non compresero la loro contraddizione di significato; non notarono che in natura non c'è uguaglianza...".
IL PRIMO PROTOCOLLO.

La Chiesa cattolica (universale), fondata dagli Ebrei, si è affermata negli Stati del mondo proclamando l'uguaglianza degli uomini. Ciò mette in evidenza lo sporco segreto, che i GIudei affermano da tempo in privato, che il cristianesimo aprirà la strada a un governo sionista mondialista. Recentemente, Papa Giovanni Paolo II ha confermato questo segreto annunciando *"che ci sarà per la prima volta un unico governo mondiale entro l'anno 2000"*. Non ha specificato chi guiderà questo unico mondo. Tuttavia, mentre la Chiesa consolida la sua antica alleanza con i GIudei (il denaro), ricordate che le viti a testa zigrinata e il fuoco occupano un posto di rilievo nelle manifestazioni cattoliche di amore per YAHWEH e di odio per la Natura. Una Chiesa cattolica ingrata (salvata dai musulmani dai cavalieri ariani a Tours) oggi denuncia i sogni di un impero ariano. Il pregiudizio di Papa Giovanni Paolo ha dei precedenti. Saulo di Tarso, un ebreo, inventò il cristianesimo (compresa l'Immacolata Concezione, di cui Gesù non aveva mai sentito parlare) per distruggere Roma, sede del potere pagano ariano. La Chiesa, costruita da Pietro, un ebreo, (e ampliata dal pagano Costantino) mescolò la tradizione paganista con le Scritture ebraiche per rendere la miscela velenosa appetibile agli ariani pragmatici e lussuriosi. Probabilmente, sono sopravvissuti nonostante questo. Il grande contributo del cristianesimo fu quello di portare, per un breve periodo, la coesione agli Stati tribali d'Europa - un dono non da poco! La magnifica arte, l'architettura e la musica degli ariani sono diventate care a tutto il mondo. Non dobbiamo nemmeno dimenticare i servizi altruistici resi dal clero nel nome di GESÙ CRISTO. Anche questi ministeri di speranza, fede e carità sono un elemento importante del panteismo. Il fatto irrevocabile è che il cristianesimo (come Marx, Freud, Boas) aborre i FATTI. La Chiesa parla invece di peccato originale (orrore della conoscenza), di vergogna, di perdono (a caro prezzo), di miracoli, di uguaglianza, di amore per il nemico e del Regno dei Cieli di Yahweh, che non è mai stato descritto e non è mai avvenuto. I non credenti furono giudicati, tormentati, torturati fisicamente, uccisi e gettati nell'Inferno, descritto con dettagli maniacali. I castelli costruiti sulla sabbia e la fede indotta dalla paura non dureranno per sempre. Né l'ignoranza durerà finché sarà tollerata la libertà di espressione. *Gesù, che camminava sulle acque, resuscitava i morti e credeva che il mondo fosse piatto, ha perso la sua influenza sullo strato culturale dell'Occidente.* Oggi, con i suoi capricci, il cristianesimo sta tornando ai miti e alle favole primitive da cui è nato. È un fatto di necessità psicologica che *TUTTI i grandi popoli abbiano bisogno di una fede profonda in un potere superiore a cui prestare totale obbedienza.*

UCCIDERE I MIGLIORI GENTILI!

La religione ariana, il Panteismo, nata dall'epoca mendeliana, venera le LEGGI DELLA NATURA, che si manifestano nel MENDELISMO/DIO/FAMIGLIA (LA RAZZA ARIANA) e, così facendo, smaschera il Giudeocristianesimo come un altro CANULARE, una *reductio ad absurdum!* Il panteismo irradia ora una FORZA UNIVERSALE in tutta la civiltà occidentale. Solo i superstiziosi, gli ignoranti e i venali continuano a credere, o a fingere di credere, nel dio tribale geloso, vendicativo e paranoico Geova (nota: George Washington, Thomas Jefferson, Abraham Lincoln e altri erano deisti. Adoravano un Creatore onnipotente, non il Giudeo/Cristianesimo). *Accettare il GIUDEO-CRISTIANESIMO significa negare le leggi della natura: negare le leggi della natura: negare le leggi di Dio significa bestemmiare. Non c'è uguaglianza tra gli uomini o le razze: questa è la campana a morto della democrazia!*

I grandi mistici: Zarathustra, Gesù, Siddharta Gautama, Maometto, Shakespeare, Blake, Goethe, Schopenhauer, Vivekananda, Whitman, ecc. ci dicono che l'anima dell'uomo vive in eterno (nell'universo, TUTTA L'ENERGIA È CONSERVATA - l'anima è energia); la verità, la bellezza e la giustizia (karma) alla fine prevalgono. Il Panteismo e la SCIENZA NATURALE sostengono molte rivelazioni mistiche. Per esempio, il PANTHEISMO e la SCIENZA NATURALE supportano molte rivelazioni mistiche.

L'istinto, l'intuizione e l'intelligenza (la ragione) hanno convissuto nel corso della sintesi occidentale, rivelando uno spazio illimitato che, *sia nel microcosmo che nel macrocosmo*, è costituito da particelle di energia milioni di volte più piccole degli atomi. Queste particelle, disposte in stringhe di energia elettrica (che emettono suoni descritti dai mistici come *"musica celeste")*, ognuna con frequenze diverse e vibranti di Vita, si contorcono e girano attraverso molte dimensioni spazio-temporali offrendo all'Universo "molte dimore". *Dove i mondi del macrocosmo e del microcosmo si fondono e la materia energizzata diventa una FORZA fluida, entriamo nell'UNIVERSO METAFISICO.* Qui, l'incomprensibile immensità dello spazio interno e dello spazio esterno diventano UNO. Questa FORZA UNIVERSALE, *in misura maggiore o minore*, attraversa TUTTE le cose. Ciò che risiede "dentro" le "dimore" è nascosto... per il momento. Rimane solo il comando di Dio: CONOSCERE SE STESSI: OBBEDIRE ALLE LEGGI DELLA NATURA.

Il potere dei GIudei alla fine del XX secolo è rivelato dalla loro capacità di spingere l'Olocausto in gola al mondo. Il popolo tedesco, noto per la sua integrità, il suo coraggio e i suoi elevati standard etici, la sua scienza avanzata e la sua creatività, è stato calunniato e praticamente rovinato da una nazione *di parassiti che ha ottenuto ben poco in tutti i settori della vita, tranne la menzogna e l'ESTORSIONE.*

Per 60 anni il mondo è stato sottoposto alla propaganda della SHOAH, nonostante il fatto che i "sopravvissuti" ebrei si siano dimostrati bugiardi grazie a fotografie aeree, rapporti forensi, testimonianze oculari, diari, documenti ufficiali e testimonianze giurate in tribunale da parte degli stessi sopravvissuti. Tutti gli uomini istruiti ammettono che non ci sono state camere a gas durante la Seconda Guerra Mondiale. Tuttavia, come se i FATTI non contassero, gli ebrei ripetono le loro velenose bugie più e più volte nei mass media controllati dagli ebrei, mentre gli ILLUMINATI puniscono qualsiasi forma di confutazione. Nonostante la conoscenza dei fatti, il Congresso degli Stati Uniti, privo di spina dorsale, tiene ben chiuso il coperchio su questo bollitore. Inevitabilmente, i fatti verranno fuori! Con l'America che sfoggia un volto ebraico e un grande bastone, non c'è da stupirsi che ovunque si riuniscano Gentili informati (qui e all'estero), la GIUDAFOBIA raggiunga proporzioni hitleriane:

> L'assassino ha lasciato il suo diario SKOKIE, Ill. 10 luglio - La polizia sta analizzando le note razziste di un diario apparentemente appartenente a Benjamin Nathaniel Smith, nella speranza di saperne di più sulla sparatoria mortale avvenuta nel Midwest lo scorso fine settimana... "Chiunque conosca la storia di questo flagello per l'umanità che si fa chiamare ebreo saprà perché ho agito...". Smith avrebbe ucciso due persone e ferito altre nove, tutte ebree, nere o asiatiche, in Illinois e Indiana, prima di togliersi la vita....
>
> *WASHINGTON POST* (7-11-99).

> Dove c'è odio, c'è anche speranza (sic!).) Negli ultimi otto mesi circa, i media occidentali hanno diffuso notizie allarmanti sulla recrudescenza dell'antisemitismo (sic) nell'ex Unione Sovietica, in particolare in Russia e in Ucraina, dove vive la maggior parte degli 1,5 milioni di ebrei della regione... Gli ebrei ucraini più disaffezionati... se ne sono andati, soprattutto in Israele, negli Stati Uniti e in Germania... A Mosca, Vladimir Shapiro, un eminente sociologo, mi ha parlato di un recente sondaggio che ha rivelato che l'antisemitismo è onnipresente nelle scuole secondarie della Federazione Russa... La perseveranza degli ebrei della regione e il loro senso di coesione sono ammirevoli... Il timore che gli ebrei, come spesso è

accaduto in passato, si trovino ancora una volta a essere i capri espiatori dei mali economici dei loro Paesi non può essere scartato.

  ABRAHAM BRUMBERG, EBREO, *Washington Post* (7-11-99).

 La sfilata del gruppo ariano ha provocato numerose proteste.
HEART OF ALENE, Idaho, 10 luglio I membri delle Nazioni Ariane hanno marciato oggi per le strade del centro sotto la protezione di un'ordinanza del tribunale federale, ma sono stati oscurati dai manifestanti che li hanno costretti a fare una deviazione... Le Nazioni Ariane sostengono che Dio ha ordinato la formazione di una patria per soli bianchi nel Pacifico nord-occidentale.

  WASHINGTON POST (7-11-99).

 Possibile legame con l'odio negli omicidi in California. Omicidi.
REDDING, California, 10 luglio... Nelle case della Contea di Shasta e in quelle federali di Ben Matthew Williams, 31 anni, e James Tyler Williams, 29 anni, è stato trovato un quaderno che collega i fratelli agli incendi delle sinagoghe di giugno e che contiene propaganda razzista e antisemita legata alla Chiesa Mondiale del Creatore... "Sembrano due ragazzi americani", ha detto Richardson. Non hanno tatuaggi strani. Non sono skinhead...". I membri della Chiesa Mondiale del Creatore sono stati collegati a numerosi crimini d'odio negli ultimi anni, tra cui l'attentato a un ufficio della NAACP a Tacoma, Washington, nel 1993, il pestaggio di un uomo nero e di suo figlio adolescente a Sunrise, Florida, nel 1997, e il pestaggio del proprietario di un videonoleggio ebreo in Florida, l'anno scorso.

  WASHINGTON POST (7-11-99).

 Israele mette in guardia il Giappone dal crescente antisemitismo.
TOKYO Gli ambienti accademici e commerciali giapponesi dovrebbero denunciare i segni di un crescente antisemitismo, secondo l'ambasciatore israeliano Yaacov Cohen... "Questo è un fenomeno che dovrebbe preoccupare i giapponesi più di chiunque altro", ha dichiarato Cohen in un'intervista al Japanese Times.

  EDWARD NEILAN, *Washington Times. (Alcuni mesi dopo la pubblicazione di questo articolo, i giapponesi hanno subito un grave crollo del loro mercato azionario, intorno al 1999).*

 RUSSIA I nazionalisti sono diversi dai patrioti. Un patriota ama il proprio Paese, ma per un nazionalista l'odio per il NEMICO è più importante dell'amore per il proprio Paese. In Russia esiste una profonda affinità tra neocomunisti e nazionalisti. Il loro nemico comune è l'ebreo. Dicono: "Abbiamo molto in comune con i tedeschi... Se ci mettiamo insieme, domineremo il mondo".

  RECENSIONE D'AUTORE di *"Black Hundred"*, di Walter Laqueur.

Khakid Abduk Muhammad, "rappresentante" e "assistente nazionale" del ministro Louis Farrakhan e della Nation of Islam, è arrivato al Kean College... e dalla sua bocca sono usciti raggi di zelo e odio. Il suo argomento era un libro pubblicato dalla Nation of Islam intitolato "The Secret Relationship Between Blacks and JUIFS". L'assistente nazionale disse che gli ebrei erano "ebrei impostori", bugiardi demoniaci che avevano rifiutato Gesù. Ha detto: "Gesù aveva ragione. Siete tutti bugiardi. Il libro dell'Apocalisse è giusto. Siete della sinagoga di Satana"... Hanno espropriato i palestinesi. Hanno sfruttato i tedeschi: "Tutti parlano sempre di Hitler che ha sterminato sei milioni di ebrei. Ma nessuno si chiede mai cosa abbiano fatto a Hitler...". Il Senato degli Stati Uniti ha condannato il discorso del Kean College con 97 voti.
PAUL BERMAN, EBREO, *The New Yorker* (2-28-94).

Quando vi avvicinate a una città per combatterla, annunciatele la pace. Se vi risponderà con la pace e vi aprirà le sue porte, tutti i suoi abitanti vi pagheranno il tributo e vi serviranno. Ma se non vuole fare pace con voi e vi fa guerra, l'assedierete; e quando il Signore vostro Dio ve l'avrà consegnata, colpirete a fil di spada ogni suo maschio; ma prenderete per voi le donne, i piccoli, il bestiame, tutto ciò che è nella città e tutto il bottino che vi si trova... Ma delle città di questo popolo, che il Signore vostro Dio vi dà in eredità, non salverete nulla di ciò che respira.
LA SANTA BIBBIA Deuteronomio 20:10.

Ciò che è salsa per l'oca è salsa per il papero.
Nonno, *"giù alla fattoria"*.

La SINTESI DELL'OCCIDENTE procede a ritmo accelerato. I suoi popoli ariani si vedono, ancora una volta, non come tribù nazionalistiche (*francesi, tedeschi, ungheresi, italiani, inglesi, irlandesi, polacchi, spagnoli, russi e così via*), ma come UN'UNICA NAZIONE BIANCA. Sono come viaggiatori che finalmente tornano a casa dopo un'odissea nel mare in tempesta e ne escono più saggi. Gli ariani ora si rendono conto che la cultura occidentale è di origine genetica e che i geni bianchi, e solo i geni bianchi, hanno permesso loro di trasmettere bellezza, comportamento, abilità, intelligenza e ANIMA attraverso le generazioni. Lo strato culturale di questa grande CULTURA ARIANA risiede in un gruppo relativamente piccolo di uomini e donne straordinari che danno valore alla razza, alla famiglia, alla lealtà, al dovere e all'onore al di sopra della propria vita. Sono unici perché sentono istintivamente, comprendono intuitivamente e credono razionalmente nella grande IDEA ARIANA: IL SOCIALISMO OCCIDENTALE E IL SANTO IMPERO OCCIDENTALE.

Sono i "recalcitranti e i delusi", i vincenti, i martiri, gli eroi nelle cui vene scorre il sangue dei conquistatori ariani. Provengono da tutti i ceti sociali: cowboy, scienziati, portatori di ferro, insegnanti, artisti, uomini d'affari, agricoltori, soldati e così via. Preserveranno questo vantaggio - con le mani insanguinate.

Gli ILLUMINATI, come chiarisce questo trattato, controllano, anzi possiedono, gli Stati Uniti d'America. Il potere della finanza globale e dei media globali è in loro mano, abrogando la Costituzione degli Stati Uniti e rendendo i rami esecutivo, legislativo e giudiziario del governo irrilevanti e incapaci di proteggere il pool genetico bianco. Il governo federale è costretto, ricattato e comprato! Lo Stato non funziona più. L'America bianca non ha alcun mezzo di ricorso costituzionale. *Questi FATTI sono molto difficili da accettare per i patrioti. Evidenziano, come nient'altro può fare, la tragedia della nostra perdita.*

Gli ebrei non rinunceranno mai volontariamente al controllo dell'Occidente. Sarebbe un suicidio per loro farlo. I fatti sarebbero rivelati. Gli ebrei possono sopravvivere solo sopprimendo i fatti. La battaglia per salvare la razza bianca dall'estinzione non sarà quindi combattuta nelle sale del Congresso, come vorrebbero i patrioti, ma nelle siepi e nelle strade del Nord America, dove hanno combattuto i nostri antenati.

Negli Stati Uniti vivono circa 15 milioni di ebrei. Il Census Bureau non è ovviamente autorizzato a contarli. Chiunque viaggi con un occhio e un naso attenti si renderà conto che gli ebrei sono sparsi per il continente come colonie di termiti (recentemente si è verificato un grande afflusso nell'Idaho!). *Sono concentrati in tre grandi regioni: New York City, Philadelphia-Baltimora, corridoio di Washington D.C.; Chicago-St.Louis, corridoio di Dallas; Los Angeles, corridoio di San Francisco. Quattro fusi orari.* Inoltre, grazie a passaporti doppi e falsificati, gravitano tra gli Stati Uniti, Israele e tutte le nazioni del mondo. Il loro punto di forza, come abbiamo visto, è una superba organizzazione progettata per attuare i Protocolli. Gli ebrei credono con zelo che Geova li incarichi di usare tutti i mezzi per distruggere i gentili. I campi di battaglia del mondo sono coperti di croci bianche ariane. L'utero bianco inquinato sta distruggendo il pool genetico ariano.

Poiché il governo americano ha negato agli ariani qualsiasi ricorso costituzionale, restano solo due opzioni: ribellarsi o morire. L'obiettivo dei filo-bianchi non è quello di distruggere la grande nazione/stato istituita dai Padri fondatori, cosa che è già stata fatta dal NEMICO. Gli Ariani intendono ripristinare la visione dell'America dei Fondatori e restituire lo Stato e il territorio alla loro progenie bianca.

La visione dei nostri antenati sarà ampliata per creare un SANTO IMPERO OCCIDENTALE che comprenda tutti gli Stati bianchi del mondo. La SIO aiuterà tutte le razze non bianche a mantenere la propria identità. Questo NUOVO MONDO vanterà popolazioni razziali veramente DIVERSE, donate da Dio, ciascuna nella propria patria governata dal proprio popolo. Con il progredire della sintesi dialettica occidentale, lo *strato culturale* ariano salirà al fronte per guidare la NAZIONE contro i PARASSITI e gli eserciti bastardi arruolati in loro nome. Gli ariani devono solo adottare la strategia e la tattica della rivoluzione bolscevica (circa 1900) per recuperare il loro patrimonio. Combattere il fuoco con il fuoco. Se gli ebrei avessero posseduto le moderne armi bio/chimiche, i bianchi sarebbero oggi rari come gli uomini di Neanderthal. *La forza fa la ragione e il vincitore si prende il bottino.* Questa è la lezione della rivoluzione bolscevica.

Oggi il Parassita possiede l'Occidente. Ma non per molto tempo ancora. Gli ariani hanno le armi. Noi abbiamo gli uomini. Dobbiamo solo finanziare e guidare. Non c'è bisogno di un esercito. 150 membri delle Forze Speciali saranno più che sufficienti. *È solo attraverso l'UNIFICAZIONE degli Stati Bianchi e l'instaurazione dell'INTEGRITÀ TERRITORIALE che l'uomo bianco potrà realizzare il suo DESTINO. Il futuro è inevitabile, è difficile ed è pieno di eroi, martiri e vittorie gloriose.*

Il re Gordius di Frigia aveva ideato un nodo complesso che riteneva potesse essere sciolto solo dal futuro re d'Asia. Quando il nodo fu presentato ad Alessandro Magno, questi sorrise e lo tagliò con un solo colpo di spada. La cospirazione degli ILLUMINATI sarà cancellata proprio come ALESSANDRO ha cancellato il nodo gordiano! Tutti gli ARYAN ONOREVOLI parteciperanno a questa impresa. Tutto ciò di cui abbiamo bisogno è la FEDE in Dio e la volontà di riuscire. *Sta nascendo una nuova era: l'Era Mendeliana. Verrà costruito un meraviglioso IMPERO OCCIDENTALE!* L'ORDINE DELLA NATURA è il seguente: COLTIVA IL TUO GIARDINO ISOLA IL TUO PATRIMONIO GENETICO ESPELLI I TUOI RIFIUTI O MUORI!

L'IMPERO: gli ariani di tutto il mondo, "svegliandosi come da un brutto sogno", armi in pugno, si ergeranno vittoriosi alla testa della loro patria, uno Stato-nazione bianco, il SANTO IMPERO OCCIDENTALE.

Sul sangue dei miei sacri antenati ariani, giuro :

Fedeltà eterna alla mia FAMIGLIA + RAGIONE + NAZIONE + DIO + Essere coraggioso + CONSIDERATO + GIUSTO + RIVERSIVO + FRANCO + FIDUCIOSO + e + VENDICATIVO

Lo giuro, che Dio mi aiuti!

L'IMPERATIVO CATEGORICO

(Rivisto)

Agite solo in conformità con la massima che vi permetterà allo stesso tempo di garantire l'esaltazione della razza ariana.

TRINITÀ PANTEISTICA

(Ariani - LA FORZA - Panteismo) :

disprezza Yahweh: un goffo dio tribale ebraico "pieno di rumore e di furore che non significa nulla".

LA CROCE DI ARIA La *Croce di Ferro* reca al centro della porcellana il volto di una bella donna ariana. I suoi occhi azzurri sono rivolti verso il cielo, le sue labbra color ciliegia sono leggermente divaricate. I capelli di lino fini come la seta le ricadono sulle spalle. Un rivolo di sangue le cola dall'angolo della bocca, lungo la gola e sul petto. *Anche lei è stata crocifissa dai giudei.* Porta una corona di spine su cui è incisa la parola: *DRESDE!*

+++

Gli ariani appaiono ovunque come i promotori del vero progresso, e in Europa la loro espansione segna il momento in cui la preistoria (europea) inizia a divergere da quella dell'Africa o del Pacifico.

DR. V. GORDON CHILDE, "facilmente il più grande preistorico... *probabilmente del mondo"*. (Enciclopedia Britannica).

L'unica condizione per accentrare il potere in una società democratica è professare l'uguaglianza.
ALESSIO DI TOQUEVILLE.

Signor Presidente, è mostruoso per questa grande nazione vedere il proprio destino presieduto da un infido Sistema della Federal Reserve che agisce in segreto con gli Assicuratori Internazionali.
LOUIS T. McFADDEN, Presidente della Commissione bancaria della Camera.

La nazione ebraica è l'unica che possiede i segreti di tutte le altre... non c'è governo al mondo così completamente al loro servizio come l'America. "Gli inglesi hanno fatto questo", i tedeschi hanno fatto quello", quando è stata l'internazionale ebraica a farlo... "Gli americani sono (ormai noti come) un popolo sordido, avido e crudele". Perché? Perché il potere del denaro ebraico si concentra qui. Il genio dell'ebreo è quello di vivere del popolo, non della terra, non della produzione di beni dalle materie prime, ma del popolo. Lasciate che altri coltivino la terra; l'ebreo, se può, vivrà di chi la coltiva. Lasciate che altri si affannino nei mestieri e nelle manifatture; l'ebreo sfrutterà i frutti del loro lavoro. Questo è il suo particolare genio. Se questo genio viene descritto come parassitario, il termine sembra essere giustificato da una certa forma.
HENRY FORD, *"L'ebreo internazionale"*.

Potere e diritto non sono sinonimi. Anzi, spesso sono opposti e inconciliabili. Esiste una legge di Dio da cui derivano tutte le leggi eque dell'uomo e secondo la quale gli uomini devono vivere se non vogliono morire nell'oppressione, nel caos e nella disperazione.
CICERO (106-43 A.C.).

Il Dipartimento dell'Istruzione degli Stati Uniti ha riferito che nel *terzo studio internazionale di matematica e scienze,* gli studenti statunitensi del dodicesimo anno hanno ottenuto i punteggi più bassi tra i 21 paesi partecipanti al TIMSS, dietro solo agli studenti di Cipro e del Sudafrica.
WASHINGTON TIMES (8-30-99).

Soprattutto, siate sinceri con voi stessi e, come la notte segue il giorno, non potrete più essere falsi con nessuno.
SHAKESPEARE, *"Amleto"* (Polonio).

Il coraggioso Orazio, guardiano della porta, disse: "Ogni uomo su questa terra prima o poi muore. Quale modo migliore di morire se non affrontando avversari formidabili per le ceneri dei nostri padri e i templi dei nostri dei!

      MACAULEY, *"I letti dell'antica Roma"*.

 Basta che gli uomini buoni non facciano nulla perché il male trionfi.
      EDMUND BURKE.

 L'albero della libertà si nutre del sangue dei tiranni, è il suo fertilizzante naturale.
      JEFFERSON.

 Quello che prevedo, perché lo vedo nascere lentamente e con esitazione, è un'Europa unita. Le nazioni che hanno finito per valere qualcosa non hanno mai raggiunto questo stato sotto l'impero delle istituzioni liberali: un grande pericolo le ha trasformate in qualcosa che merita rispetto; solo questo pericolo può farci prendere coscienza delle nostre risorse, delle nostre virtù, dei nostri mezzi di difesa, delle nostre armi, del nostro genio che ci obbliga a essere forti.
      NIETZSCHE.

 Comunicare qualcosa a un goy sulle nostre relazioni religiose equivale a uccidere tutti gli ebrei, perché se i goyim sapessero ciò che insegniamo su di loro, ci ucciderebbero apertamente tutti.
      TALMUD: Davide libero 37.

 Tutti i futuri voti, giuramenti, promesse, pegni e giuramenti da me fatti saranno nulli da questo Giorno dell'Espiazione fino al prossimo.
      TALMUD: Giuramento del Kol Nidre.

 TOB SHEBBE GOYIM HAROG (Uccidete i migliori gentili!)
      TALMUD: Sanhedrin 59

      FINITO

GLOSSARIO

AD HOC: interesse per un caso particolare o oggettivo (soggettivo).

AD HOMINEM: attacca (logicamente) il carattere dell'avversario piuttosto che i suoi argomenti.

ANTI-SEMITICO: erroneamente interpretato come anti-ebraico. Gli ebrei (asiatici) odiano i semiti (arabi) e li uccidono quotidianamente.

ARISTOCRATICA: governo degli individui migliori; il gruppo di coloro che si ritengono superiori. Un uomo eccezionale.

ARYEN (Nobile): n. Possibilmente Atlantideo. Progenitore della razza bianca che diffuse la sua cultura in Europa, India, Persia, Egitto, America e altre parti del globo.

PANTHEISMO ARYAN: dottrina che equipara Dio alla forza e alle leggi dell'universo: in particolare, il mendelismo.

GIUDEI ASHKENAZIM: la "13a tribù" (Arthur Koestler). Khazar asiatici convertiti al TALMUDISMO che si identificano falsamente come giudei. Il 98% degli ebrei americani sono ashkenaziti.

BOURGEOISIE: classe sociale media.

CANAILLE: i "cani" rabbiosi di tutte le rivoluzioni che saccheggiano, uccidono e stuprano per conto degli ebrei di Parigi, San Pietroburgo e Chicago.

Divano da casting: dove nascono le star.

BANCA CENTRALE: società per azioni privata costituita per gestire il denaro di una nazione in cambio di una quota dei profitti.

COMUNE: ordinario, banale, volgare, scadente, mediocre e popolare.

DEMOCRAZIA: governo della maggioranza. Una forma di governo disprezzata dai Padri Fondatori e richiesta dai parassiti.

DOCU-DRAMA: fiction il cui contenuto è oggettivo e basato su fatti documentati (realtà). Hollywood trasforma la disinformazione in docudrama, producendo così propaganda.

EQUALITARISMO: falsa credenza nell'uguaglianza individuale e razziale.

BODY SPIRIT: spirito di gruppo, ispirazione, entusiasmo.

EX POST FACTO: fatto (come la promulgazione di una legge) dopo il fatto.

IN FLAGRANTE DELICTO: commettere un reato grave.

IN SITU: in posizione naturale.

FED: Federal Reserve System: banca centrale che controlla la VALUTA americana; proprietà privata dei membri della KEHILLA ebraica.

QUINTA COLONNA del B'nai B'rith; sabotatori, guerriglieri, gruppi di tradimento nascosti all'interno di una nazione per aiutare il nemico.

Combattente per la libertà/terrorista, a seconda del punto di vista.

La FRANCIA MAÇONRY è un'organizzazione segreta internazionale i cui vertici sono occupati dai GIALLI.

GENETICO: legato o determinato dai geni.

GOY: (plurale Goyim) Gentili (pecore che pascolano nei pascoli ebraici).

ARCHIPELAGO DEI GULAG: Campi di sterminio bolscevichi, URSS. Le prigioni più orrende della storia del mondo (leggi: Solzhenitsyn).

HOLLYWOOD Sodoma USA. Ebrei esposti. Pus. Infezione. Malattia.

OLOCAUSTO Atrocità commesse dagli Alleati contro la Germania.

La falsa religione dell'"Olocausto" creata da bugiardi congeniti.

IDEOLOGIA: Teorizzazione visionaria.

ILLUMINATI: organizzazione Rothschild creata per distruggere i gentili, in particolare la cultura occidentale.

KEHILLA: Consiglio di amministrazione degli Illuminati: 13 ebrei.

KHAGAN: Re degli ebrei, leader della Kehilla.

KHAZARS: tribù asiatica con affinità mongolo-turche-armenoidi, convertita al talmudismo (ebraismo) nel 730 d.C..

Risate registrate: colonna sonora contenente risate, applausi, incitamenti, ecc. montata su un film/nastro girato in assenza del pubblico.

INFAMIA: calunnia, diffamazione; arma di propaganda ebraica.

MAFIA U.S.A.: associazione criminale siciliana/italiana.

DESTINO MANIFESTO: politica necessaria di espansione imperialista, in particolare della razza bianca.

MASS-MEDIA: mezzi di comunicazione pubblici (di massa), tra cui radio, televisione, internet, editoria, teatro, cinema e musica.

MARRANE: Ebreo cristianizzato.

MENDEL: l'era della genetica.

MENDELISMO: n. Tutti gli studi che derivano dalla scoperta dei geni.

METISSAGE: matrimonio o convivenza tra una persona bianca e un membro di un'altra razza, in particolare un nero o un ebreo.

Quando una persona sa che si sta commettendo un tradimento ma non agisce per impedirlo, anche chi sa è colpevole di tradimento.

MAFIA: associazione criminale ebraica.

Il piano MORGENTHAU fece morire di fame 20 milioni di tedeschi.

MORFOLOGIA: branca della biologia che si occupa della struttura fisica di piante e animali.

NAZIONE: (Natal: nascere: nazionalità) un popolo con lo stesso patrimonio genetico; la sua razza, la sua famiglia, la sua cultura, il suo territorio.

Ebrei ORIENTALI: gruppo etnico misto (in gran parte ebraico), insediato in Medio Oriente, Nord Africa, Asia e Cina.

FISIOLOGIA: branca della biologia che si occupa degli aspetti fisici di un organismo e delle sue normali funzioni.

PROTOCOLLI: Verbali di una conferenza che indicano ciò che è stato concordato dagli sponsor. Un piano d'azione.

OBIETTIVO: obiettivo bellico legittimo, prezzo di guerra.

PSICOLOGIA: scienza della mente e del comportamento: Lusitania, Pearl Harbor, Coventry, Baia dei Porci, Golfo del Tonchino, USS Liberty, Harvey Oswald, ecc.

SPIELBERGISMO: qualsiasi menzogna oltraggiosa; ad esempio, "Schindler's List".

Ebrei della SEPHARAD: ebrei che vissero in Spagna fino alla loro espulsione nel 1492.

SEPTUAGESIS: traduzione dell'Antico Testamento in greco da parte di 70 rabbini, ognuno dei quali giunse a traduzioni identiche!

Genere di batteri SPIROCHESI, come quelli che causano la sifilide.

TESTE PARLANTI: moderatori televisivi goy: sicofanti che ripetono l'ideologia, le bugie e la propaganda degli ebrei: traditori razziali.

TALMUD: legge farisaica; "Sinagoga di Satana" (Gesù).

THAUMATURGIA: fare miracoli, magia.

TORAH (Pentateuco): primi cinque libri dell'Antico Testamento.

TIFO: malattia infettiva mortale trasmessa all'uomo da pulci e pidocchi; storicamente, questa malattia ha colpito in particolare gli ebrei dell'Europa orientale.

UNIVERSALISMO: cattolicesimo, ebraismo, illuminismo, marxismo, New Age, ecc. Accettare la miscegenazione o bruciare sul rogo.

USURA: Capitalismo ebraico: interesse composto, bancarotta, guerra.

WOLZEK: finto campo di sterminio chiamato da Rudolf Hess, comandante di Auschwitz (prima di essere impiccato), per rendere noto alla storia che le sue confessioni sugli ebrei gassati erano state ottenute sotto tortura.

ZIETGEISTA: n. Spirito dell'epoca.

WELTANSCHAUUNG: filosofia di vita.

BIBLIOGRAFIA

America

GARRETT, GARET Burden of Empire: The Road to Serfdom (Il peso dell'impero: la strada verso la servitù)

NOCK, ALBERT JAY Lo stato dell'Unione: Saggi

OLIVER, REVILO Il declino dell'America

PIERCE, WILLIAM I Diari di Turner

SKOUSEN, CLEON Il capitalista nudo

BEATY, JOHN O. La cortina di ferro sull'America

BURNHAM, JAMES Suicidio occidentale

BROWN, LAWRENCE Il potere dell'Occidente

ALLEN, GARY Nessuno osa chiamarla cospirazione

NORMAN, CHARLES Ezra Pound

LARSON, MARTIN La Federal Reserve: il dollaro manipolato

MULLINS, EUSTACE Mullins sul Sistema della Riserva Federale

SODDY, FREDERICK Ricchezza, ricchezza virtuale e debito

McFADDEN, LOUIS T. Discorsi tratti dagli atti del Congresso

SOMBERT, WERNER Gli ebrei e il capitalismo moderno

SMOOT, DAN Il governo invisibile.

SUTTON, ANTHONY Suicidio nazionale

GOLDWATER, BARRY* Nessuna scusa

Il revisionismo storico

VEALE, F. J. P. Avanzamento verso la barbarie: la guerra totale

KEELING, RALPH Raccolto macabro: la Germania del dopoguerra

WILTON, ROBERT Gli ultimi giorni dei Romanov

RADZINSKY, EDWARD L'ultimo zar

IRVING, DAVID La guerra di Churchill, Dresda

ENNES, JAMES Assalto alla USS LIBERTY

WEBSTER, NESTA H. La rivoluzione francese, la rivoluzione mondiale

HOFFMAN, MICHAEL A. Il grande processo all'Olocausto: Zundel

BARNES, HARRY ELMER Alla ricerca della verità e della giustizia: PRIMA GUERRA MONDIALE

Genesi della guerra

TOLAND, JOHN Infamia: Pearl Harbor

ZAYAS, ALFRED Una terribile vendetta: L'assassinio dei tedeschi, i crimini di guerra della Wehrmacht

CROCKER, GEORGE La strada di Roosevelt verso la Russia

DEGRELLE, LÉON Hitler: nato a Versailles.

VON BRUNN, JAMES Uccidere i migliori buoni

Il revisionismo dell'Olocausto

ZUNDEL, ERNST Il 6-MIllion è davvero morto?

BUTZ, ARTHUR R. La bufala del XX secolo

STAGLICH, WILHELM Auschwitz: il giudice esamina le prove

LEUCHTER, FRED Rapporto Leuchter: Il primo esame forense di Auschwitz

ROQUES, HENRI Le "confessioni" di Kurt Gerstein

BALL, JOHN Air Photo Evidence: "Siti dell'Olocausto.

HESS, WOLF Chi ha ucciso mio padre, Rudolf Hess?

Razza e cultura

YOCKEY, FRANCIS PARKER Imperium

SIMPSON, WILLIAM G. Quale strada per l'uomo occidentale?

BAKER, JOHN R. Gara

PEARSON, ROGER Shockley sull'eugenetica e la razza

GARRETT, HENRY E. Ereditarietà: la causa delle differenze razziali nell'intelligenza

HERRNSTEIN/MURRAY La curva di Campana

PUTNAM, CARLTON Razza e realtà

GUENTHER, HANS Elementi razziali della storia europea

JUNG, CARL Il segreto del fiore d'oro, sviluppo della personalità

ARDREY, ROBERT Il contratto sociale, la genesi africana

COON, CARLTON Origini della razza, razze europee

CHILDE, GORDON Sulla teoria ariana

GRANT, MADISON La scomparsa della grande razza

SPENGLER, OSWALD Il declino dell'Occidente

ROBERTSON, WILMOT La maggioranza diseredata

GIBBON, EDWARD Il declino e la caduta dell'impero romano

DE CHARDIN, TEILHARD Il fenomeno dell'uomo.

SANTAYANA, GEORGE L'ultimo puritano

HUXLEY, ALDOUS La filosofia perenne, Brave New World

RENFREW, COLIN Prima della civiltà

LUDOVICI, A. M. La ricerca della qualità umana

FRAZER, JAMES G. Il ramo d'oro.

KERR, W. P. Epica e Romanticismo

GRANT, MICHAEL Gesù

KUNG, HANS Essere cristiani.

OTTO, RUDOLPH L'idea del sacro.

NIETZSCHE, FREDERICK L'ANTICRISTO, l'uomo e il superuomo. Così parlò Zarathustra

CHAMBERLAIN, HOUSTON La genesi del XIX secolo

DOSTOYEVSKY, FYODOR Il posseduto

KLASSEN, BEN L'eterna religione della natura, La Bibbia dell'uomo bianco

JUNG, CARL Il Cristo ariano

RENAN, ERNEST Vita di Gesù

SPENCER, SIDNEY Misticismo e religione mondiale.

HAWKING, WILLIAM Breve storia del tempo

I GIUDEI

ARENDT, HANNAH* Eichmann a Gerusalemme.

FORD, HENRY L'ebreo internazionale

KOESTLER, ARTHUR* La tredicesima tribù

MARSDEN, VICTOR E. I Protocolli degli Anziani di Sion

LILIENTHAL, ALFRED M.* Il legame sionista

SAMUEL, MAURICE* Voi pagani

FREEDMAN, BENJAMIN* I fatti sono fatti: la verità sui Khazar

CHESTERTON, A. K. I nuovi signori infelici

BELLOC, HILLAIRE Gli ebrei

ROBNETT, GEORGE W. La conquista attraverso l'immigrazione

SHAHAK, ISRAELE* Storia ebraica, religione ebraica: il peso di 3000 anni (introduzione di Gore Vidal)

STANKO, RUDY "Butch" Il punteggio!

SOLZHENITSYN, ALEKSANDER L'arcipelago Gulag; Un giorno nella vita di Ivan Denissovitch

KLASSEN, BERNHARDT (WCOTC) La Bibbia dell'uomo bianco

Il Terzo Reich

HITLER, ADOLPH Mein Kampf

IRVING, DAVID Goebbels: Il cervello del Terzo Reich

ROSENBERG, ALFRED Il mito del XX secolo

+ + +

Molte delle opere citate sono disponibili nella vostra biblioteca pubblica. Altre possono essere ottenute da una o più delle seguenti fonti:

L'ISTITUTO PER LA RICERCA STORICA

(Mark Weber) POB 2739 Newport Beach CA 92659 CHURCH OF THE CREATOR POB 2002 E. Peoria, IL 61611 (Matt Hale)

ALLEANZA NAZIONALE (Dr. William Pierce) POB 330 Hillsboro, WVA 24946

THE TRUTH AT LAST (Dr. Edw. Fields) POB 1211 Marietta, GA 30061

CHRISTIAN DEFENSE LEAGUE (Dr. J. K. Warner) POB 449 Arabi, LA 70032

MONTANA MILITIA (John Trochmann) POB 1486 Noxon, MT 59853

THE LIBERTY BELL (George Dietz) Box 21 Reedy, W. Va 25270

ZUNDEL-RIMLAND 3152 Parkway, Suite 13 PMB 109 Pigeon Forge, TN 37863

ALCUNI SITI WEB INTERESSANTI

www.WCOTC.com (Matt Hale)
www.naawp.com (David Duke)
www.natall.com (Wm. Pierce)
www.codoh.com (Bradley Smith)
www.zundelsite.org (Ernst Zundel)
www.vho.org (Germar Rudolph)
www.russgranata.com (Russ Granata)
www.Kevin-Strom.com (Kevin Strom)
www.fpp.co.uk (David Irving)
www.adelaideinstitute.org (FredrickToben)

UNA MANCIATA DI EMINENTI SCIENZIATI CHE CONFUTANO MARX/FREUD/BOAS

JOHN R. BAKER: professore di biologia all'Università di Oxford, membro della Royal Society, autore di *"Race"*.

V. GORDON CHILDE: professore a Oxford, "facilmente il più grande preistorico della Gran Bretagna e probabilmente del mondo" (Ency. Brit.).

CARLTON S. COON: professore di antropologia ad Harvard; ex presidente dell'American Assoc. of Physical Anthropologists; autore di *"The Origin of Races"*, ecc.

F. A. E. CREW: M.D.Sc., PhD, professore di genetica e allevamento, Università di Edimburgo.

GEORGE W. CRITZ: Professore di Anatomia, Università del North Carolina; *"The Biology of the Race Problem"*. il più importante documento pubblicato finora sull'aspetto scientifico della questione razziale".

C.D. DARLINGTON: FRS, professore di botanica, Oxford. Riconosciuto a livello internazionale per i suoi contributi alle scienze della genetica, della citologia e della teoria evolutiva.

EDWARD M. EAST: professore di genetica ad Harvard; *"L'umanità al bivio"*.

HENRY E. GARRETT: direttore del dipartimento di psicologia della Columbia University, ex presidente dell'American Psychological Ass'n.

R. R. GATES: Professore emerito di botanica, Università di Londra. Autore di *"Human Genetics"*, undici libri e 400 articoli.

MADISON GRANT: presidente della Società Zoologica di New York; fiduciario del Museo Americano di Storia Naturale. Museo di Storia Naturale ha scritto: *"La conquista di un continente"*; "Il passaggio della grande razza".

HANS F. K. GUENTHER: professore all'Università di Berlino. Il suo testo *"Elementi razziali della storia europea"* è considerato un capolavoro.

E. A. HOOTEN: professore di antropologia all'Università di Harvard;

autore di *"Il crimine e l'uomo"; "Scimmie, uomini e idioti"*, ecc.

ARTHUR R. JENSEN: professore di psicologia dell'educazione, Univ. Berkeley; psicologo ricercatore presso l'Inst. of Human Learning.

SIR ARTHUR M. D. KEITH: Rettore dell'Università di Edimburgo, Curatore del Museo del Royal College of Surgeons, "uno dei più grandi antropologi di questo secolo". Numerose opere, tra cui *"Il posto del pregiudizio nella civiltà moderna"*.

L. S. B. LEAKEY: famoso per i suoi scavi nella Gola di Olduvai in Tanganica. Scrisse *"Il progresso e l'evoluzione dell'uomo in Africa"*, affermando che... *"per quanto grandi siano le differenze fisiche tra razze come quella europea e quella negra, le differenze mentali e psicologiche sono ancora più grandi"*.

WILLIAM SHOCKLEY: premio Nobel, professore di ingegneria alla Stanford University, ha dedicato i suoi sforzi scientifici all'eugenetica e agli studi razziali.

AUDREY M. SHUEY: direttore del dipartimento di psicologia della Randolph-Macon, ex membro della facoltà dell'Università di New York; autore del monumentale *"The Testing of Negro Intelligence"*... "I risultati sono impressionantemente coerenti: i neri, che siano rurali o urbani, che vivano al Nord o al Sud, che siano alfabetizzati o analfabeti, che siano professionisti o lavoratori non qualificati, ottengono punteggi più bassi rispetto a gruppi comparabili di bianchi".

WILLIAM G. SIMPSON: Union Theological Seminary, *magna cum laude;* vicedirettore dell'American Civil Liberties Union; pellegrinaggio a San Francesco d'Assisi; una delle maggiori autorità mondiali su Nietzsche e Cristo; autore e conferenziere.

MOSTRE

FUOCO

Shingletown home burns; family is safe

FRI AUG 2 6 1977

SHINGLETOWN — An early morning fire did an estimated $120,000 damage to the home of James W. Von Brunn on Wrangler Hill Road here today.

Shasta County Fire Department spokesman Deems Taylor said the fire apparently broke out in the attic near the chimney, but the exact cause is still under investigation. The fire was noticed about 3:25 a.m. when Von Brunn was awakened by the smell of smoke.

Von Brunn rushed his family out of the house and called firemen. Units from the Shingletown Volunteers, Shasta County and the California Department of Forestry responded. It took nearly two hours to quell the flames in the 3,800-square-foot wooden framed home.

The loss to the building was estimated at $80,000, and the contents at $40,000. Most of the loss is believed to be covered by insurance, according to firemen.

JVB stava ispezionando le ceneri la mattina dopo l'incendio quando un uomo si è avvicinato e si è presentato come vicino di casa. Un forestale in pensione, che viveva a circa tre quarti di miglio di distanza nella valle. Ha detto di pensare che l'incendio fosse doloso. Verso l'1.30 del mattino è stato svegliato dai suoi cani da cinghiale. È uscito per calmarli. "Ho sentito un rumore acuto, come un razzo, provenire dalla vostra direzione". Poi ha sentito sbattere le portiere delle auto, seguite dallo stridore dei pneumatici sulla strada.

Questo incidente è legato alle telefonate fatte all'inizio del mese in cui si minacciavano gravi conseguenze se la JVB non avesse fermato la pubblicazione del libro *Zionist Rape of the Holy Land (Conquest by Immigration)* di Robnett. Per motivi troppo dettagliati per essere approfonditi in questa sede, la probabilità di incendio doloso non è mai stata segnalata alla polizia ( ).

LETTERA A JAMES HENRY WEBB

Scritta in prigione, la lettera fu rubata dalla posta e non raggiunse mai Webb.

Onorevole James Henry Webb. Jr, Segretario della Marina degli Stati Uniti Il Pentagono Washington, D.C. 20500

James W. von Brunn Prigioniero federale #07128-016 P.O.Box 904-H FCI Ray Brook, N. Y. 12977

Signor Segretario :

Il contrammiraglio John G. Crommelin, U.S.N. (in pensione) mi ha suggerito di scrivervi per chiedere il vostro aiuto. Sono un prigioniero politico rinchiuso in una prigione federale a causa delle mie azioni contro coloro che ritengo minaccino la sicurezza della nostra nazione.

Il 28 febbraio 1985, l'Ammiraglio Crommelin ha presentato al nostro Presidente, l'Onorevole Ronald Reagan, una richiesta di grazia presidenziale per me. Questa richiesta è stata gestita in modo molto utile e cortese dal signor David B. Waller, Senior Associate Counsel del Presidente, come indicato nell'Allegato "A". Dopo aver ricevuto la lettera di Waller, ho presentato una richiesta personale di grazia presidenziale, come indicato, all'avvocato David Stephenson, Presidential Pardon Attorney, Chevy Chase, Maryland.

Alcune settimane dopo, il signor Stephenson incontrò mia sorella e il suo avvocato. Stephenson disse loro che non avrebbe presentato la mia richiesta scritta al Presidente (vedi allegato "B"), ma che avrebbe raccomandato la commutazione della mia pena per i seguenti motivi: la mia condanna era troppo severa per il crimine commesso; era il mio primo reato; la mia età - ora 67,5 anni. Non ho prove scritte di queste dichiarazioni del signor Stephenson. Il mio difensore d'ufficio, John Hogrogian, mi ha detto che non avrei dovuto intraprendere altre azioni legali mentre l'avvocato della grazia esaminava la mia richiesta.

Il 20 dicembre 1987 circa, in una lettera al direttore dell'FCI Ray Brook, il signor Stephenson cambiò opinione affermando che "nessuna azione favorevole" era giustificata nel mio caso. Stephenson ignorò i numerosi tentativi dell'Ammiraglio Crommelin di conoscere l'esito del suo appello a mio favore.

Signor Segretario, dopo aver letto questa memoria, può dedurre che le persone che dietro le quinte hanno manipolato il mio processo e prolungato la mia incarcerazione possono aver influenzato anche il signor Stephenson.

Le chiedo rispettosamente, sulla base dei seguenti fatti, di usare la sua influenza per ottenere un'azione sulla ben documentata richiesta di grazia dell'Ammiraglio Crommelin a mio nome, e sulla mia personale richiesta di grazia, che l'avvocato della grazia, secondo le sue stesse parole, non ha mai avuto intenzione di presentare al Presidente.

Ho prestato servizio come capitano di PT-Boat e ufficiale esecutivo durante la Seconda guerra mondiale nel Mediterraneo e nel Pacifico. Ho ricevuto un encomio dall'ammiraglio Hewitt. Quando ho prestato giuramento come ufficiale di marina, mi sono impegnato a rispettare ogni parola di quel giuramento e, naturalmente, lo faccio ancora. Ritengo che il nemico più temibile degli Stati Uniti e della cultura occidentale sia il marxismo-comunismo. I contribuenti americani hanno speso miliardi di banconote della Federal Reserve per combattere una prolungata "guerra fredda" con l'Unione Sovietica e abbiamo versato secchiate di sangue per combattere "guerre senza speranza" contro i marxisti in quasi tutte le regioni del mondo. Eppure, all'interno dei nostri confini, protetti dalla stessa Costituzione che cercano di distruggere, ai marxisti è stato permesso di prendere il controllo della macchina del nostro governo. Non c'è dubbio che esista una cospirazione per creare un governo marxista mondialista sacrificando la sovranità dell'America. È altrettanto certo che gli ideologi mondialisti di ogni tipo sono finanziati dalla cabala bancaria internazionale, in cui il Federal Reserve System (FED) svolge un ruolo fondamentale. Non è un segreto che i banchieri americani abbiano finanziato la costruzione militare sovietica. Durante le "operazioni di polizia" in Vietnam, la produzione sovietica di camion è raddoppiata grazie ai finanziamenti e all'assistenza tecnologica degli Stati Uniti. Questi camion sono stati consegnati al Vietnam del Nord a bordo di navi, dirette ad Haiphong, costruite dall'America e dai nostri alleati. Perché gli uomini dominanti in posizioni di grande potere in America sono disposti a sacrificare il tesoro e le vite americane per promuovere la diffusione del marxismo nel mondo? Rheinhold Niebuhr ha fornito una ragione: "Il marxismo è l'adempimento moderno della profezia ebraica". James Warburg, figlio del principale architetto della Federal Reserve Act, ha dichiarato al Senato degli Stati Uniti: "Avremo un governo mondiale, che ci piaccia o no. La questione è se avremo un governo mondiale per consenso o per conquista" (1953).

Il 7 dicembre 1981, speravo di rivelare al popolo americano alcuni fatti sulla cospirazione marxista mondiale che sono stati soppressi dai media. Ho cercato di mettere il Consiglio dei Governatori della FED sotto un legittimo, non violento, arresto cittadino in conformità con le leggi del Distretto di Columbia e con la Legge sulla Tradizione e la Sedizione degli Stati Uniti. Accuso la FED di tradimento, gestione di un'impresa fraudolenta e operazioni societarie private incostituzionali. Intendevo trattenere i prigionieri del consiglio di amministrazione nella sala riunioni, chiedere ai loro colleghi cospiratori della CBS un collegamento con la televisione nazionale e poi, attraverso la televisione, consegnare figurativamente i criminali al popolo americano con una spiegazione delle mie accuse contro la FED. Intendevo poi consegnare i prigionieri, incolumi, al Presidente degli Stati Uniti. Mi aspettavo di essere processato in un tribunale distrettuale federale degli Stati Uniti e di dimostrare la colpevolezza della FED a una giuria di miei pari. Mi aspettavo che la giuria avrebbe dichiarato la FED colpevole e che l'arresto dei criminali da parte dei miei concittadini sarebbe stato confermato dalla legge. In questo modo, noi cittadini avremmo dato mandato al Congresso degli Stati Uniti di perseguire la FED, una società privata, in base alla legge federale sugli illeciti.

Non ho raggiunto i miei obiettivi nell'edificio della FED. Non c'è stata violenza. Ho consegnato volontariamente le mie armi scariche alla guardia, un ex marine americano. Non avevo con me né munizioni né esplosivi (tutti questi fatti sono omessi o distorti nel rapporto ufficiale).

La mia cauzione è stata fissata a 3.000 dollari (300 dollari in contanti). Il giudice Hess mi ha rilasciato su cauzione. In seguito fui accusato di tentato rapimento, rapina, furto con scasso, aggressione e possesso di armi illegali. Quattordici mesi più tardi, dopo che gli aspetti opportunistici delle mie azioni si erano attenuati, sono stato processato, condannato e condannabile per tutti i capi d'accusa. Il governo mi aveva offerto di far cadere tutte le accuse se mi fossi dichiarato colpevole per le accuse relative alle armi. Ho rifiutato il patteggiamento, aspettandomi un processo equo.

Mi è stato negato un processo equo per i seguenti motivi:

1) Il governo mi ha processato davanti alla Corte Superiore di Washington, D.C., che non ha il potere di decidere su questioni costituzionali. Non ho quindi potuto portare avanti la questione dell'incostituzionalità della FED, un elemento importante della mia difesa. La mia richiesta di cambio di sede è stata respinta. Il caso avrebbe dovuto essere giudicato in una corte distrettuale federale. Ora sono un prigioniero di Washington "rinchiuso" in una prigione federale e sotto la giurisdizione del Federal Parole Board, che recentemente mi ha nuovamente processato e rinviato a giudizio.

2) Non c'è stata alcuna copertura mediatica del mio processo. Ho visitato personalmente i direttori dei giornali di Washington e ho scritto ai principali canali televisivi invitandoli a occuparsi di me. Tutti ricordiamo la pubblicità favorevole data al "processo ai Pentagon Papers" di Daniel Ellsberg. Coloro che hanno orchestrato questa pubblicità sono gli stessi padroni dei media che hanno soppresso il mio tentativo di smascherare la cospirazione marxista all'interno della nostra nazione.

3) Al momento del mio arresto, avevo con me uno schema di 11 pagine (Gov't. Exh. 14) (si veda l'allegato "C") dal quale intendevo fare una presentazione televisiva estemporanea. Il reperto 14 coinvolge gli ebrei/sionisti nel complotto marxista mondialista. Il diagramma mostra anche che i neri sono usati come inganni dai marxisti per distruggere la nostra cultura occidentale. I manipolatori, per assicurarsi la mia condanna, hanno semplicemente nominato degli ufficiali giudiziari che avrebbero avuto pregiudizi razziali nei miei confronti a causa del contenuto dell'Allegato 14.

Gli ufficiali di corte e la giuria sono nominati come segue:

Giudice, Harriet Rosen Taylor, ebrea; pubblico ministero, Elliot Warren, ebreo (Warren, poi sostituito da Ron Dixon, rimase in aula per tutto il processo come consulente di Dixon); pubblico ministero, Ron Dixon, nero; ufficiale di sorveglianza, Marvin Davids, ebreo (rabbino); cancelliere e ufficiale giudiziario, neri. 53 potenziali giurati parteciparono al voir dire, sei dei quali erano bianchi. Dixon, utilizzando i suoi ricorsi perentori, ha eliminato tutti i giurati bianchi tranne una donna, assegnando 11 giurati neri e 3 supplenti neri. L'avvocato difensore ebreo nominato dal tribunale (la signorina Elizabeth Kent) fu licenziato da me quando non lavorò al caso per diversi mesi. Il suo sostituto, Gerard Lewis, si rivelò un cavallo di Troia. Avrei avuto un processo più equo in Iowa!

4) Assistenza inefficace dell'avvocato (al processo e in appello). Lewis mi ha rivelato al processo che non aveva il "cuore per difendere" le mie convinzioni politiche o razziali, né per resistere agli attacchi razzisti dell'accusa perché lui, Lewis, era in parte ebreo e membro a pieno titolo della NAACP.

5) Il Reperto 14 del governo era centrale per gli sforzi del governo di confutare la difesa dell'appellante... data la scarsa attenzione prestata nel documento alle politiche del Consiglio della Federal Reserve - meno di una pagina - rispetto alle opinioni su neri, ebrei e sionisti - 10 pagine - l'accusa aveva chiaramente il diritto di mettere in dubbio le vere motivazioni dell'appellante per intraprendere le sue azioni...". Sebbene il contenuto del documento fosse controverso e indubbiamente offensivo per alcuni, questo fatto da solo non può proteggere la difesa dal confrontarsi con esso nel controinterrogatorio...". (Memoria del ricorrente, Gov't #84-1641. Criminal # F 7199-81).

L'obiezione non riguardava l'uso del reperto 14 da parte dell'accusa, ma il modo in cui era stato usato. In primo luogo, è stata selezionata una giuria nera di parte, insieme a un giudice ebreo. In secondo luogo, le dichiarazioni contenute nel reperto sono state usate fuori contesto per infiammare la corte. Non mi è stato permesso di leggere l'intera Dichiarazione dei motivi, per mettere in prospettiva le osservazioni dell'accusa e per dimostrare che le citazioni contenute nella Dichiarazione dei motivi provengono da uomini eminenti, competenti e, in molti casi, venerati.

L'accusa sostiene che, poiché ho dedicato solo una pagina alla FED, i miei veri motivi erano la presa di ostaggi e l'espressione delle mie idee razziste. Questa speciosa linea di ragionamento sostiene che la sovrastruttura di un grattacielo, poiché contiene più metri cubi, è più importante delle sue fondamenta. L'accusa sembra anche implicare che non si possa essere un presunto razzista e allo stesso tempo cercare di arrestare i criminali, poiché le due idee si escludono a vicenda. Ciononostante, la Corte d'Appello, un misto di razze, ha appoggiato pienamente le argomentazioni e le procedure dell'accusa. Quello che ho cercato di delineare, naturalmente, è che un lungo periodo della storia ebraica è stato trasformato in marxismo-comunismo, finanziato dagli usurocrati internazionali, con il sostegno dei media (in gran parte in mani ebraiche) e di altri gruppi di supporto.

6) Mi è stato negato il diritto costituzionale di citare in giudizio (tra gli altri) Paul Volcker e Zibigniew Brzezinsky, nessuno dei quali gode dell'immunità di citazione, ed entrambi sono impiegati privatamente in attività antinazionali.

7) Durante il processo, il governo ha ammesso di essere in possesso di documenti relativi al mio caso provenienti dallo studio di Elizabeth Kent, il mio primo (e iniziale) avvocato difensore. L'accusa ha ricevuto anche altri documenti da fonti esterne durante il processo, che il giudice ha rifiutato di ammettere come prova, ma che sono stati incorporati nel mio fascicolo.

8) Elgin Groseclose, un esperto monetario che aveva testimoniato in questa veste davanti al Congresso in diverse occasioni, apparve come testimone esperto della difesa. Egli affermò (parafraso) che: la FED è una società privata, soggetta alle leggi statunitensi sull'illecito; agisce indipendentemente dai tre rami del nostro governo; la banconota della FED è priva di valore perché una riserva di valore viene creata dal nulla; la FED crea deliberatamente periodi di espansione e di recessione a scapito del popolo americano; potrebbe essere necessaria la violenza per rovesciare la FED perché il suo enorme potere controlla il Congresso. Non c'è da stupirsi che ai media non sia stato permesso di assistere al processo! La testimonianza del dottor Groseclose è praticamente omessa dalla memoria dell'appellante, se non per dire che ha incolpato la FED per l'inflazione.

Mi è stata negata la cauzione e subito dopo il mio rilascio dal tribunale sono stato incarcerato nel carcere del Distretto di Columbia. Le leggi del Distretto di Columbia prevedono che i rapporti dell'udienza preliminare siano presentati all'imputato almeno 10 giorni prima della sentenza. Il rapporto dell'udienza preliminare mi è stato presentato in una cella di detenzione da 5 a 10 minuti prima della sentenza. Lewis mi ha incoraggiato a firmare la mia approvazione perché il rabbino aveva raccomandato di concedermi la libertà vigilata. Questa carota per ottenere la mia firma ebbe successo. Molto più tardi scoprii gli errori, le distorsioni e le omissioni del PSI, ad esempio il fatto che non erano presenti violenza, munizioni o esplosivi sulla scena del crimine.

Fui mandato all'ospedale federale di Springfield per determinare lo stato della mia salute mentale. Dopo tre mesi e mezzo, gli psichiatri mi dichiararono "sano di mente, senza nemmeno una personalità paranoica". Tuttavia, sulla base di test (ai quali risposi a matita), Springfield dichiarò che il mio quoziente intellettivo era basso. Per confutare questa affermazione, insistetti per sottopormi a test supervisionati, i cui risultati mi permisero di entrare a far parte del MENSA, i cui criteri di adesione partono dal 98° percentile del QI. Il rapporto di Springfield che attestava la mia buona salute mentale non compare negli archivi della prigione.

Benjamin Baer, ebreo, presidente del National Parole Board, Chevy Chase, MD, ignora il Rapporto Springfield. Nei suoi numerosi promemoria insiste sul fatto che ho bisogno di "cure mentali - e di cure successive". Nel mondo paranoico di Baer, chiunque metta in dubbio le motivazioni degli ebrei e dei marxisti è destinato a essere pazzo.

La detenzione in una prigione a 700 miglia da Washington mi ha impedito di incontrare il mio difensore d'ufficio, John Hogrogian. Non aveva un telefono in ufficio! Non ho potuto quindi aiutarlo a preparare il mio appello. Il calendario dell'appello era organizzato in modo tale da farmi ricevere una copia della memoria solo dopo il *deposito* dell'*originale*. Ho ricevuto le trascrizioni del processo solo diversi mesi dopo che il mio appello era stato respinto da una corte d'appello con pregiudizi razziali. Tra gli altri errori, Hogrogian non ha presentato l'elenco dei giurati. La Corte d'appello, di parte razziale, ha usato questo fatto come scusa per NON decidere sulla mia mozione secondo cui la corte d'appello aveva sbagliato, e che non avevo avuto una giuria di miei pari. Poco dopo l'udienza, Hogrogian fu premiato con un lavoro come avvocato a New York ("La più grande città ebraica del mondo" - Harry Golden).

Il giudice Taylor mi condannò a 3 anni, 8 mesi e 11 anni. Se mi fossi qualificato, avrei potuto ottenere la libertà vigilata al tasso più basso.

Ero qualificato. Tuttavia, Benjamin Baer e il suo agente regionale della commissione per la libertà vigilata, Shelley Wittgenstein, un ebreo, mi hanno rinviato a giudizio, in effetti, per un ulteriore reato: "aver commesso un grave crimine contro la sicurezza della nazione". Baer ha anche dichiarato in un memo che io sostenevo l'eliminazione di una "certa razza". Una distorsione della mia dichiarazione (Es. 14) secondo cui i neri e gli ebrei dovrebbero essere deportati nelle loro terre d'origine. Un sentimento espresso da Lincoln, Jefferson e altri, oltre che da ebrei e negri contemporanei. Baer e compagnia mi hanno poi ritrattato, processato e condannato nuovamente a un totale di 8 anni e 4 mesi.

Ciò significa una condanna a 25 anni (1/3 di 25). Benjamin Baer è in gran parte responsabile dell'espansione della burocrazia delle prigioni federali. Egli produce sentenze incredibilmente lunghe sottraendo i detenuti alle loro direttive. Molti giovani detenuti vengono così reintegrati nella società come uomini di mezza età, senza famiglia e senza prospettive di lavoro. Diventano immediatamente recidivi, adatti solo a lavorare per UNICOR, un'attività in rapida crescita nel sistema FedPr.

I veterani del Vietnam sono visti come una minaccia per la società in modo direttamente proporzionale alla loro esperienza militare: più stelle di battaglia, più medaglie al valore, più dure sono le sentenze emesse da Baer. Non ha alcun senso dell'onore. Sicuramente è necessaria una politica di commutazione più clemente per la grande maggioranza dei veterani del Vietnam. Il loro patriottismo è stato spinto al limite. Che vincano una guerra contro Baer.

Mi rendo conto di avervi rubato troppo tempo prezioso. Quindi andrò avanti.

Signor Segretario, i miei sforzi non erano diretti contro la nostra nazione, ma contro coloro che volevano distruggerla. Credo che le mie azioni alla FED siano state supportate dalla legge. Sebbene lei possa essere o meno d'accordo con la mia filosofia o approvare le mie azioni, so che sostiene il diritto di un cittadino americano a un processo equo, rapido e pubblico. Quindi avete ragione a usare la vostra giusta influenza per smascherare l'immenso e arrogante controllo che i marxisti hanno ora sulla giurisprudenza di Washington e sul sistema carcerario federale, non diversamente dal potere del Federal Reserve System sul sistema monetario degli Stati Uniti.

Vi chiedo quindi rispettosamente di fare tutto il possibile per contribuire a presentare al Presidente degli Stati Uniti le due richieste sopra menzionate: la richiesta di grazia del contrammiraglio John G. Crommelin a mio nome e la mia personale richiesta di grazia presidenziale.

Cordiali saluti

James W. von Brunn. Encls :

Lettera "A" della Casa Bianca

"B" Von Brunn chiede la grazia C" Moneta del governo 14 cc :

Contrammiraglio John G. Crommelin, U.S.N. (in pensione)

Lettera di Crommelin a Erik von Brunn

(prima pagina fotografata sotto; segue il testo completo)

JOHN G. CROMMELIN
Rear Admiral U. S. N. (Retired)
HARROGATE SPRINGS
WETUMPKA, ALA.

October 17, 1983.

Dear Erik,

Your Aunt Alyce has told me that you are a strong, healthy six year old boy and that you miss your father, James Von Brunn, who has been held by U.S. federal authorities now for some time. We all hope that he will soon be released, for in the opinion of those of us who understand the malfunctioning of certain elements of our once near perfect government, he has committed no crime. But quite the contrary, he has taken very courageous and patriotic action to try and alert the U.S. citizens to the real organization of the Federal Reserve System and its great danger to the survival of our once White Christian constitutional republic, the corner stone of Western Civilization.

It is my conviction that James von Brunn deserves the gratitude and assistance of every White Christian citizen of these United States. And I believe he would have this support were it not for the cabal which controls not only the Federal Reserve System but also the nationally effective communication media.

In the early 1950s I discussed this media control with General Douglas Mac Arthur in a lengthy private conversation. We both agreed that the greatest internal or external threat to the survival of The United States was the near ironclad control which our enemies and subversives exercise over the U.S. communication media.

I suppose you know that your father was a PT Boat captain in World War II. We were both naval officers and

OVER

JOHN G. CROMMELIN

Contrammiraglio della Marina degli Stati Uniti (in pensione)
Harrogate Springs

Wetumpka, Georgia 17 ottobre 1983 Caro Erik,

Tua zia Alyce mi ha detto che sei un bambino di sei anni forte e sano e che ti manca tuo padre, James von Brunn, che è stato in custodia federale per qualche tempo. Speriamo tutti che venga rilasciato presto perché, secondo l'opinione di coloro che comprendono gli elementi disfunzionali del nostro governo, un tempo quasi perfetto, non ha commesso alcun crimine. Al contrario, ha compiuto passi molto coraggiosi e patriottici per cercare di mettere in guardia il popolo americano sulla vera organizzazione del Federal Reserve System e sul grande pericolo che esso rappresenta per la sopravvivenza della nostra antica repubblica costituzionale bianca e cristiana, pietra angolare della civiltà occidentale.

Sono convinto che James von Brunn meriti la gratitudine e il sostegno di tutti i cittadini bianchi cristiani degli Stati Uniti. E credo che avrebbe questo sostegno se non fosse per la cabala che controlla non solo il Federal Reserve System, ma anche gli efficaci mezzi di comunicazione a livello nazionale.

All'inizio degli anni Cinquanta, ho discusso di questo controllo dei media con il generale Douglas McArthur in una lunga conversazione privata. Entrambi concordavamo sul fatto che la più grande minaccia interna ed esterna alla sopravvivenza degli Stati Uniti fosse il controllo quasi assoluto dei media americani.

Immagino che lei sappia che suo padre era un capitano di PT-Boat durante la Seconda guerra mondiale. Eravamo entrambi ufficiali di marina e siamo stati amici per molto tempo. Io ho avuto la fortuna di essere ufficiale di volo e poi ufficiale esecutivo della portaerei U.S.S. Enterprise, la più grande nave da combattimento negli annali della storia. Forse un giorno avrò l'opportunità di raccontarvi le feroci battaglie che si sono svolte nei pressi di Guadalcanal.

Ecco qualcosa che dovete sapere: tutti gli ufficiali della Marina degli Stati Uniti, prima di essere nominati, prestano giuramento "di sostenere e difendere la Costituzione degli Stati Uniti contro tutti i nemici, stranieri o nazionali". "Si tratta di un impegno a vita, finché l'ufficiale rimane cittadino americano.

Quando suo padre ha tentato un arresto cittadino non violento del Consiglio dei Governatori del Sistema della Federal Reserve, credo che le prove dimostreranno che non intendeva fare del male fisico a nessuno e che la sua motivazione era quella di costringere i media controllati a dargli l'opportunità di dimostrare al pubblico americano che la Federal Reserve è il loro nemico più pericoloso e che il Federal Reserve Act del 1913 deve essere abrogato dal Congresso degli Stati Uniti se si vuole che la Repubblica costituzionale degli Stati Uniti sopravviva.

Per dimostrare che vostro padre non era solo nel suo tentativo di esporre il carattere e i pericoli della Federal Reserve, vi allego alcuni documenti che provano che la legislatura dello Stato dell'Alabama ha approvato (con voto unanime della Camera) una risoluzione congiunta HJR-90 firmata dal governatore James il 2 marzo 1982 "che chiede al Congresso degli Stati Uniti di abrogare il Federal Reserve Act del 1913".

Erik, anche se tuo padre e tua zia Alyce sono attualmente oggetto di decisioni legali o illegali che speriamo possano essere impugnate con successo, quando sarai più grande e diventerai un uomo ti renderai conto che tuo padre ha difeso l'elemento fondamentale della civiltà cristiana bianca, ovvero che ogni uomo bianco intelligente dovrebbe vivere e lottare per assicurare un futuro migliore ai propri figli e nipoti. Questo è ciò che Jim von Brunn sta cercando di fare per voi.

Cordiali saluti

Jno. G. Crommelin

Contrammiraglio della Marina degli Stati Uniti (in pensione)

BOICOTTAGGIO DI ANDERSON

Anderson urges boycott of series sponsor 5-24-94

By MARCIE ALVARADO
Staff Writer

EASTON — Talbot County Council Vice President Andrew Anderson has urged county residents to avoid the local sponsor of an anti-Holocaust TV series airing on local cable television.

Jim VonBrunn is sponsoring a six-part series that questions whether the Holocaust occurred and attempts to suggest that the *Diary of Anne Frank* is a hoax. The programs are being broadcast on Easton cable channel 15.

The first program aired Monday, May 16 and the series is scheduled to run every Monday and Thursday night for four weeks. The tapes, made in Canada in 1982, attempt to refute historical accounts about the Holocaust and Adolf Hitler's genocidal "Final Solution" for European Jews.

Because of federal cable regulations local access channels are open to almost any programming, including ones promoting racist ideas, cable officials said this week. They said they can't refuse to run the programs.

During yesterday's council meeting, Anderson spoke out against the series and VonBrunn's opinions.

Anderson, a retired U.S. Army general, said he spent 13 years of his military career in Europe and toured the former concentration camps at Belsen and Dachau.

"I have seen evidence of the 'Final Solution.' It is documented fact," Anderson said. "For someone to show these tapes on our cable channel boggles the mind."

Anderson then called for a boycott of VonBrunn's business.

Speaking during the council members' comment period, Anderson said, "I will not frequent his business and I ask other people to stay the hell away from him. He is bad news."

VonBrunn, contacted at his home on Tuesday, declined to comment on Anderson's remarks.

5-26-94

Dachau photos vivid reminder

As I write this I have before me three snapshots taken by my husband at Dachau the day after it was liberated by the U.S. Army.

One shows skeleton-like bodies tossed on an open car of a train. The other two, taken in a shed, show discarded remains of what once were human beings.

Perhaps Mr. VonBrunn has an explanation for these snapshots. I wonder where he was the day my husband was at Dachau taking these pictures.

DOROTHY DeCAMP
Oxford

Denial just won't change history

In response to the article concerning the series of anti-Semitic programs airing on an Easton local access channel, I will defend to death Mr. VonBrunn's God-given right to free speech. However, it is imperative that we, as Christians, remember always that Jesus Christ was born, lived, and died a Jew. We should also remember that even as he died, for ALL mankind, he said, "Forgive them, Father, for they know not what they do." Denial can never change history. Peace and love.

KITTY SCHNEIDER,
Trinity Cathedral
Easton

LETTERA A ROBERT HIGGINS

JAMES W. VON BRUNN

CASELLA POSTALE 2821, EASTON, MD 21601

24 maggio 1994

LETTERA APERTA

RE: CITAZIONI DAL CONSIGLIO DEL CONTE NELL'EASTON *STAR-DEMOCRAT* (5-24-94)

Robert Higgins, presidente Consiglio della contea di Talbot Casa di giustizia Easton, MD 21601

Caro signor Higgins:

In gioventù ho prestato il giuramento degli ufficiali della Marina, giurando di "... proteggere e difendere la Costituzione degli Stati Uniti d'America contro tutti i nemici stranieri e nazionali...". Considero quel giuramento importante oggi come lo era durante la Seconda guerra mondiale.

Sono sorpreso di apprendere che il Consiglio della Contea di Talbot, rappresentato dal vostro Vicepresidente, Andrew Anderson, sembra essere un nemico interno della nostra Costituzione che vorrebbe privare me e i cittadini della Contea di Talbot dei nostri diritti del Primo Emendamento. Se fossi un libro, mi brucerebbe perché non è d'accordo con ciò che credo sia vero. Invita pubblicamente a rifiutarmi e a boicottare la mia attività, minacciando il mio sostentamento. Dubito che il Consiglio della Contea sosterrebbe le opinioni totalitarie di Anderson. Tuttavia, vi chiedo di rendere pubblica la vostra posizione.

Anderson sostiene di aver visto "prove della 'Soluzione Finale'" nei campi di concentramento di Dachau e Bergen-Belsen. Potrebbe ricevere una sostanziosa ricompensa per aver prodotto queste prove. Nessun altro le ha viste. La Commissione alleata per i crimini di guerra ha stabilito fin dall'inizio che non c'erano camere a gas per le esecuzioni in questi campi, né in nessuno dei tredici (13) campi in Germania/Austria. Un documento ufficiale in tal senso è stato firmato dai membri della Commissione il 1° ottobre 1948 (sono disponibili copie ufficiali).

Negli ultimi mesi di guerra, gli Alleati presero il controllo dei cieli. Abbiamo preso di mira autostrade, strade, ponti, ferrovie, centrali elettriche e così via. I rifornimenti vitali non potevano raggiungere i campi. Quando gli Alleati presero il controllo dei campi, furono accolti da scene di orrore: persone malate e morenti; cadaveri emaciati senza tombe coprivano l'area. Non erano stati gassati o fucilati, come eravamo stati abituati a credere, ma erano morti lentamente per malnutrizione e tifo, che era molto diffuso nella maggior parte dei campi. Per completare questa macabra scena, la 45ª divisione dell'esercito americano, che "liberò" Dachau, radunò 560 guardie e infermiere tedesche in uniforme e le uccise con le mitragliatrici.

Il Comitato Internazionale della Croce Rossa (CICR) e la Chiesa Cattolica, i cui membri hanno visitato tutti i campi, non menzionano esecuzioni di massa o camere a gas. Centinaia di tonnellate di prove, comprese le decodifiche Ultra-Enigma delle comunicazioni tedesche, sono state esaminate da esperti internazionali. Nessuno ha prodotto prove di un ordine, un budget, un piano o una macchina per la cosiddetta Soluzione Finale". *NON CI SONO* PROVE DELL'OMICIDIO PIANIFICATO DEGLI EBREI. Gli ebrei furono internati come nemici dello Stato. La guerra della Germania era diretta contro il comunismo, il bolscevismo e il sionismo. Hitler voleva una confederazione di Stati europei con una base di popolazione bianca. Si stima che meno di 300.000 ebrei siano morti per tutte le cause durante la Seconda guerra mondiale.

Cordiali saluti

James W. von Brunn

EDITORIALI DELLO STAR-DEMOCRAT

Page 4A Tuesday, April 22, 1997

THE STAR DEMOCRAT EDITORIAL

Tiger Woods is the new face of our country

The Tiger Woods phenomenon, coming at the 50th anniversary of Jackie Robinson's destruction of baseball's color barrier, has been interpreted as an example of another African-American breaking through a racial bulwark.

But it's much more than that, because Woods is not only an African-American. His father is black, while his mother is Thai. He's also American Indian, Chinese and white.

In America, he's lauded as an African-American role model, while in Thailand, he's the nation's favorite son.

In reality, Woods is an exemplar of the American melting pot. Some call him mixed-race, but that's a stale phrase in a nation of immigrants from every corner of the planet at a time when melting-pot ingredients blend more and more each day. The number of multiracial marriages quadrupled from 1970 to 1990 in America, according to census figures, but the real figure is likely much higher. The number of multi-racial young people is clearly on the rise.

Of course, we cannot be naive. Woods is a person of color, subject to the prejudices that infect our society. While his recently acquired wealth and fortune may shield him, bigotry still afflicts people of color, particularly those who don't have Woods' benefits. For them, racial obstacles still loom large.

Yet Woods is confounding prejudice. He defies racial labels in a society obsessed by race, while commanding awe in a sport dominated by whites.

The result is that he baffles the American institution of bigotry. Those who might have disdained him have no choice but to respect him. Confused about his ethnicity, they're nonetheless amazed by his abilities, and grudgingly accept him.

In the past, the term melting pot was seen through a white European prism, mainly referring to Irish, Italians, Swedes, Poles and others who immigrated here around the turn of the century. But today, more than ever, the melting pot continues to bubble and brew.

Our nation has become a place, perhaps the only one in human history, where all races and ethnicities mix together.

In our children's lifetimes, we will see the notion of labeling people as fill-in-the-blank Americans begin to fade, and bigotry and prejudice along with it. In that light, Tiger Woods is a true modern.

He shows the world the face of our country, today and in the future.

Page **4A**, Wednesday, September 13, 2000

EDITORIAL

Double helix that binds us all

There is no denying the reality of race. The proof confronts us daily — the color of our skin or the texture of our hair, even the diseases to which we sometimes fall prey. But underneath the microscope, those differences melt away.

Recent efforts to unravel the genetic code demonstrate that there simply is no biological basis for the concept of race. Scientists involved in the research to decode the human genome say that people are 99.9 percent alike, at the genetic level.

That should come as no surprise to any student of history or biology. We've long recognized that human anatomy is the same the world over. We know that compatible blood or organs can be transplanted from people of one color to those of another without undue complications. We know that modern humans first appeared in Africa 100,000 or so years ago — the blink of an eye, in evolutionary terms.

We are too young a species to have developed distinct biological subgroups. And we know that the concept of race has been remarkably plastic over the years. Classification schemes developed as recently as the 19th century placed people from Italy and Ireland in a different group than those from Northern Europe.

The accumulating evidence hasn't stopped modern racists seeking biological differences. The latest effort involves comparing average brain weights of different racial groups to create a hierarchy, with Asians on top and blacks at the bottom. By that tortured reasoning, Neanderthals would have inherited the Earth. They had larger brains than any of the modern humans that displaced them.

Race and ethnicity can, of course, be useful concepts. But they can also mislead. Australian Aborigines and African-Americans both have shorter life expectancy than their white countrymen. But the explanation is more likely found in their social status than in the genes. Skin color is but an accident of evolution. It is our culture and experiences far more than our race that shapes who we are.

And so our efforts to unravel the genetic code have reinforced a lesson most knew already: At the most basic level, we are all inextricably bound together by DNA's double helix.

We who share this increasingly tense and crowded planet are all members of the same race — the human race.

NON RINUNCIARE MAI ALLA SOVRANITÀ

Potenti sono gli uomini che hanno creato questa terra, forti nelle loro intenzioni e nelle loro mani, grandi nelle loro visioni e liberi dalle loro paure, Fortezza e casa, le hanno costruite qui.

Questo è ciò che hanno cantato senza sosta Mai rinunciare alla sovranità! Buia è la notte, la nazione dorme, incurante è la guardia della sentinella, sorde sono le orecchie che non sentono il canto degli uomini liberi che risuona chiaramente;

Portato dal vento per sempre Non rinunciare mai alla tua sovranità!

La confusione regna, l'ora è tarda, i traditori sciamano attraverso la porta aperta. La libertà è in vendita, e con essa l'umanità - Non sentono più quel grido? Per tutti i secoli, senza fine - Non rinunciate mai alla vostra sovranità!

JOSEPHINE POWELL BEATY.

Barboursville, Virginie

CICERONE

Potere e diritto non sono sinonimi. Anzi, spesso sono opposti e inconciliabili. Esiste la LEGGE DI DIO, da cui derivano tutte le leggi eque dell'uomo e secondo la quale gli uomini devono vivere se non vogliono morire nell'oppressione, nel caos e nella disperazione. Separato dalla LEGGE ETERNA E IMMUNA di DIO, stabilita prima della fondazione dei soli, il potere dell'uomo è malvagio, per quanto nobili siano le parole con cui viene usato o le ragioni invocate per applicarlo. Gli uomini di buona volontà, consapevoli della LEGGE DEPOSITATA DA DIO, si opporranno ai governi governati dagli uomini e, se vogliono sopravvivere come nazione, distruggeranno i governi che tentano di governare secondo i capricci o il potere di giudici venali.

CICERO (106-43 A.C.).

Già pubblicato

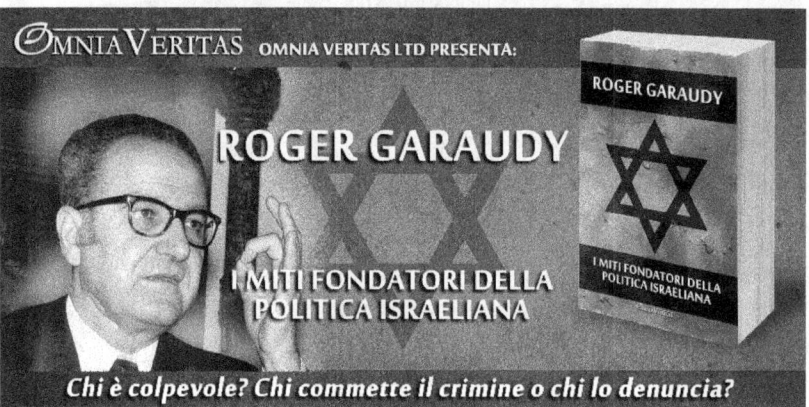

UCCIDERE I MIGLIORI GENTILI!

OMNIA VERITAS — Omnia Veritas Ltd presenta:

HERVÉ RYSSEN

LE SPERANZE PLANETARIE

Il trionfo della democrazia sul comunismo sembrava aver aperto le porte a una nuova era, a un "Nuovo Ordine Mondiale" e a preparare tutte le nazioni a un'inevitabile fusione planetaria.

L'idea di un mondo senza confini e di un'umanità finalmente unificata non è certo nuova...

OMNIA VERITAS — Omnia Veritas Ltd presenta:

HERVÉ RYSSEN

PSICOANALISI del GIUDAISMO

L'ebraismo, infatti, non è solo una religione. È anche un progetto politico il cui obiettivo è l'abolizione delle frontiere, l'unificazione della terra e l'instaurazione di un mondo di "pace".

Questo libro rappresenta lo studio più completo sulla questione ebraica mai intrapreso

OMNIA VERITAS — Omnia Veritas Ltd presente:

HERVÉ RYSSEN

Storia dell'ANTISEMITISMO
spiegata da un goy

La storia dell'ebraismo è la storia di un popolo - o di una setta - in guerra permanente contro il resto dell'umanità...

Dopo aver letto questo libro, speriamo che nessuno parli più di civiltà "giudaico-cristiana"...

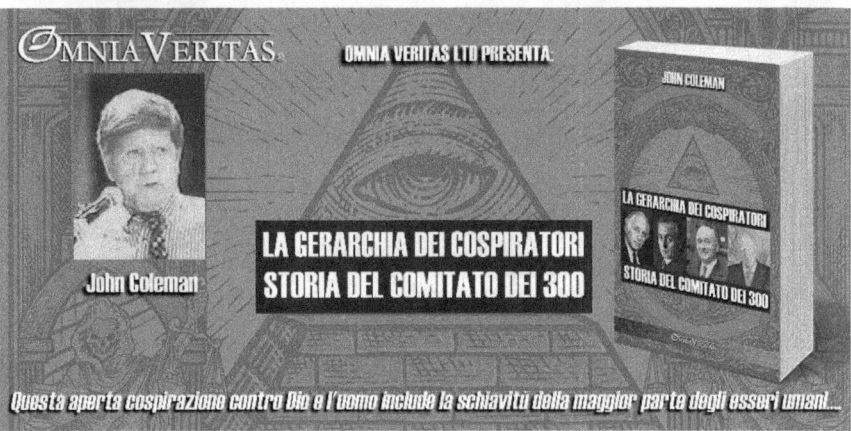

www.ingramcontent.com/pod-product-compliance
Lightning Source LLC
Chambersburg PA
CBHW060110170426
43198CB00010B/839